U0675864

道德经新解

刘文秀　孙　燕　孙　兰/著

中国出版集团
世界图书出版公司
广州·上海·西安·北京

图书在版编目（CIP）数据

道德经新解 / 刘文秀，孙燕，孙兰著．—广州：世界图书出版广东有限公司，2012.12

ISBN 978-7-5100-5491-4

Ⅰ．①道… Ⅱ．①刘… ②孙… ③孙… Ⅲ．①道家 ②《道德经》—注释 Ⅳ．① B223.1

中国版本图书馆 CIP 数据核字（2012）第 292616 号

道德经新解

责任编辑 孔令钢
出版发行 世界图书出版广东有限公司
地　　址 广州市新港西路大江冲 25 号
http:// www.gdst.com.cn
印　　刷 北京振兴源印务有限公司
规　　格 787mm×1092mm 1/16
印　　张 17.75
字　　数 400 千
版　　次 2012 年 12 月第 1 版 2021 年 6 月第 2 次印刷
ISBN 978-7-5100-5491-4/B・0053
定　　价 52.00 元

前　言

一、关于《道德经新解》之"新"的说明

其一，本书深刻解读了"传统道德"这一概念的起源，并分析论证了老子道德论的实质。笔者认为，传统道德起源于老子对二皇五帝等上古圣德贤王以"天命"治理国家天下而实现天下太平意义的升华和概括。传统道德的基本意义在于以自然无为之道治理国家天下，为人民谋利益，使人民得到福气安乐，国家天下实现太平盛世，这就是传统道德的基本内涵。所以，所谓"道"，就是治理国家天下的方法，即无为之道；所谓"德"，就是以无为之道治理国家天下，使人民得到福气，得到安乐太平的生活。合而为"道德"。

其二，本书在研究《道德经》所蕴藏的传统道德与丰富哲理的基础上，在系统探讨中华民族历史发展轨迹的基础上，深入探究了传统道德与中国历史上的各种革命运动的内在联系，对于历代治国者治国之成败的原因进行了探讨。

其三，本书还深刻解读了老子之道德与孔子之仁义道德，老子哲学与孔子哲学的相同之处和相异之处。在相关内容的评论中，也引用了孔子的言论，以论证老子、孔子之论的相同相异之处。

其四，本书在对老子文献解译的评论中，大量引用了庄子的言论，以印证老子之论的重要意义及其正确性。并结合《周易》(本书所讲的《周易》主要是就孔子之"易"而言)、《诗经》等名著中的相关内容，与《道德经》相互印证，以论证老子之论的实际内涵。老子关于宇宙生成论和自然科学的理论，笔者在评论中引用了恩格斯在《自然辩证法》中的相关资料加以佐证，同时还引用了毛泽东主席的相关语录及思想，以证明老子之论的正确性。

其五，本书深刻分析了《道德经》的写作手法。老子在写作手法上，大量应用了对比、影射、暗示以及《周易》所称的"象"这种文学表现手法。所谓"象"，是相似、比喻、形容等等写作手法，使所描述的事物与事物的原形相似甚至相同。老子的所有文章，几乎在每一章的哲理前面，都有一段对自然物质或自然事物的论述，然后从他所研究的这些事物中抽象出哲理，这是老子之"象"的一方面。另一方面，文章中用具体的事物象征某一现

象或规律。比如第五章："天地不仁，以万物为刍狗；圣人不仁，以百姓为刍狗。天地之间，其犹橐龠乎！虚而不屈，动而愈出。多言数穷，不如守中。"第二十八章："知其雄，守其雌，为天下溪。""知其白，守其黑，为天下式。""象"的应用，在《道德经》和《周易》中比比皆是。"象"，是《道德经》和《周易》的重要文学表现手法。老子用"象"这种文学表现手法，以五千多字的篇幅，阐述了宇宙演化、人文、政治、哲学等多方面的内容。

二、解译《道德经》的意义

《道德经》是老子所作，是一部阐述道德来源、道德内涵、道德意义的经典著作。

老子的文章，内容丰富，哲理深刻，他所阐述的每一个哲理，都有与之相应的自然事物相对应，这都是老子长期观察研究自然事物的变化规律领悟而来，所以就不像一般文章那样直接易懂。因此研究《道德经》时，就要熟悉老子所生活时代的社会历史，研究老子所述内容的历史背景，要研究老子所述事物的来源。笔者在研究解释《周易》的过程中，对商朝、西周以及春秋时期的历史有所研究，因此也就能比较正确地研究《道德经》的内涵，对《道德经》的解释也就能够做到比较符合历史事实。虽然如此，因为老子毕竟是老子，老子的思想境界来源于清静无为的自然之道，来源于上古圣人以天命治理国家天下的经验总结；而我们现代人的思想来源于现代社会的生活现实，所以要想完全破解老子的哲理，并不是一件容易的事情，但是笔者抛砖引玉的解释，毕竟使《道德经》的解译向老子思想靠近了一步。

老子的《道德经》，是对上古圣人以天命治理国家天下之理论的总结、概括和升华；上古圣人自觉自愿、毫无怨言地效法天地之自然所表现出来的，对万物有益有利，不伤害万物的常性作为天的命令来执行，以治理国家天下，使人民得到利益，而不向人民索要回报，使天下得到治理，人民得到安乐的道理，是治理国家天下的最高宗旨，老子将上古圣人执行的以天命治天下的宗旨，概括、升华为道德，简明扼要易懂，使其不再神秘而被后人误解，这就是《道德经》的起源和基本意义。

几千年来，《道德经》的真正意义之所以未能完全破译，一个很重要的原因可能是几千年来中国的历史上未曾出现过真正意义上的将为民众谋利益提高到治国的议事日程上来，道德更不可能成为治国者的治国纲领；虽然中国历史继西周之后，出现过几次太平盛世的太平景象，如汉文帝和汉景帝时代尊道家无为思想而治实现了"文景之治"；唐太宗李世民尊黄老之术，仁义诚信为治，实现了天下大治的"贞观之治"。这是仅有的几个太平时期，而在更加漫长的历史长河中，太平盛世只是人民的美好向往而已，或者人民只能被迫以各种起义的手段去努力寻求我们的先祖已经实现了的太平盛世。

这说明统治者对传统道德的意义没有充分认识或者真正重视起来，更不用说以道德治理国家天下，而对于古老的"天命论"，却演变成来自上天的，即荒唐的"君权神授"论，来愚弄人民，"仁义道德"也沦为统治者任意愚弄欺骗人民的手段。

其实老子之道德的真实意义，主要在于治理国家天下者，以清静无为之道——就如天公正无私地照耀万物、覆盖万物，地公正无私地承载养育万物一样，公正无私治理国家天下，使人民得到真正的利益，得到福气，得到幸福，就是传统道德的主要内涵。传统道德的实质就是治国者治理国家天下的道理、方法问题。

三、《道德经新解》的主要内容

本书的主要内容分为上、下两篇，上篇主要是对老子之道德的起源、意义做了阐述，并深入探究了传统道德与中国历史上的种种革命运动的内在联系。下篇是对老子之道德具体内容的解译，并在每一小节的后面加了笔者的分析和评论。下篇主要包括以下内容。

1.“道篇”的主要内容

其一，论述了什么是道，也就是什么是无为之道。无为之道其实是从天地自然反复变化过程中，感悟体验，总结而来的天地自然变化规律的特点；清静无为，公正无私，正大光明，以仁善待万物而不自我显扬功劳。

其二，论述了道的来源和道的表现形式。

其三，论述了君子效仿天道之自然而作为的表现形式。

其四，关于无为之道的意义。

其五，天地自然异常变化对万物所造成的伤害。

其六，关于仁善之意义的论述。

其七，圣人效法无为之道而治理国家天下的基本原则。

其八，圣人对战争的观点。

其九，关于仁义孝道的观点。

其十，老子对他所处历史时期政治的评论。

其十一，关于天地生成过程的论述和法自然的原理。

2.“德篇”的主要内容

其一，关于君子之德的论述。

其二，关于天德的论述。

其三，关于宇宙万物生成规律的论述。

其四，关于圣人之德和圣人用道德治理国家天下的论述。

其五，关于邦国之交的观点。

其六，关于万物生死之自然的论述。

其七，关于圣人的论述。

其八，关于战争的观点。

其九，关于明君的论述。

其十，关于善的论述。

其十一，关于先王实现天下大治时代，各诸侯国得到治理的美好景象。

其十二，关于以德报怨的论述。

关于本书解释的排列次序，是依照张光裕编著的《道德经》一书的排列顺序，顺次解释。每一章的解释顺序：一、原文；二、注释；三、译文；四、对本章内容的评析。

因为笔者本是一名普通的职业医生，历史和哲学等方面的知识与素养相对有限，只是在完成笔者的医学专著《周易与人体生命方程式解秘》的过程中，在研究《周易》与阴阳变化的过程中偶然发现了解译《周易》的方法，也就顺利地对《周易》的所有内容做了全面解译，因为《周易》的内容也是对老子之道德论的具体记载和应用，研究《周易》必须明白道德的内涵，必须明白什么是传统道德。因此笔者就与孙燕、孙兰合作，共同完成了《道德经》的解译。

虽然我们的解释不一定尽善尽美，但是我们是结合老子生活时代的历史现实，对老子之道德内涵所做的解释。当然书中难免还存在着不足之处，希望广大读者批评指正。

目　录

上篇　关于道德

下篇　《道德经》原文解译

上篇

关于道德

第一章 关于老子

第一节 文献记载的老子

据《史记·老子韩非子列传》记载："老子者，楚苦县厉乡曲仁里人也，姓李氏，名耳，字聃(dān)，周守藏室之吏。""老子修道德，其学以自隐无名为务。居周久之，见周之衰，乃遂去。至关，关令尹喜曰：'子将隐矣，强为我著书。'于是老子乃著书上下篇，言道德之意五千余言而去，莫知其所终。或曰：'老莱子亦楚人，著书十五篇，言道家之用，与孔子同时云。'盖老子百有六十余岁，或言二百余岁，以修道而养寿也。"

以上是司马迁在《史记》中，对老子生平的记载。

关于老子的生平，其实还有很多神话般的传说，还有传说老子从周文王时就开始做周朝的官吏，死亡升天后不断转化到人间。还有传说老子生于商朝武丁时代，其母怀胎八十一载，割左腹而出，从母腹生出来，就会说话。从这些流传中，我们可以看出，老子在人民心中的地位近乎神，是神的化身，足以看到人民对老子的热爱和由衷的敬佩之情。

据现代考证资料记载，老子生于公元前580至公元前500年，为春秋末楚国人。也就是说老子的生活时代，正是《春秋左传》所记载的历史事件的期间。《春秋左传》所记载的是春秋时期，即公元前722年至公元前462年，以鲁国为中心的各主要诸侯国的重大历史事件，也就是记载了这些诸侯国之间的正常交往和非正常的交往。非正常的交往，就是战争。从《春秋左传》和《东周列国志》的记载来看，春秋时期各诸侯国战争不断，强大的吞并弱小的，弱小的联合起来，抵抗强大的，而最终使西周所分封的众多诸侯国，只剩下了齐、楚、燕、韩、赵、魏、秦七国。就连继齐桓公之后第二个称霸的诸侯国晋国，在晋文公之后，经历了十六位君主后，最终也被魏国、韩国、赵国联合攻伐而灭亡。这就是说，春秋时期是一个战争不断的历史时期，老子就生活在这样的战争时代，所以老子对他所生活的社会环境就有着非常深刻的感慨，《道德经》是他对当时社会历史的感悟之作。

曾做过周朝的藏书管理员的老子，应该能够阅读到周朝的所有藏书，当然这些藏书应该主要是西周以来的藏书，所以就能研究古代圣王治理国家天下的成功经验，能够总结那些失去国家者失败的教训，所以说老子的《道德经》，是对古代圣王、明王治理国家天下经验的汇总。其实老子的道德论是对古代圣王用天命论治理国家天下的高度升华和概括，他将古代朴素的天命论升华概括为道德，意义明了而易懂，这样就能化解了关于天命论的神秘感，而易于实行。

春秋时期，由于周王朝的政势衰微，有些有贤德才能的人隐居于下位；有些有贤德才能的人，想为振兴国家天下效力，可是他们得不到重用，所以天下得不到治理而混乱。诸侯国就如第二个称霸的晋文公，虽然是有仁德的君主，但是他的德能远没有达到为王的程度，晋文公虽然是一个济弱抑强的君主，受到周王的分封而为诸侯之长；其余争霸的诸侯，就是为了争王称霸而发动战争的。老子看到这些争王称霸的诸侯，将先王的治国之道抛弃不顾，而弱肉强食，使人民生活在战争的阴影之中，生活乃至生命都毫无保障，深有感触，因而才会有《道德经》的产生。不管《道德经》是由于函谷关令尹喜的要求而著也好，还是老子自己想要著书也好，但是只有有思考、有认识、有感悟，才能有书可著。

第二节　老子《道德经》的意义

《道德经》应该说是老子对古代帝王治国经验与教训的领悟、总结与升华，是对老子所处历史时期社会现状的批判和警示。老子以他独到的观察领悟能力，从研究天地生成的自然过程、万物变化的自然规律开始，论述了道德的起源，论述了道德的内涵，论述了圣人治理国家天下所使用的最适宜、最符合人民利益、最能使人民利益得到保证的基本方法。老子论述了道德的起源和意义，论述了以道德治理国家天下，使人民得到利益的各种表现形式，论述了人生的经典经验，论述了古人认识事物的基本方法，论述了道德的表现形式，对道德的定义做了明确的论断。老子的道德论，可以说首先是为执政者创立的，是关于执政者的执政之道的论述，也是对所有人为人处事之道的论述。老子关于道德的论述，是自古至今流传不衰的至理名言，是教化我们成为有道德之人的教科书，是执政者治理国家天下的最高宗旨，是为了教化培养出真正能为人民谋利益的执政者的教科书，是执政者必学而且必须搞明白的执政策略。因为老子时代久处战乱，难有有道者出现，老子深忧先祖所创立的治国之道会因此而流失，因此而不会有人理解，不会有人记得和执行，所以就以《道德经》记载，以使后世之人能够学习使用和传承。

老子作《道德经》的目的，大概也是为了教化出真正有道德的执政者。同样正因为如此，孔子一生才会不遗余力地以他自己的方式推行道德仁义，记载转录先圣先王的事迹。孔子一生都在致力于教育，以期望教化出一位真正的有道德的治国者，教化出很多能为国家人民奉献自己才能的有道德的各级官员，以使先祖的治国之道永不遗失。所以说老子、孔子都是对古代传统文化的传承起到作用的传承者，是道德仁义的推行者，我们现代人要学习传统文化，就要学习老子和孔子的著作，从中吸取传统文化的精髓，以使我们成为有道德的人。

第二章　关于老子之道

第一节　老子之道的含义

《道德经》的第一章，就指出："道，可道，非常道；名，可名，非常名。无，名天地之始；有，名万物之母。"其意思是："道，可以说是有的，但并不是平常所说的道；名称，可以说是有的，但不是普通事物的名称。无，是对没有生成天地以前，生成天地的原始物质的命名；有，是对有了天地以后，万物生成之母——天地的命名。"所以说老子所说的"道"，是指没有天地之前，自然生成、自然存在的天地之母，自然变化生成天地的过程的描述，也是对天地自然变化、自然生成万物的过程的描述。

"道"，在《古汉语词典》中的解释的内涵很多，包括：路、途径、方法、规律、道理、主张、学说、说、讲以及道家唯心主义哲学体系的核心等。其实老子之道，应该是包括了关于"道"的所有的解释。

首先，什么是规律？《现代汉语词典》对"规律"的解释是："事物之间的内在的必然的联系。这种联系不断重复出现，在一定条件下经常起作用，并且决定事物必然向着某种趋向发展。规律是客观存在的，是不以人们的意志为转移的，但人们能够通过实践认识它，利用它，也叫法则。"

马克思主义哲学对"规律"的解释是：物质运动过程本身所固有的本质的必然联系。任何事物的运动变化都不是杂乱无章而是有规律的。规律的基本含义：其一，它是事物本身所固有的，而不是外部强加于事物的；其二，它是事物内在的本质联系，而不是外在的现象的联系；其三，它是事物的必然的联系，而不是偶然的联系。规律是客观的，不是主观的，无论是自然规律还是社会规律都是客观规律。客观规律是不以人的意志为转移的，但人能够认识规律，并用以指导人们的实践活动，科学是人类对规律认识的结晶。

既然规律是表示事物运动变化过程中本身所固有的，本来就存在的，不断重复出现的必然联系。那么老子从天地之母生成天地的过程中，从天地生成万物的过程中，看到了什么联系呢？他看到的是自然，是自然规律。因为老子认为生成天地的原始物质，那一团混沌之气，是自然生成、自然存在、自然运动、自然变化到极大，自然分离为二，变成天和地的。正如老子在第二十五章所言："有物混成，先天地而生。寂兮寥兮，独立而不改，周行而不殆，可以为天地母。吾不知其名，强字之曰'道'，强为之名曰'大'。大曰逝，逝曰远，远曰反。"老子说："在没有天地以前，有一团混沌之物已经生成。它寂静无声无形，独自存在独自朝着一个方向运动而不改变，往复循环旋转而不懈怠，这个物质可以称为天地生成之母。我不知道它叫什么名字，勉强给它起个字叫'道'，勉强给它起个名叫'大'。它变化到极大时分离开来，分离开来就逐渐远离，分离之后，以及远离之后仍然反复循环旋转不止。"这是老子对天地之母生成天地过程的描述，老子认为"天地"是在没有天地之前，由那自然生成、自然存在、自然变化的一团混沌之物，变化到极大时，分离开来，变为有光热的天体和无光热的地球。老子这里的"道"，是天地生成的自然变化过程；这里的"大"，是极大，混沌之物变化到极大时，就称之为"太极"，太极也称"太一"。所以说太极是天地之母。这是老子的宇宙观，也是老子对宇宙生成过程的经典认识。

老子在第一章所论的"道，可道，非常道；名，可名，非常名。无，名天地之始；有，名万物之母"是与第二十五章的论述遥相呼应，这个"道"，是对天地之母生成天地的这个自然过程的称名。而老子在第四十章指出："天下万物生于有，有生于无。"老子说："天下万物生于有了天地之后，而天地是由无极变化到太极之后化生的。"老子已经明确指出，天地是由天地之母无极变化到太极生成的，万物是由天地生成的。那么天地是如何生成万物呢？老子在第四十二章指出："道生一，一生二，二生三，三生万物。万物负阴而报阳。冲气以为和。"老子说："自然生成，自然变化的混沌之物，变化到极大是谓'太极'，太极就是太一，太一又自然分离而生成了天和地，天地各居于一方，是谓'二'；天上太阳的光热不断照射，使地上的阴气发生变化，二者相互混合适中为三，三是天地阴阳之气的混合物，天地阴阳之气化生了万物。万物都是凭借着阴与阳结合在一起而发生变化，天地阴阳之气相互冲撞混合适中而不断地化生万物。"老子的这段话，也是后世之人创作太极图的依据，整个太极图是一，图中的黑色鱼，是阴，白色鱼是阳，也是太极一分为二之二；而太极图中的S线，是阴阳相交相合适宜而变化阴和阳的三，阴阳相交相合而化生万物，太极图中的阴阳是万物的象征；阴阳是万物，万物是阴阳，阴阳是五行，五行是阴阳，五行是万物。

那么老子在天地阴阳之气混合，交会化生万物的过程中，又看到了什么呢？还是自然，天之阳，也是太阳，太阳是自己使自己产生光和热的，它自然地以它的光热照耀万物；天之阴，尤其变化明显的水、气，是受到天之光热的自然照耀，自然发生变化，而变化为风云雨雪的；昼夜是随地球自身的运动变化自然形成的，四时是由于天阳的反复运动变化不止而自然形成的，万物也是随着天地阴阳自然而然的变化，自然而然地生成的，不是由什么东西主宰想生成就能生成的。当然万物也包括了人类在内，人类也是在自然界进化过程中，自然而然生成的，不是人类自己想生成就能生成的。正如恩格斯在《自然辩证法》中所指出的："生命是整个自然的一个结果。"

所谓老子之道，是从万物自然生成生长的变化过程中，总结出的万物运动过程中固有的必然规律，那就是自然变化规律；自然变化规律，是自然界万物所固有的，是不受任何外在因素左右的，是万物发展变化的必然途径。所以说，老子之道，是自然变化规律。自然变化规律，就是自然而然，是不受任何外在因素左右的。

老子还对自然变化规律的形象做了生动形象的描述，正如第十四章所言："视之不见，名曰夷；听之不闻，名曰希；搏之不得，名曰微。此三者，不可致诘，故混而为一。其上不皎，其下不昧，绳绳兮不可名，复归于无物。是谓无状之状，无物之象，是谓惚恍。迎之不见其首，随之不见其后。"这是老子对自然变化规律形象的描述，自然变化规律是什么样子呢？老子指出，自然变化规律无形无状，无声无息，无影无踪，看也看不见，摸也摸不着，听又听不到，既没有光亮，也没有影子，更无法度量，隐隐约约，似有似无，没有头也没有尾，但是感到它无时无刻都存在，时时刻刻都在变化万物。这是老子对自然变化规律形象的描述。试想自古至今人人都在谈论自然，自古至今有多少人都在谈论自然变化规律，可是有谁曾对自然变化规律做过如此逼真的描述呢？就是自然科学家也未见得有对自然变化规律有过如此精彩逼真的描述。自然变化规律，是该来时而无声无息、无行无状地来到了，万物发生了变化，而却看不到它是怎样变化万物的，能感觉它的存在，却又看不见，摸不着。

老子对宇宙形成过程的认识，对于早期人类社会认识自然奥秘无疑有着伟大意义。可以说老子是世界上第一个对宇宙生成过程明确提出较完善的认识理论的。

而在西方较早出现的相对成熟的关于宇宙生成的理论，则是公元 1755 年德国哲学家康德在《自然通史和天体论》一书中，提出的关于宇宙生成的假设："太阳系产生于一个共同的弥漫星云。"法国数学家拉普拉斯在公元 1796 年同样提出："太阳系是由一团弥漫的自转的气体星云逐渐凝聚收缩而来。"

康德和拉普拉斯的宇宙生成论，得到恩格斯的认定，恩格斯在《自然辩证法》一文中指出："康德的著作没有产生直接的成果，直到很多年以后，拉普拉斯和赫歇尔才充实了他的内容，并且做了更详细的论证，因此才使'星云假说'逐渐受人重视。"老子在两千多年以前，就已提出类似的观点了，可惜对老子理论能正确认识的人太少了。假如恩格斯能够了解我们中国的老子，老子的宇宙生成论，老子同样会受到恩格斯的肯定和赞赏的。当然老子还最早发现了自然变化规律，那就是：宇宙是自然生成、自然存在的，万物是自然生成、自然变化的，是不受外在因素左右的自然变化规律。老子关于宇宙生成的理论是唯物的，是客观的，而且是关于宇宙生成的具体论述，不是假设。而且无论现代科学关于宇宙生成的理论有多少种，但是天地是由一团混沌之物运动变化生成，这一点是比较公认的。

第二节 自然变化规律与无为之道

正因为老子之道是自然变化规律，自然变化规律就是自然，无思无欲、无目的、无意志、无声无形、不自我标榜，但却为万物带来了益处，使万物得到化生，得到生长，得到壮大，得到以时间规律隐藏以及衰亡。所以老子就将这些现象命名为"无为"。老子在前三十多章中，主要论述的是无为之道，无为之道的实质是自然而然地使万物得到益处。正如第三十四章所言："大道泛兮，其可左右。万物恃之以生而不辞，功成而不名有。衣养万物而不为主，常无欲，可名曰小；万物归焉而不为主，可名曰大。以其终不自为大，故能成其大。”自然无为之道，表现于自然变化之中，它是不以任何意志为转移的，任何外力都无法左右它。万物凭借道化生，而道从来不会言说自己的功德，成就了万物而没有声名。覆盖包容万物而不自以为是万物的主宰。道无私无欲，可以说道是隐微不显的，万物归服于道而道不以为是万物的主宰，可以说道是伟大的。因为道始终不自以为伟大所以才能成就正大光明之德。道使万物得到生长化育，而不会言说自己的功德，不会向万物索取回报，正大光明，这就是自然无为之道。

所以说无为之道就是自然规律自然而然地表现出来的有益于万物的特征，它不是有目的、有意志、有思维、有谋略地表现，而只是自然而然地表现。

老子研究无为之道的目的，是要我们效仿天地自然而然地使万物得到益处的征象，自然而然、自觉自愿地为人民谋求利益，就如天地之自然一样，使万物得到益处，而不夸耀功劳，不向万物索要回报。不是吗？那些受到后人祭祀的先帝、先圣、先王，当初不就是自觉自愿发明创造一些事物，以改善人民生活的吗？如神农氏不是种植五谷，还甘冒生命危险，自觉自愿地尝百草以解除民众疾病之苦，而亡失了自己的生命吗？那些革除失道无德使人民生活在水深火热之中的帝王之命的后代君王，如商汤、周武王，他们不也是自觉自愿地为人民解除苦难吗？伟大的中国共产党人，我们的革命先烈，不更是自觉自愿地为了人民的利益而抛头颅洒热血而不向人民夸耀功劳，不向人民索要回报吗？成千上万的中国革命的先烈，以他们的生命换取了中华人民共和国的诞生，换取了人民的幸福生活？我们后世之人，只有自觉自愿地继承他们的意志，发愤图强，努力为人民创造财富，为人民谋求利益，使我们中华民族更强盛发达，使我们中华民族屹立于世界之林，成为世界和谐的领导者，而真正实现天下太平安乐；这是老子之道和我们的革命先烈抛头颅洒热血牺牲自己的性命所要达到的目的。

第三节　无为之道的含义

“无为”，就其字面含义而言，包括了“不作为”和“无作为”两层意思。“不作为”，是什么也不想做；“无作为”（广义地讲，也包括“不作为”），主要是指因为各种原因使作为归于失败，没有成效。“无为”，在《现代汉语词典》中的解释为：“顺其自然，不必有所作为，这是古代道家的一种消极的处世态度和政治思想。”

假如说依照词典解释的就如道家这样的态度或者人生观为人处事，那么道家的主张，比如说道家所创建的各种功法，气功、武功、道家行侠仗义的各种作为等，如何实现呢？试想只要顺其自然，不必作为，那么我们的衣食住行问题如何解决？我们人类如何生存？我们的社会如何前进？我们的灿烂文明是如何创造的？所以笔者认为这样的理解是不全面的，当然关于“无为”的定义，还有待广大研究者共同研究探讨。

但是，笔者认为关于“无为”，以上认识是片面的，是不正确的解释。其真正的意义应该是：依照自然规律自然而然地表现出来的有益于万物的特征而作为，就是无为。

那么，如何才能达到无为，这可不是一个不作为就能实现的事情，而是要通过一定的或者某种特殊的训练来达到，就如自然变化一样自然，不用思考，不用谋虑，自然而然地达到某种效果、某种目的。这也是《周易·坤卦》初九爻所言的："履霜坚冰至。"以及初九爻象辞所言的"履霜坚冰至，阴始凝也，驯致其道，至坚冰也"的真实含义所在。

对于我们人而言，就是通过学习，通过长期的修身养性，通过"履霜坚冰至"的学习精神和意志，将一切美好的品德融化印记在心中，将为国家为人民谋利益的意愿，将自己的意志，深深地印记在心中，自然而然地表现出实现愿望意志的美好行为，自然而然地表现出来美好的德行，自然而然地以天之道德去作为，自然而然地以道德去为人民的利益而作为的各种行为。

因为天地自然是以它的自然变化使万物得到益处的，不是刻意为了万物而照耀万物，覆盖滋润万物，藏纳负载万物，滋生化育万物的，所有的一切都是自然而然的变化而已。

所以确切地说，无为，就是如自然变化一样，自然而然地达到无我、无私的境界；就是在完成一件重要事情时，达到忘我的境界；无私，就是忘我，就是没有自我（私心）。也可以说，无为，是不要只为自己而作为，要时刻想着为了国家、民族、人民的利益奉献自己的一切。正如《庄子·天地》所记载的，"老聃曰：'……有治在人，忘乎物，忘乎天，其名为忘己。忘己之人，是之谓入于天'。"

比如英雄董存瑞在战场上，勇炸敌人碉堡，在他冲向敌人的碉堡，用自己的身体托住炸药包的一刹那，心中应该是只有唯一的信念，那就是：完成炸碉堡的任务，消灭敌人，减少战友的伤亡，唯独没有想到他自己。

比如舍生忘死的救人英雄罗盛教，他跳进刺骨的寒水中，勇救朝鲜落水少年时的信念是救人。也就是他心中只有一个信念，就是救人，别的什么都没有想。

我们现代社会的各种见义勇为的英雄，他们见义勇为时的信念，或者是救人，或者是为了国家人民财产，或者是为了维护正义等，虽然各种见义勇为的形式不同，但是他们在见义勇为的一刹那所表现出来的行为是伟大的，是高尚美德的表现，他们在见义勇为的一刹那，所想到的是如何使自己所做的事情成功，而绝不是想得到荣誉，得到奖赏，得到个人私欲的满足，这就是《周易·困卦》象辞所言的："困，君子以致命遂志。""困"，简单说，是困难，是难做之事，那么为了完成这困难和很难完成的事情时，就要有不顾自己的生命危险，而一定要完成实现意志的信念。这是"致命遂志"的含义。

而这些舍生忘死、见义勇为的英雄，之所以能够做到这样，是由于关于道德，关于仁善，关于为国家为人民的各种教化的道理深深地印记在心中，成为牢不可破的坚定信念，所以在国家人民遇到危难之时，就不用思考，不用谋虑，一刹那间所闪现的是自己的信念，信念决定了行动的目标；这种信念是心中意志的自然表现，这种自然而然所表现出来的行为是高尚的、伟大的。相反，那些自私自利者，一事当先，先为自己打算的行为，也是印记在他心中的自私自利意志的自然表现，当然这种表现是不会受到人们的赞赏的。

所以，关于自然无为的定义应该至少包含两个方面的含义：其一，是指自然变化规律之自然，不用思考，不用谋虑，不受意志支配，自然而然地表现出它自己的运行规律。其二，是指人们经过经常地、有规律的学习与教化，或者经过某种特殊的训练，使某种信念，某种事物的规律，或者解决某种事物的方法能力等，牢牢地印记在脑海中，在适当的时候，自然而然地表现出为实现信念而致命遂志的无私忘我的伟大精神；或者自然而然地很快、准确无误地完成某种所做事情的能力。

当然，这只是笔者的理解，也许还应该有更全面的解释，或者有其三、其四等含义，希望广大研究者探讨。

第四节　自然无为之道的表现特征

那么自然无为之道有什么特点呢？

正如《道德经》第二十一章所言："道之为物，惟恍惟惚。惚兮恍兮，其中有象；恍兮惚兮，其中有物；窈兮冥兮，其中有精；其精甚真，其中有信。"这是老子从道的表现中，感悟出道所体现出来的诚信，所以说，诚信是大道的表现形式之一。诚信是自然无为之道的基本特征。

第七章曰："天长地久，天地之所以能长久者，以其不自生，故能长生。"天地之所以能长久，因为天地不是自己要想使自己长久的，天地不是专门为了使万物得到了益处而存在的，而是自然而然的表现；使万物得到了益处，所以就能长久。天地使万物得到益处，而不图回报，体现的是自然变化，自然的无私，这是无为之道的表现形式之二。

第十六章曰："致虚极，守静笃。万物并作，吾以观复。夫物芸芸，各复归其根。归根曰静，静曰复命，复命曰常，知常曰明。不知常，妄作凶。知常容，容乃公，公乃全，全乃天，天乃道，道乃久，没身不殆。"老子指出："大道虚无缥缈至极，但是又始终体现出诚实敦厚。万物并生并存而不相互伤害。芸芸万物，虽然各自都有自己的变化规律，但是要是恢复到它们的本源，其本源是相同的，那就是清静无为之道，回归到清静无为之道，就是恢复了乾天的固有本性，恢复了乾天的固有本性就是恢复了天之常道，懂得了天之常道，是谓'明智'。不懂得或不依照天之常道作为，而妄作非为就会有灾难降临。懂得了天之常道，就能宽容，能宽容就能公正无私，能公正无私就能完全彻底以善待万物，能完全彻底善待万物的是天，所谓'天'是指天道，天道就是永远公正无私的善待包容万物，自始至终不懈怠。"老子在这一章对天道的实质做了论述，天道的实质，是以清静无为公正无私，以善待万物。而道德是老子效法天道的实质，所创造的有利于万物，有利于人民的道理、方法、措施等。道德的实质，是不为自己谋求私利，是以天之道德有利于人民，为人民谋求利益，而不伤害人民，为人民谋求福气而不与人民争功劳。

那么综合天道的表现形式就是：清静恬淡无为，诚信敦厚，宽容仁善，公正无私，正大光明。

第五节　老子论述无为之道的目的

一、以无为之道为天下人的模式

老子研究无为之道的目的是什么呢？难道老子只是为了研究自然变化规律吗？当然不是了，老子研究无为之道，是为了让我们的执政者使用无为之道，让我们效仿学习无为之道为天下人的模式，自然自觉，毫无怨言，不计较自己得失地去为天下人民谋利益，去治理天下，使天下得到治理，从而实现天下太平安乐。正如第二十八章所言："知其白，守其黑，为天下式。为天下式，常德不忒，复归于无极。"老子说："明白了空无虚静的道理，就能守护那昏昧恬淡的无为之道。以虚静恬淡的无为之道为天下人的模式。以恬淡虚静无为为天下模式，平常的德行就不会有差错，就又恢复到无极时一样混沌无物的淳朴状态。"这是说要以虚静恬淡的无为之道为天下人的法则，人人都要具有公正无私、诚信诚实、仁善宽容、正大光明淳朴的美德。这是老子研究无为之道对人民所要起的教化作用，人人都应该以无为之道为模式，自己教化自己，使我们都成为有道德的人，那么我们的社会就会和谐。

二、以无为之道治理国家天下

又第三十五章曰："执大象，天下往，往而不害，安平太。"老子说："持着大道的表现形式，前往治理国家天下，以无为之道的表现形式前去治理国家天下，就会使天下得到治理，使人人和谐，与万物和谐相处，而不相互伤害，就能实现天下安乐太平。"这是老子研究无为之道的真正目的，就是要治国者以无为之道来治理国家天下。治理国家天下者以公正无私、正大光明、诚信仁善宽厚之心来为人民谋求利益，天下就会得到治理而太平。"

三、法无为之道为今之道纪

老子又曰："执古之道，以御今之有。能知古始，是谓道纪。"（十四章）又曰："人法地，地法天，天法道，道法自然。"（二十五章）"功成事遂，百姓皆谓我自然。"（十七章）老子指出"持古圣人所创建的大道，以为现今拥有国家天下者驾驭治理国家天下的常道。能知晓认识古圣人创建道、应用道治理天下的始末，就是知道了治理天下的基本纲领。"老子还指出："人效法的是坤地柔顺的顺承乾天的道理，坤地所效法的是乾天清静无为滋生化育万物而不显现自己功德的道理，乾天所表现出来的法则是无为之道，无为之道的法则是自然规律。"

这是老子研究论述无为之道的目的，其一，就是为了教化每一个人，以无为之道为模式，而成为有道德的人；其二，就是执政者要执无为之道以治天下，以实现天下和谐安乐。

也正如《庄子·天地》所言："天地虽大，其化均也；万物虽多，其治一也；人虽众，其主君也。君原于德而成于天，故曰，玄古之君天下，无为也，天德而已也。"这是说，天地万物的化生，成长衰败都依赖的是天阳的变化，而上古帝王治天下，是效法天地自然而然成就万物的自然无为之道，使人民得到益处福气，就是天德而已。那么老子宣扬记载自然无为之道的目的，就是在于教化出一些就如上古帝王以无为之道治天下的君主，以无为之道君临天下，使人民得到安乐幸福而已。

第六节　如何实现无为之道

《道德经》第二十七章曰："善行，无辙迹；善言，无瑕谪；善数，不用筹策；善闭，无关楗而不能开；善结，无绳约而不可解。"老子说："善于使用车的人，行车就不会留下车痕；善于说话的人，说出的话没有毛病，而不会受到责备；善于计算的人，计算不用计算工具；善于研究关闭的人，没有什么不可以打开的门闩；善于研究打结的人，没有解不开的绳结。”老子在这里所说的“善”是什么意思呢？就是擅长，某人某一方面具有特长。特长难道是一生下来就有的吗？有的人从小就具有某一方面的天赋，具有这种天赋的人，或者一般人经过长期严格的训练，自己认真的研究，摸索某一事物的操作规律、方法，掌握规律、方法，认真训练，使之达到闭着眼睛也能操作的程度，才能达到如老子所言的境界。这种境界就是自然无为的境界。要达到这种境界，对于操作具体的事情，就需要学习，需要长期训练；对于人的美好行为的形成，当然是从小学习，学习一切美好的品德、行为，公正无私而恰到好处的为人处事的方法，一切有用的知识等，这是教化所要达到的目的。古代君子注重的是修身养性。正如《道德经》第四十八章所言：“为学日益，为道日损，损之又损，以至于无为。无为而无不为……”老子说：“人学习的目的是为了时时得到益处，那么天之道是时时减损自己多余的光热以补万物的不足。习天道将自己的缺陷、欲望减之又减，将自己的不足补之又补，直达到清静无为。无为并不是说不作为而无所作为。”老子已经明确指出，无为并不是说不作为或者无所作为，而是通过反复学习练习天之道的表现形式，而使自己达到自然无为的境界，依这种自然无为的最高境界去做事，去治理国家，使天下实现太平安乐的大治社会。

所以老子在《道德经》的前三十几章中，除过论述无为之道的表现形式外，还对圣人效法无为之道而作为的具体表现做了多方面的论述，这也是对古代圣人以无为之道治理国家天下经验的总结。老子所论之事物，都是从自然事物的变化中感悟而来，所以说，老子的“道”篇论，也可以说是对万物变化规律的研究表述，对我们认识万物的自然变化规律有着重要的意义，对我们认识自然无为之道的实质、来源以及老子之道的用途有着重要意义。

这是老子对道德起源的论说，也是对道德启蒙教育的理论，凡事物都有起源，古人所创造的一切，包括衣食住行日用品的创造、文字、各种事物的道理等都是从自然变化中感悟、效仿而来；《周易》六十四卦中的一些卦形卦画结构，是古人用来表示某一具体事物，某一事物的意义，某一事物的构造及其道理的最早的文字符号。这在《周易·系辞》中有明确的记载：“古者包牺氏之王天下也，仰则观象于天，俯则观法于地，观鸟兽之文与地之宜，近取诸身，远取诸物，于是始作八卦，以通神明之德，以类万物之情。”

总之，老子之道，从历史根源而言，是对二皇五帝三王效仿天的善性为天命以治天下的方法，道理的起源、意义、表现形式、目的以及如何实现目的的方法的论述。虽然老子的经文中，没有明确提及“天命”二字，但是老子已经将这个使人迷惑不解或者容易使人误解的“天命”，用自己的理论，将其升华为“道”，升华为无为之道。先圣所创建的“天命论”，不是他们凭空想象而来，而是通过观察研究自然变化规律，领悟而来。正如《周易·系辞》所言：“易，无思也，无为也，寂然不动，感而遂通天下之故。”二皇五帝既是“天命论”的创建者，又是实行者，三王完全是在执行维护天命，而老子则将天命升华为道德，这就是说老子是道德理论的创立者，老子为治理国家天下者，创立了一套完整的治理国家天下的最高宗旨与方法，为广大人民创立了一套完整的为人处事原则、态度和正确的人生观。这便是老子之道的根本要义。

古人最早的发明创造，只是利用原始的自然物质，稍微做一些加工改造，对于一些做事方法只是淳朴地效仿天地自然而已，并从天地自然的变化中领悟各种规律、道理等，所以老子之道是唯物的，老子所论的所有事物，都是参照具体的事物感悟而来，老子之道，不是空谈的脱离具体事物的空洞无物之道，是有根有据的自然变化规律；自然变化规律所表现出来的自然特征，被我们的古圣人领悟命名为天命。天命是古代圣明君王治理国家天下的最高宗旨，天命是能使人民得到利益安乐的治国之道；而老子将天命升华概括为道德，以作为治理国家天下者治理国家天下的最高宗旨，以作为为人民谋求利益的最佳方法，以作为人人需要学习的，以作为我们提高道德品质的座右铭。这是老子之道的实质。

第三章　关于老子之德

我们在上一章对老子之道的含义以及老子论述道的目的意义做了综述，这一章要对老子所论述的“德”，做一些综合探讨。

第一节　德的一般含义

《礼记·乐记》曰：“礼乐皆得，谓之有德。德者得也。”这里指出，“德”，就是得；“得”，就是得到的意思。古汉语词典对“德”的解释是：道德、品德、恩德、感德、报德等。那么我们按照《乐记》“德者，得”的含义，以及关于恩德、报德等意思结合起来，德，是给别人好处，给人民做了好事，或者有救命之恩而使别人感激、感恩。只有使别人得到好处，才能得到别人的感激。只有为人民做好事，只有不断地为人民谋求利益，才能使自己的仁德不断累积而高大。正如《周易·大畜卦》象辞所言：“君子以多识前言往行，以畜其德。”又如《周易·升卦》象辞曰：“君子以顺德，积小以高大。”又如《周易·渐卦》象辞曰：“君子以居贤德，善俗。”君子要认识并记住先祖以往的言论和行为，以累积仁德。君子要顺从先祖先王之德，以使宗族的仁德不断累积，以至于极为高大。君子还要时时以仁德贤能处事，善于入乡随俗。这些都是关于德的含义，以及如何使自己德行高大的论述。

所以一般来说，所谓“德”，就是使别人得到好处、利益，从而体现出一个人的美好德行。

第二节　老子之德的意义

老子关于德的意义包含以下几方面：

其一，什么是有德之人？什么是无德之人？老子在第三十八章指出：“上德不德，是以有德；下德不失德，是以无德。上德无为而无以为；下德无为而有以为。上仁为之而无以为；上义为之而有以为。”老子指出：“高尚有德者，不愿意显现自己的功德，所以才会得到尊敬而有美德。不高尚的无德之人，不愿意失去显现德能的机会，所以就会显现出他无德。高尚有德者自然而然去作为而无须显扬自己；不高尚无德者没有作为却有意去显现自己。高尚有德者施行仁德不愿显现仁德；高尚有道义者为了施行道义而专门去作为。”老子所言的是有德和无德的区别。有德者，遵循无为之道的法则，有德而不专门显示自己的仁德，就是有德。有德者，以无为之道，不自显其德，不自我夸耀自己的德行，不自我宣扬自己，不显耀宣扬的目的，是为了不使人知道，不使人民感德、回报。而无德者，无功无德或者稍微有一点功德，就要自我标榜宣扬，沽名钓誉而已；所以有德与无德的区别就在于以无为之道自觉自愿、毫无怨言、公正无私地去为人民谋利益，而不图回报，就是有德者，反之，则是无德者。

那么就可以说，一切为了人民利益，为了国家民族利益做出贡献的人，都是有德之人，都是有道德的君子，一切为人民利益而辛勤劳作的人，都是有德之人，都是有道德的君子。

其二，关于天德的含义，老子在第五十一章指出：“故道生之，德畜之；长之育之；亭之毒之；养之覆之。生而不有，为而不恃，长而不宰，是谓玄德。”老子说：“所以道化生万物，并使万物得到蓄养；使其生长壮大并养育后代，使万物依据各自的本性而发展，并适时惩戒，又养育包容万物。化生万物而没有刻意显现自己，成就万物而不恃功自傲，长养万物而不主宰万物，这就叫做‘天德’。”天德，就是天的固有功能，就是日月的光热；由于日月无私地照耀万物，天无私地覆盖万物；天的变化功能，变化适宜适时的风云雷雨滋润万物；有时还会变化恶风恶雨或无风无雨而毁坏万物。但是天以其固有功能资助万物化育为常性，毁坏万物只是偶尔对万物的惩罚而已。天资助万物化育，资助万物生长壮大，资助万物养育后代而从来不会自我显扬功德，不自以为是万物的主宰，这就是天德。天德的象征意义是自然而然地使万物得到化育，得到生长壮大，得到益处。

其三，天德与君子之德：天德是由于天的自然功能，使万物得到生长化育，得以适时衰亡。所以君子效仿天道天德以治理国家天下，使人民得到利益，就是君子之德。正如《道德经》第五十四章所言：“修之于身，其德乃真；修之于家，其德乃余；修之于乡，其德乃长；修之于国，其德乃丰；修之于天下，其德乃普。”老子说：“修治自身使德行美好，他的美德才会真实；从修治自身到治理好他的家庭，那么他的美德就已很宽裕；从治理好他的家庭到治理好他的家乡，那么他的美德已经增长；从治理好他的家乡到治理好他的国家，那么他的美德已经很丰厚；从治理好他的国家到治理好天下，那么他的美德就已经非常广大。”这就是君子之德。君子效法天道天德，以治理好天下，使人民得到幸福，得到安乐，使万物得到和谐，辅助天地交泰而达到风调雨顺，五谷丰登，实现天下安乐太平，就是君子之德。

第三节　君子如何自修其德

关于君子如何自修其德的问题，在探讨君子之德时，就有一个非常重要的问题，那就是：为什么圣人君子会效仿天道天德而为人民谋利益，使人民得到福气呢？

比如我们的古圣人神农，他是我们中华民族农业和农业耕作技术的创始者，神农发明了用于播种的工具木耒，从而提高了农业生产的效率；神农尝百草，为人民发明医药，医治人民之疾。比如后稷，从小就热爱播种耕种农作物，而为人民创造了优良的农作物品种。比如大禹治水，虽然是舜帝委派大禹前去治水，可是大禹为什么能在治水过程中，做到三过家门而不入，为什么能做到菲薄自己的饮食，而以精美的祭祀用品祭祀山川鬼神呢？又比如周文王奉纣王之命前去征伐那些不服的小诸侯国，为什么会做到不以自己奉有天子的命令而趾高气扬呢？为什么能做到不用自己所拥有的强大的军队去攻打所要征伐的国家，而是以自己的仁善之德来感化这些国家的人民呢？这些古代圣人为什么会以天道天德为天的命令而自觉自愿地去执行呢？

这就是圣人之德，就是君子之德。圣人君子因为有淳朴善良无私之心，当神农看到人口增长后人民因衣食不足而饥饿时，没有谁命令他，而自觉自愿地寻求提高农业生产的方法；神农看到人民受到疾病的危害，甚至失去生命时，自觉自愿地去尝百草，发明医药，以医治人民之疾。神农却为了尝百草而牺牲了自己的生命。这就是自然无为之德。后稷从小就喜欢耕种农作物，喜欢改良农作物品种，从小养成了热爱农业的习惯，所以才能在以后的生涯中，为发展改造农业生产立下不朽的功劳。这就是自然无为。大禹菲薄自己的饮食，而坚持十三年治水，终于治水成功，是因为他有淳朴善良仁厚无私之心，他心中只有制伏洪水的信念，全心全意治理洪水。这就是自然无为，因为他心中只有人民的生命安全；其次大禹心中可能还深藏着因为自己的父亲鲧，治水九年而没有成效，他一心一意治理水患为了替父亲赎罪的心意，正因为如此，他才能治水成功。周文王之所以不愿意以自己强大的武力攻伐不服之国，是因为他有深厚的仁善公正无私之心，他心中想的仍然是人民的生命安全，战争中受到伤害的是人民，不用武力攻伐，就能使人民的生命不受到伤害，所以周文王选择的是人民的利益，而征伐无道的目的也就是为了拯救人民于水深火热之中，不使人民受到伤害。这就是仁德，这就是圣人君子之德。圣人君子为人民利益所做之事，都是自觉自愿、毫无怨言地去作为。我们的古圣人，之所以能自觉自愿地将天道天德当做天的命令去执行，就是因为他们心中时刻牢记着人民的甘苦安危，将天道天德当做天的命令来执行，就是要以天道天德之大威来征服人心，就是居于最高之位的天子，也不能违背天命，因为天子虽大，也大不过天，天子只有执行天道天德而治理国家天下，才能使人民得到利益，得到安乐与福气。当然凡是违背天道天德而治理天下者，其结果必将被后来的有道德者取而代之，又以新的社稷为开始，中华民族的发展历来如此。

这就是说，自然无为必须以仁善无私之心，以淳朴仁厚之心为基础，而仁善之心，原本是人的本性，人的本性在适宜的环境下不断加固，就会得到完善而深厚。这是君子自修其德的含义。

正如《周易·乾卦·文言》，“九三曰：‘君子终日乾乾，夕惕若厉，无咎。’何谓也？子曰：‘君子进德修业。忠信，所以进德也。修辞立其诚，所以居业也。知至至之，可与言几也。知终终之，可与存义也。是故居上位而不骄，在下位而不忧。故乾乾因其时而惕，虽危无咎矣。”“九三爻说：‘君子依照天命，终日进修善德，终日为使自己的德行进步而奋斗不息；并力求自己的善德与才能更深进一层，而且始终如一；日夜反复担心自己的过失就如有危险即将发生一样，最终就没有灾难或过失发生。’这是为什么呢？孔子说：‘这是因为，君子日夜不断地进修自己的德行，以增进品德；君子日夜不断地学习以提高自己的才能而成就事业。忠诚、坚定不移地坚守信用，就是增进品德的根本。而要达到忠诚、坚守信用就必须广泛地学习、探求那些美好的道理，并以优美的文辞讲述出来，这就是君子之事业能有所成就的原因。既要知道圣人之道高大极天，宽广充裕却中正不偏斜而化育万物的道理，又要懂得圣人之道中那些隐微精细变化的道理。还要知道诚信是万物反复循环变化成就万物的根本，没有诚信就不会成就万物的道理，以及君子必须尊奉诚信，使自己达到诚信，而且起到成就万物的道理；那么就可以说诚信的意义是处处都存在了。既然诚信的意义处处存在，所以当君子身居高位时，就不会自高自大而不坚守诚信；当君子身居低位时，也就不会忧伤烦恼而背弃诚信了。所以说，君子终日进修德业，时刻警惕过失，只有端正自己的品德，才会没有过失和灾难。

这就是说，自修其德，是要自觉地以天道天德，反复不断地学习施行仁善，不断地改正自己的不足之处，以至于使施行天道天德就如天地自然一样自然而然，凡是美善的事情不用思考，就能习惯地表现或施行，就是自然无为。正如老子所言："道之尊，德之贵，夫莫之命而常自然。"老子说："遵天道而行，以重视崇尚天之道德而作为，没有谁命令而常常是自然作为。"这就是自然无为之道。

第四节　有道德者的表现形式

关于有道德者的表现形式，老子在第四十一章指出："故建言有之：明道若昧；进道若退；夷道若纇；上德若谷；大白若辱；广德若不足；建德若偷；质真若渝；大方无隅；大器晚成；大音希声；大象无形；道隐无名。夫唯道，善货且成。"老子指出："上古立言论天道的人说过：真正的有道者，对道的理解认识很明白，但其表现却好像糊涂似的；对道的进修越深却越谦卑；已经行进在平坦的大道上，但是却好像行进在高低不平的小道上一样小心谨慎；品德高尚却像还不美好似的；美德非常显明却好像辱没了德行似的；仁德已经非常广大但却好像还不足似的；建立了丰厚的功德却好像还不够厚重似的；质朴纯真的就好像从来没有改变过似的；正直而没有棱角；有很大的才能却不愿意过早成名；所发出的话语能量很大但却少有名声；有道者就如大道一样不愿意显现自己，而且隐蔽不图名声。所以说，只有有道者，才能始终宽容地辅助成就万物。"这就是有道德者的表现。为人民做了好事，谋求了很多利益，建立了丰厚的功德，还嫌不足，而且处处时时怕辱没了道德，处处时时小心谨慎，谦恭有礼，从不显示自己的德能，这也是只有有道德者才能做到这样。

也正如《周易·乾卦·文言》，"九二曰：见龙在田，利见大人。'何谓也？"子曰："龙德而中正也。庸言之信，庸行之谨。闲邪存其诚。善世而不伐，德博而化。易曰：'见龙在田，利见大人。'君德也。"这就是君子之德。

第五节　有道德者对待战争的观点

有道德者治理国家天下，不随便发动战争。老子在第六十九章指出："用兵有言：'吾不敢为主，而为客，不敢进寸，而退尺。'是谓行无行，攘无臂，扔无敌，执无兵。"老子指出：

“兵家用兵有言说：‘我不敢以主人自居而用发动战争进入别国，而愿意以宾客之礼对待别国，我不敢贸然前进一寸，而宁愿后退一尺。’这就叫做将要行动而还没有行动，虽然挽起袖子挥动胳膊像要时刻准备战斗的样子，却不急于攻击敌人；虽然拿着各种武器，却不急于采取军事行动。”这是说有道德者，不随便发动战争，即使不得已而要对一些国家采取军事行动，那也是只有发动进攻的形式，而没有进攻的实际行动。就如周文王一样，只是对被征伐国围困，而不发动攻击，而要以仁德感化人民，并尽量不伤害人民。并且对所要征伐之国家的人民，一视同仁，尊敬爱护他们，尊敬他们的风俗习惯，而不以自己是天子派来的征伐者，就肆意伤害人民。

又第三十章所言：“以道佐人主者，不以兵强天下，其事好还。师之所处，荆棘生焉。大军之后，必有荒年。”老子指出：“以无为之道辅佐君主的人，不用武力强弓弩箭强行天下，不以强弓弩箭强行天下，这事反而是好事情。因为以众多军兵强行天下，军队所到之处，土地荒芜而长满荆棘啊！大军攻伐之后，必定是荒年。”所以说，有道者不随便发动战争侵伐别的国家，伤害人民；而随便发动战争，伤害人民者，就不是有道者。

有道德者对于战争，是不得已而为之之事，不得已而用武力的目的是为了救人民于水深火热之中，那就必须以武力推翻无道的统治者，建立新的政权，而以有道者的治国方针来治理国家天下，为人民创造幸福。就如商汤、周武王等，包括伟大的中国共产党，也是如此，为了推翻三座大山，为了解放人民，而迫不得已地应对长达二十八年的战争。正如老子所言：“将欲取天下而为之，吾见其不得已。”

也正如《周易·系辞》所言：“天地之大德曰生，圣人之大宝曰位。何以守位？曰仁。何以聚人？曰财。理财正辞，禁民为非曰义。”这里的“位”，是统治和治理国家天下的最高权力，取得权力的目的，是为了治理国家人民，是为了管理好国家资材；而为人民创造财富，禁止人民为非作歹是统治者应尽的义务。

第六节　老子关于仁义礼智孝慈忠的观点

看到有些研究老子的学者，认为老子原文通篇都是反对人为的礼仪、法律的约束的，而且没有片言只语说明赞同礼仪的；这些学者的观点不足为奇，而且也没有不符合实际之处；因为老子所研究论述的是道德，不是礼仪仁义忠孝之类，所以就没有必要用专门的篇幅论述这些问题。但是这并不能证明老子本人是反对礼仪仁义忠孝的人，为什么这样说呢？这是因为：

第一，老子论述道德的目的就是要我们学习应用自然无为之道，自觉自愿自然而然地以道德的标准而作为，使人人都能成为有道德的人，人人都成为为他人谋利益之人，人人都能成为君子，试想假如我们的社会发展到如此美好的境界，那么人人都自然而然都是有礼仪、仁义、孝慈、忠诚的人；就如“成康之治”时代，就如“贞观之治”时代，甚至连刑罚都少有用处，牢狱之中没什么罪犯可拘押，那些法律、制度条文就没什么用处，这是因为这些东西已经印记在人民心中。但是正因为法律、礼仪没有了用处，因而执政者不再宣扬讲评律法、礼仪、制度，或者忘记了应该实行的教化，所以就会在四五十年的天下太平之后，出现了不太平，也就是说执政者的下一代违背礼仪、仁义、道德、孝慈而使天下混乱。

因此，老子在第十八章指出："大道废，有仁义；智慧出，有大伪；六亲不和，有孝慈；国家昏乱，有忠臣。"老子说："当执政者轻慢废弃先王的无为而为的治国之道，使国家混乱不安时，就会有仁德有道者以义不容辞的责任来拯救处于危难中的人民，使先王的治国之道重新回归。当执政者废弃无为而为的大道不用，而是任凭自己的聪明才智来随便发出政令，以治理国家时，就会有许多虚假无道无德的事情出现，人民也会效仿而制造出一些非法的伪造之物。当一个家庭出现六亲不和而使家庭不和睦时，或者使亲人受到不孝慈的待遇时，就会有孝慈的子孙出现，而以自己的孝慈方式，和谐这个不和谐的家庭。当国家君主昏庸不明，而使国家混乱时，就会有忠臣出现，竭力维护国家的利益。"

这里我们必须明白，首先，老子所言的是中华民族社会发展的历史事实，因为在国家政治清明时，也是在有道者治理国家天下时，就如"成康之治"、"贞观之治"时，辅助天子治国的臣子们人人都是忠臣，人人都是有仁义道德者，而那些无仁义道德的小人，国君不重用他们，他们没有了市场，也是说，人人都是忠臣，就没有小人奸人，而且人民都在安居乐业，在和谐的社会氛围中有谁愿意与小人为伍。所以说在和谐社会中，人人都是自然而然地遵守礼仪的守法公民。

但是当社会出现不和谐、不安宁时，尤其是国君不能以无为之道治天下而使天下混乱时，就会有道德仁义者出现，以宣扬道德仁义；就会有忠臣为了国家民族的利益劝谏国君，以道德治天下，忠臣所忠的是国家民族的利益，而不仅仅是忠于某一位君王的利益。

其次，老子还指出，当一个家庭出现六亲不和，使家中成员受到不孝慈的待遇时，就会有孝慈者出现；因为一个家庭六亲和睦时，家中老少个个都孝慈，就没有不孝慈的人，而只有出现不孝慈的人和事情时，才会显现出谁最孝慈。

那么老子的这些理论是反对仁义、孝慈、忠臣吗？显然不是的。从下面的分析中将可以看得更清楚。

第二，老子在第三十八章指出："故失道而后德，失德而后仁，失仁而后义，失义而后礼。夫礼者，忠信之薄，而乱之首。"老子说："所以当一个国家的君主失道以后才会有有道德者出现；当君王无德时才会有德者施行仁德。失去仁义时才会有有道义者推行仁义；失去礼义时就会有有礼义者推行礼义。所以说礼义，是因为忠信仁义者太少而重新兴起的；道德仁义者太少是祸乱产生的罪魁祸首。"这里仍然是老子对中华民族历史事实的总结，也是对中华民族改朝换代的历史原因的总结。这里必须注意的是，"夫礼者，忠信之薄，而乱之首"，这里的"薄"，是少的意思，是因为忠信之人太少，才会重新提倡学习礼仪，学习忠信，而祸乱的罪魁祸首，是因为忠信礼仪的人太少，所以天下才会混乱，决不能认为礼仪是祸乱的罪魁祸首，如果这样认为，那么，忠信之薄，又当为何意？

所以说研读了老子以上这两点理论，可知老子并非在简单反对忠孝礼仪仁义，而是对中华民族改朝换代历史原因做经典总结。老子研究论述的是自然无为之道，研究的是具有自然无为之道的君子如何效法自然无为之道而作为；君子的一切作为都应当依据天地的自然善性，也是以仁善作为自己的行动标准，但是天地自然的变化也是有秩序的，所以自然无为之道也是有秩序的无为之道，而不是无秩序的无为之道，既然是君子之道，那么尊礼而行君子之道、君子之德，就是君子的自然无为之道。

第三，还有一个值得注意的问题是，老子之所以有这样的认识和提出这个问题，是在于引起人们的关注，那就是在和平时期不要忘记关于道德仁义、礼仪、忠信、孝慈的基本教化。中华民族历史的变迁，是因为存在着在和平时期忘记或放弃了关于这些基本的教化，使人民尤其是那些当政者，忘记了自己的基本使命，而使那些失道失德的事情不断发生，以至于完全忘记了执政的历史使命，也就是忘记了人民的利益，最终而完全失去了道德仁义，而使天下混乱。

以上几点，足以说明老子不但没有反对忠孝仁义礼仪，而且还明确了忠孝仁义礼仪的意义。当大道实行和家庭和睦时，大家都是忠孝仁义礼仪俱全的君子；而当大道废用、国家天下家庭混乱时，真正的忠臣、孝子、仁义、道德、礼仪的兴起及意义尤其显得重要了。

第七节　老子道德的实质和意义

老子在第八十一章指出："知者不博，博者不知。圣人不积，既以为人已愈有，既以为与人已愈多。天之道，利而不害；人之道，为而不争。"老子说："明白无为之道的人不为自己求取私利，为自己求取私利的人不明白无为之道的道理。圣人不为自己积蓄货物，因为天下货物本来是属于人民大众的，自己怎么能拥有更多，既然是给予人民大众的，自己怎么能积聚更多。因为天的道理，是以有利于万物而不伤害万物为常德，做人的道理是以无为之道为人民谋利益而不与人民争功夺利。"这是老子对道德实质的论述。道德的实质，是不为自己谋求私利，是以天之道德有利于人民，为人民谋求利益而不伤害人民，为人民谋求福气而不与人民争功劳。

老子论述以道德治理天下的目的，正如《周易·系辞》所言："富有之谓大业，日新之谓大德。"圣人君子以天道天德为天的命令，以治天下，治理天下的目的是为了使国家强盛，人民富有，使人民的生活发生日新月异的变化，而实现天下太平安乐。

道德的基本意义就是，告诉人们要以诚信、公正无私、正大光明、宽厚仁善之心为人民谋利益，使人民得到利益，得到福气，得到幸福安乐，使国家得到强盛。

老子之所以研究论述道德，是为了使后代继承发扬光大道德，使先祖创立的以天命治理国家天下的最高宗旨，也就是被老子概括升华为道德的治国宗旨，永远流传不衰。正因为如此，在我们中华民族人民的心中，道德是永远的丰碑，是人民生活行为的标准，每个人心中都有关于道德的尺度，而成就了中华民族特有的道德模式，中华民族的传统道德模式，应该是世界上绝无仅有的。

老子的《道德经》的道篇，主要内容是对圣人治理国家天下方法方式的总结，是对治国者如何治理国家天下，如何使人民得到福气，君子如何累积自己仁德的论述。也就是说，君子只有以自然无为之道治理国家天下，才能使人民得到福气，使自己德行美好。老子的"德篇"，是对君子之德表现形式的论述，君子之德的表现，只有以无为之道为基础，才算有德。正如第五十二章所言:“天下有始,以为天下母。既得其母,以知其子。既知其子,复守其母,没身不殆。塞其兑,闭其门,终生不勤。开其兑,济其事,终身不救。见小曰明,守柔曰强。用其光,复归其明,无遗身殃,是谓袭常。”老子说:“天下万物之所以能有始有终,终而复始化生不息,是因为有万物之母的存在,既然能够得知万物之母化生万物的过程,所以也就能够知道万物的变化规律。既然能够知道万物的变化规律,就能坚守万物之母的变化规律无为之道,终身不懈怠。堵塞那些产生私欲的孔穴,关闭那些产生是非的门户,终生不劳苦。若是打开那些产生私欲是非的孔穴,不但无济于其事,而且还会使祸乱终生不停止而无法挽救。能够看见细小隐微事物发生的现象就叫明智,能坚守柔弱就是坚强。使道发扬光大,使道又恢复光明正大,不给自己遗留灾祸,就是沿袭了无为之常道。”这就是君子之德,君子只要时刻自然而然地坚守无为之道去作为,没有私欲是非,发扬光大无为之道,就能使人民得到福气,就是君子之德。

老子在五十二章的第一部分,首先告诉我们什么是无为之道,以及终身坚守无为之道而不懈怠。什么是无为之道呢?就是天地万物自然生成的过程中,所体现出来的无思无谋无虑无知的自然善性,君子就要如自然变化一样自然而然地去为人民谋利益,而不向人民索取回报,显现功德。

第五十二章的第二部分所论的是如何做到自然无为:就是要堵塞那些产生私欲的孔穴,闭住那些产生是非的门户;假如打开产生私欲是非的孔穴门户,就会对所要成就的事业造成危害,终生陷于是非灾祸之中而无法挽救。

第五十二章的第三部分告诉我们,善于从微小的事物变化现象观察推断事物的变化趋势,善于坚守柔弱,使无为之道发扬光大,恢复无为之道的正大光明,就不会给自己和子孙后代遗留后患,其中一个重要的方面是指,一定要坚持应用无为之道治天下,而假如将我们先祖创建的治国之道遗失,而以自己自以为是的聪明智能治天下,那么我们的子孙后代就难有太平安乐的好日子过,就要像老子所处的时代一样,时刻处在战争战乱之中,没有生命和生活保障,这不就是为子孙后代遗留了后患吗?所以说老子《道德经》的德篇,主要是对君子之德的论述,也是对我们每一个人的教化之言;所以说第五十二章的内容,对于我们每个人同样适用,同样是至理名言。

综观老子的道德论,其道德论的实质,是论述治国者治理国家天下的道理、方法,是治国之策的学说;老子是期望以道德论教化出一位真正有圣人君子之德的治国者,能拯救天下受苦受难的民众,而实现我们的先祖已经实现了的天下安乐太平的大治社会。正如老子所言:“执大象,天下往。往而不害,安平太。”

第八节 老子无为之道与《周易》及如何累积仁德

《周易·坤卦》初六爻辞曰:“履霜坚冰至。”爻象辞曰:“履霜坚冰,阴始凝也。驯致其道,至坚冰也。”“履霜坚冰至。”的原意是说,冰冻三尺,非一日之寒。坚硬冰块的形成,天气的寒冷,正是从脚下开始踩着白霜开始的,直到数九寒天,脚下踩着坚硬的冰块,柔软的白雪之时,才明白严寒冰冻发生的过程。

初六爻象征的是任何事情的发展都是从薄到厚的变化过程，这里也象征君子厚德形成的过程。从无到有，从小到大，从少到多，是从一滴一点，从一件事一件事做起，一点一点累积起来的。

“驯致其道，阴始凝也。”所指的是坤地顺应天时变化而变化的状况；地之气为水气，九月霜降寒风至，水气遇寒凝成霜，逐渐到立冬之后地气闭塞不升，地面寒冷，水遇寒开始凝聚结冰，到数九寒天坚冰形成的过程。

“驯其致道，至坚冰也。”就是说依照履霜坚冰至的变化规律，从很早就开始对其进行驯良，使其逐渐达到和顺善良，而且要使其和顺善良之性永远凝结于心中。

这是在告诉我们，古人效法坤地顺应天时，依照履霜坚冰至的规律和道理，而创始了利用教化的方式，以教化人民使其逐渐达到和顺善良的目的。其实这也是易学对古人创立的依照君子之德教化人民，使其和顺，使人人善良和谐的教化方式的评定。

坤卦所阐述的主要是周文王之德和以周文王之德为天下人的模式而教化人民的问题。以周文王之德为天下人的模式，来教化人民，使周文王的美善之德逐渐印记沉积在人民心中，这也是“履霜坚冰至”和“履霜坚冰至，驯致其道，至坚冰”的意义，也是教化所要实现的目的。

《周易》六十四卦有很多都是阐述君子之德和君子如何累积德行的卦象。正如《周易·坤卦》象辞曰：“君子以厚德载物。”君子要学习周文王的美善之德，不断累积自己的美德，使美德就如大地一样深厚，就如大地负载万物而毫无怨言、忍辱负重的美好德行。

《周易·小畜卦》象辞曰：“君子以懿文德。”君子要以周文王的美善之德为自己行为的模式。

《周易·蛊卦》象辞曰：“君子以振民育德。”《周易·临卦》象辞曰：“君子以教思无穷，容保民无疆。”《周易·观卦》象辞曰：“先王以省方，观民设教。”《周易·大畜》象辞曰：“君子以多识前言往行，以畜其德。”《周易·损卦》象辞曰：“君子以惩忿窒欲。”《周易·升卦》象辞曰：“君子以顺德，积小以高大。”这些象辞都是我们行为的参考标准，都是教化人们为人处事的基本方法。正如《周易·系辞》子曰：“易其至矣乎。夫易，圣人所以崇德而广业也。知崇礼卑，崇效天，卑法地，天地设位而易行乎其中矣。成性存存，道义之门。”

老子之道德与《周易》有着不可分割的关系，《周易·系辞》中关于道德的意义、实质均来源于老子之道德；而老子的《道德经》将道德的起源、发展变化过程、圣人创建道德（也是天命）的意义与目的以及圣人以道德为模式而作为的表现形式，做了极为详细明确的论述，老子的文章就如一篇一篇语言生动、真实、哲理深刻、具有重要哲学意义的诗篇，《周易》则是对古代明王以道德治理国家天下而实现天下太平安乐的历史事实的肯定记载和传播，老子理论则是《周易》有关文辞内容的基础和重要组成部分。

老子和《周易》论述道德的目的，就是要教化我们明白古代圣人创建道德的目的，就是要治国者以无为之道治理国家天下，而实现天下太平安乐。

正如老子所言：“执大象，天下往，往而不害，安平太。”“圣人不积，既以为人己愈有，既以为与人己愈多。天之道，利而不害；人之道，为而弗争。”老子说，“持着大道的基本表现形式，前往治理天下。反复治理使万物和谐相处而不相互伤害，那么天下就安乐太平了。”“圣人不为自己积蓄货物，因为天下货物本来就是属于人民大众的，自己怎么能拥有更多，既然是给予人民大众的，自己怎么能积聚更多。因为天的道理，是以有利于万物而不伤害万物为常德，做人的道理就是以无为之道为人民谋利益，而不与人民争功夺利。”

老子和《周易》的目的，就是为了教化世人恢复那原本仁善、宽厚淳朴的善良本性，老子和《周易》的理论可以使我们树立正确的人生观，在正确人生观的前提下，发挥个人的主观能动性和聪明才智，创造自己的生活以及以正确的为人处事方式，而立足于社会，才会使自己生活得安心自由自在。假如一个人脱离了道德的范围，随心所欲，自己自由自在了，可是这就很可能妨碍他人的自由自在了，社会也就不会安宁了，最终还要受到道德的谴责，甚至法律的制裁；所以说，我们的老祖宗，早已为我们创造了使我们容易生存和生活得更好的为人处世的方法，那就是“道德”的尺度。正如《周易·无妄卦》彖辞所言：“无妄之往，何之矣？天命不祐，行矣哉？”彖辞说：“不胡作非为，而且要品行端正去作为，有什么不好呢？如果非要胡作非为，非要品行不端正，不会受到天命的保佑，能行得通吗？”天命就是道德，没有道德，违背道德，就是违背天命，就不会受到人民的拥护，这样的作为能行得通吗？还是不要违背道德的好，这是《周易》和老子论述道德的目的。

所以，老子的道德论，是对二皇五帝三王关于天命论的高度总结，是对天命论意义的高度概括，为天命论创立了更科学的理论依据，使我们从扑朔迷离、没有完整的理论依据，又使人容易误解歪曲的天命论中解脱出来，而将上古的“天命”升华为道德，创建了完整的道德理论与学说，以作为治理国家天下者的最高宗旨与准则，以作为人民大众行为的模式。老子的《道德经》是关于道德的理论，是关于道德起源的学说。老子的《道德经》也是世界上最早创建的如此完整而条理分明的道德理论。

第四章　老子之道德的意义

第一节　模糊的天命论与道德的关系

关于“天命”，其实在古代文献中，并没有什么严格的定义，只是在《尚书》、《诗经》、《周易》中反复被提到，在《论语》中也有提及，但是并未说明“天命”的定义。那么什么是天命呢？我们就来看看古代文献关于天命的一些论述。

《尚书》中提到的天命的篇幅很多，下面我们列举几例，以作说明。《尚书·皋陶谟》曰：“无教逸欲，有邦兢兢业业，一日二日万机。无旷庶官，天工，人其代之。天叙有典，敕我五典五惇哉！天秩有礼，自我五礼有庸哉！同寅协恭和衷哉！天命有德，五服五章哉！天讨有罪，五刑五用哉！政事懋哉懋哉！”皋陶说：“不要教人放纵贪欲，各位君主要有兢兢业业的精神，一日二日乃至千秋万代不改变。不要荒废百官的职责，这样天的功德，或许人就能代替。效仿天的次序就有了典章，设置五种法典五种惇厚人的品德的典章啊！效法天地的秩序就有了礼，我们自己要以五礼为常啊！大家共同敬让、和洽、谦恭、和善啊！天命就是要我们有美好的品德，让天子、诸侯、卿、大夫、士服从五种典章啊！天命就是要我们讨伐有罪者，用五种刑法来惩罚五种犯罪者！只有如此我们的政事才能盛大美好啊！”从皋陶的言论中，就可以看出，法典，礼、德都是效法天地之常德而来，因为在这篇文章中，皋陶和大禹讨论研究的是如何治理人民的问题，其中最主要的就是提到“要知道了解人民的心意，要安定人民”。而要治理好人民，治理人民的人要有九种美好的品德，每天都要坚持不懈，恭敬庄重地修治自己的德行。只有品德美好的人，才可以担任治理人民的官员。这里需要特别指出的是，古人的“天命”观念就是要每个人都有美好的品德，要利用各种惩罚的手段，使品德不美好的人受到教化，使其品德趋向美好。这也就是说古代圣人，是将效法天地自然而然地所表现出来的有利于万物的善性，当做天命来执行。

自古以来，遵天命而治理国家天下，使人民得到安乐福气的人，就是有道者；而违背天命，使国家天下混乱，人民流离失所，生活困苦者就是无道失德者。也就是说，有道与无道的标准，就是在于如何对待人民。

在《诗经》的许多内容中，也反复提到了天命，正如《诗·大雅·文王》曰：“穆穆文王，於缉熙敬止。假哉天命，有商孙子。商之孙子，其丽不亿。上帝既命，侯于周服。侯服于周，天命靡常。殷士肤敏，祼将于京。厥作祼将，帝服黼(fǔ)冔(xǔ)。王之荩臣，无念尔祖。”说的是：“勤勉不倦的周文王，光明和睦又敬让不止。凭借天命统治天下，有了商朝的子子孙孙。商朝那些子子孙孙，他们的数量众多。商王既然发布命令，使周顺服为商之诸侯。商之诸侯周族归服，天命不会永远归商族。为殷商之臣很勤勉，在周邦京城祭祀先祖。为臣子祭祀商先祖，经常穿朝服戴殷商帽。对商王以尽职尽责，也没忘记自己的先祖。”其实《诗经》中关于天命的记载有很多很多，这里不能一一列举。

在《论语》中，孔子提到天命的也有几处，如：“吾十有五而志于学，三十而立，四十而不惑，五十而知天命，六十而耳顺，七十而从心所欲，不逾矩。”孔子在这里所说的应是他自己的人生历程。孔子说他五十岁才知道天命，可是孔子并未说明什么是天命。在《论语》的最后一段又说到：“不知命，无以为君子也；不知礼，无以立也；不知言，无以知人也。”孔子说：“不知道天命，就不可以成为君子；不知礼义，就无法立身于社会；不懂得辨别言论的美恶，就无法辨别人的善恶。”这些文辞中，孔子仍然没有说明什么是天命，但是孔子一生通过教育而推行宣扬道德仁义礼仪。

老子在第五十九章中，同样提到了天命。正如经文所言：“治人事天，莫若啬。夫唯啬，是谓早服；早服，谓之重积德。”老子说：“治理国家人民的事情是奉行天命，奉行天命不如记住一点就行了。这仅有的一点，是早早顺服无为之道，早早顺服无为之道是谓重复累积仁德。”又第六十七章曰：“天将救之，以慈卫之。”老子说：“用天命作为拯救天下人民的最高宗旨，以仁慈使人民的利益得到卫护。”

在这两章的经文中，老子虽然没有直接阐释天命，但是我们依照老子《道德经》的宗旨分析，依照治理国家天下的法则分析，道德就是治理人民、治理国家天下的根本宗旨，而道德是对天命的尊崇。而且按照经文的含义，将其解释为“治理国家人民的事情，就是奉行天命”。将“天”解释为天命比较合理，“事”既可以是事情，又可以是奉行、行使。这里老子讲执行天命的唯一方法就是无为之道。只有早早顺服无为之道，才能不断累积德行；只有不断累积德行，使德行高大，才能得到人民的拥护，才能建立国家，才能施行为人民谋利益的事业。而在第六十七章所讲的是：“今舍慈且勇，舍俭且广，舍后且先，死矣！夫慈，以战则胜，以守则固。”说的是，争王称霸者舍弃无为之道而任意作为，使天下人遭受灾难困苦，只有有道者才能以天命拯救天下人民，将人民从水深火热之中拯救出来，然后再以仁善之德使人民得到安乐太平，维护人民的安乐幸福。因为老子所要说明的是治理国家天下的道理。曾看到有些学者，将“天将救之，以慈卫之”解释为“天想救护谁，就以仁慈维护他”，笔者对此不能苟同，因为天没有思维意识，不可能做到如人的思维行动一样的事情，即使有思维意识的普通人也不可能做到这么伟大完美的事情，何况是没有思维意识的天呢？只有聪明睿智的圣人，有道德的君子，只有我们伟大的先祖才能效法天地的美德，以天命的意义救护受苦受难的人民，以仁善之德维护人民的安乐太平生活。

那么“天命”的含义到底是什么呢？《中庸》有言：“天命之谓性，率性之谓道，修道之谓教。”讲的是：“天命这个称谓是指天的固有本性，天的固有本性就是日月自然而然地无私永久地以光明照耀温暖万物所体现出来的自然善性。遵循天的自然善性而作为是谓遵道。明道遵道，修治自身品德，治理好国家天下，使道发扬光大是谓教化。"这就明确指出，天命就是指天固有的自然善性，遵照、效仿天的自然善性而作为，就是遵道或者效法道而作为。因此可以说，所谓天命，就是要圣人君子自觉地效法天的固有善性而治理国家天下，使人民得到利益的法则。这是孔子对"天命"的真实意义的说明，天命这个称谓是指天的固有本性，遵循天的固有本性去作为就称作"天道"，明道修身齐家使道发扬光大是谓"教化"。那么天的固有本性是什么呢？就是天之日月自然而然地以其光明无私地照耀、温暖万物，无私覆盖万物，使万物得到生长化育的自然善性，也就是古圣人效法天的固有善性而作为，就是尊天道而作为，尊天道以治理国家天下，使天下人民得到安乐福气，人民就会受到教化而人心向善。

关于"天命"的主要内涵，正如《周易・无妄卦》彖辞曰："动而健，刚中而应，大亨以正，天之命也。"彖辞说："行动就如乾天一样刚健有力，刚健中正而应和乾天之德，大亨通而且正大光明，这就是天的命令。"这就是古圣人治理国家天下的天命，就是效法天公正公平无私照耀温暖覆盖万物，地公正公平无私藏纳负载滋生化育万物的仁善之德，正大光明地保护爱护人民，和谐万物，使天下得到治理，人民得到福气得到安乐，而实现天下太平安乐和谐，就是天命的主要内涵。

关于天命的具体意义，又如《周易・大有卦》象辞曰："君子以遏恶扬善，顺天休命。"这就是说："君子要遏制丑恶不美善的，发扬光大美善之德，顺服乾天美善之德。"

《中庸》关于天命之言，就是对天命意义的论述；《周易・无妄卦》彖辞所言，就是古代天命论的主要内涵的说明，也是对天命意义的最明确解释。而《周易・大有卦》象辞则是对天命具体意义的明确说明。

可见，所谓"天命"，是圣人君子自觉地效法天地，自然而然表现出来的有利于万物的善性，以及遵守天地万物的必然法则而有所作为，以威震天下人民，威震治理国家的执政者。天地的善性是自然表现出来的，圣人君子是自己效法自然法则而有所作为的。

而天命的本意，就是《周易・无妄卦》彖辞所言的："动而健，刚中而应，大亨以正，天之命也。"天命，可以说是古圣人对天地自然变化有利于万物生长化育的善性的效法和遵循。正如老子第二十五章所言："人法地，地法天，天法道，道法自然。"老子说："人效法的是坤地顺承乾天的道理，坤地所效法的是乾天清静无为滋生化育万物而不显现自己功德的道理，乾天所表现出来的法则是无为之道，无为之道的法则是自然规律。"也就是说，天命，是古代圣人对乾天固有本性，公正公平无私以善待万物，使万物得到生长化育之德的效法，古人效法的是天地自然变化规律所表现出来的对万物有益有用的公正公平的自然善性；古圣人依照对万物、对人类有益有利的法则治理国家天下，使人类得到利益福气安乐，是谓"天命"。

所以，天命是古代先圣治理国家的最高宗旨，天命被老子概括升华为道德，这也是老子道德论的来源，因此可以认为天命和老子之道德的实质和意义是根本一致的。通过老子的总结，道德既是天道天德的综合，又是圣人君子所具备的美好品德，这样就使我们易懂易学易执行，天命本身并没有什么神秘，或者愚弄民众的含义，而只是古代圣人君子对天地自然法则的淳朴效仿而已。

关于天命，毛泽东早期文稿有言："人心即天命，故曰天视自我民视。天命何？理也。能顺乎理，即不违乎人；得其人，斯得天矣。然而不成者，未之有也。"又曰："动其心者，当具有大本大源。……夫本源者，宇宙之真理。"又曰："若以慈悲为心，则此小人者，吾同胞也，吾宇宙之一体也。""大同者，吾人之鹄也。立德、立功、立言以尽力于斯世者，吾人存慈悲之心以救小人也。"年轻的毛泽东认为，人心即天命，那么自古以来民众之心是什么呢？笔者认为，就是老子笔下的小国寡民时代的太平盛世，孔子所言的三王时代的太平盛世，文景之治的小康社会，贞观之治的太平盛世，以及历史上历次革命所要达到的"人人有饭吃、人人有衣穿、人人平等"的太平目的。也就是说，民众之心是历代民众所祈求的太平安乐的生活。毛泽东的"天视自我民视"的原意出自《尚书·皋陶谟》，皋陶所说的全句是"天聪明，自我民聪明"，其意思是说："从天上领悟到的道理，就是自民众中领悟到的道理。"那么从天上领悟到了什么道理呢？即关于天命的道理，天命是什么呢？是关于宇宙万物生成生存和发展的道理，所以毛泽东认为，能顺从宇宙万物生存的道理，就不会违背民众的心愿；不违背民众的心愿，就能得到民众的拥护。而且他还认识到：最能感动人心的是具有大本大源的知识，大本大源是什么呢？就是关于宇宙万物生成与生存的真理，而这个真理，就是老子之道德所言的宇宙大本源的真理，即自然无为而为的真理。毛泽东早年已经熟读并比较透彻地研究了《道德经》、《周礼》、《尚书》、《周易》等历史典籍，所以才会有如此的认识。

年轻的毛泽东早已确定了自己的鸿鹄之志，就是要以慈悲之心拯救中华民族的劳苦大众，实现大同社会这一拯救自己同胞的最佳目标，要做一位为实现大同社会立德、立功、立言而尽力于这个世界的人。

通过古今之伟人对天命论的研究，那么可以发现，古代圣人为了治理国家和人民，为了使人民得到太平安乐的生活，而依据天地万物生成和生存的道理，所效法的有益于民众、能为民众谋利益的治理国家天下的法自然的法则而已。

因此老子就将这种法自然的法则与自然变化规律相结合，而感悟出自然无为之"道"。又因为圣人君子效法天道而自觉自愿毫无怨言地为人民谋利益，使人民得到了利益，得到了安乐福气，这是圣人君子的美好善德使人民得到的美好结果，所以老子就结合天地自然而然使万物得到益处，圣人君子自觉自愿毫无怨言使人民得到福气的美德，感悟命名为"德"。合而为"道德"。要想有德，要想积德，要想使人民得到利益福气，就得顺应无为之道而作为。也就是说只有顺应无为之道，才能得到和累积仁德。正如老子第二十一章所言："孔德之容，惟道是从。"这是说，大德的形象表现，只有顺从道去作为，才能体现出来。也就是只有诚心诚意，坚持不懈地去修道明德，才能体现出伟大的仁德。这就是告诉人们，要不断地修治自然无为之道，不断学习，训练自己的自然无为之道，直到早已烂熟于心而不假思索就能把事情做得极好。为民众谋福祉，为人民服务，同样如此，只有反复自修其德，直至不用思虑就能去做，而不愿意显现自己的功劳，是谓"道德"。

综上所述，天命论是老子之道德的重要来源，老子之道德，是对古代天命论的高度升华和概括，二者在理论的发展演变上是一脉相承的；但是二者在具体的应用上是不同的。上古的"天命"是指治国者所要奉行和执行的治国宗旨；而老子之道德既包含了治国者的最高治国宗旨,同时也包含了圣人君子之德,包含了普通民众所要学习和效法的基本道德准则。也就是说,老子之道德既包含了最高道德准则——治国宗旨,也包含了一般的道德准则在内,所以我们学习《道德经》的目的,就是要以道德的标准来衡量我们自己的行为是否符合道德标准;以道德来匡正自己的品德,以提高我们的道德素质,以实现社会和谐,万物和谐。

第二节　老子之道德的基本意义

通过前几章的研究,可以认为,老子的道德论,是对古代圣王治理国家天下方法——天命论的总结概括和高度升华,老子总结概括道德的目的,是为了使古代圣王创立的治理国家天下的方法、纲领、最高宗旨不遗失,是为了唤醒他所处时代的治国者,能够遵照先王的治国之道而治理国家天下,不要频繁发动战争,不要危害人民。正如老子第四章所言:“道冲,而用之或不盈。渊兮,似万物之宗。挫其锐,解其纷,和其光,同其尘。湛兮,似或存。吾不知谁子,象帝之先。”老子在这里发出深深的感叹!他不知道哪位君子,能像先帝一样,能将深邃精湛的道解释清楚,能将道发扬光大,使道与尘世一起沉浮,与日月一样光明,以解除经久不息的战乱。

老子论述道德的目的,是为了使后代继承并发扬光大古圣人所创建的无为之道以治国家天下,以实现天下太平安乐的目的。正如第三十五章所言:“执大象,天下往。往而不害,安平太。”又如第十四章所言:“执古之道,以御今之有。能知古始,是谓道纪。”老子说的是:“持着大道的基本表现形式,前往治理天下。反复治理使万物和谐相处而不相互伤害,那么天下就安乐太平了。”“持古圣人所创建的大道,以为现今拥有国家天下者驾驭治理国家天下的常道。能知晓古圣人创建治理国家天下之道的始末,就是知道了治理天下的基本纲领。”这是老子之道德的基本意义,道德是治理国家天下的基本纲领,这一基本纲领就是无为之道,其基本内容是:“清静恬淡无为,诚信敦厚,宽容仁善,公正无私,正大光明。以仁善待万物。”因为只有以无为之道治理国家天下,才能使人民得到利益,得到福气,得到安乐太平。以无为之道治理国家天下,使人民得到福气,得到安乐太平,是谓“道德”。

《周易》的基本内容是论述古代圣王治理国家天下所使用的方法——(天命)道德的,而《周易·系辞》的内容,既应用了老子、孔子的许多理论,又对《周易》作者作《易》书的目的做了明确说明。《周易》其实就是一本阐述道德和治理国家天下之道基本意义的巨著。正如《周易·系辞》孔子所言:“夫易何为者也?夫易,开物成务,冒天下之道,如斯而已者也。是故圣人以通天下之志,以定天下之业,以断天下之疑。”孔子说:“这个易学,是干什么的呢?易学,是圣人用来开辟事物成就事业的。大胆进言治理国家天下方法的,如此而已。所以圣人就用易学贯通天下人的志向;用易学确定天下人的事业;用易学推断天下的疑难之事。”易学既然是大胆进言治理国家天下的方法的,开辟事物成就天下事业的,那么天下的事业和治理国家天下的方法是什么呢?这个问题,易学也做了明确的说明,正如《周易·系辞》所言:“富有之谓大业,日新之谓盛德。”这里指出:“使国家富强、人民富有是圣人所要成就的伟大事业;使人民的生活发生日新月异的变化,是圣人所要累积的盛大仁德。”

关于圣人所要成就的事业,老子也有明确的论述,正如第八十章所言:“小国寡民,使有什伯之器而不用;使民重死而不远徙。虽有舟舆,无所乘之;虽有甲兵,无所陈之。使民复结绳而用之。甘其食,美其服,安其居,乐其俗。邻国相望,鸡犬之声相闻,民至老死,不相往来。”老子在这里所说的是古代圣人治理国家使人民居于安乐太平生活的状况,也是老子对古代圣人治理国家天下达到大治景象的描述,因为老子自生到死,一生都处在战乱的春秋时代,西周的盛世早已过去,老子没有亲自感受过天下大治时的生活,老子看到的只是衰弱的东周,混乱的天下,所以老子就对古代圣人治理天下所达到的安乐景象充满了无限渴望。

在老子的心中,圣王治理国家天下的太平时代,就是天堂,那时各个诸侯国都得到了大治,人民有成千上万的器具而用不完,人民吃着精美的饮食,穿着华美的服装,有安定舒适的住处,尽情依照自己的习俗享受美好的生活,而不相互干扰伤害,人民非常珍爱自己的生命,而不愿意做一些徒劳之事;武器虽然很多,但是不是为了发动战争而准备的,只是为了防止敌人的进攻。这是老子心中对富有美好安乐生活的憧憬之情,也是老子阐述道德的目的所在,老子期望有道德的圣明君王出现,让天下恢复大治。

关于古代圣王之时国家大治的社会景象,《曲礼·礼运》中有记载:“大道之行也,与三代之英,丘未逮也,而有志焉。大道之行也,天下为公,选贤与能,讲信修睦。故人不独亲其亲,不独子其子,使老有所终,壮有所用,幼有所长,矜寡孤独废疾者,皆有所养;男有分,女有归,货物恶其弃于地也,不必藏于己。是故谋闭而不兴,盗窃乱贼而不作,故户外而不闭,是谓大同。”这是孔子对夏禹、商汤、周文王等圣王以无为之道治理国家天下,使天下得到大治,而实现了大同社会景象的描述。孔子所描述的大同社会,应该是古代文明社会的典范,这与老子所描述的小国寡民的古代大治社会也是很相似的。总而言之,实现天下大治的基本条件,就是以无为之道治理国家天下。

综上所述,道德的基本意义,是老子对古代圣王治理天下方法的总结;道德是古代圣王治理国家天下的基本方法、基本纲领,也是最高宗旨。正如《周易·系辞》所言:“是故形而上者谓之道,形而下者谓之器,化而裁之谓之变,推而行之谓之通,举而措之天下之民谓之事业。”所以圣人依照天所表现出来的自然无为之道的表现形式而创立的治理国家天下的最高准则,以治理国家天下,使人民得到实际利益,是谓“道德”;依照道德的表现形式而制定的那些既能容纳万物,又能使其有条不紊,并存并生而不相害的各种制度、法规、礼法等,是谓“器”;依据不同民族的风俗对器的规格适当取舍使其适宜,是谓“变通”;使道与器得到恰当的推广,是谓“通行”;从民众中推举各类德才兼备的人才,采取各种措施,筹划开展各种能为天下人民谋利益的事务,并将错综复杂千头万绪的事务处置得井然有序而不相冲突,达到道德所要实现的目的,是谓“事业”。

第三节　道德的普遍意义

道德的普遍意义，是指道德对于个人、家庭、社会及团体的意义，其主要表现是以无为之道制定各种法规、礼典、制度等来约束教化人民，使人民具有仁善之心，能有公正无私之心，能有诚信、敦厚、忠实、淳朴之品性，人人和睦相处，遵守国家的法纪制度、礼义等。正如《周易·系辞》孔子所言："夫易，圣人所以崇德而广业也。知崇礼卑，崇效天，卑法地，天地设位而易行乎其中矣。成性存存，道义之门。"孔子说："易学的意义真是大到极点了啊！易学是圣人用来尊崇道德而成就发扬光大伟大事业的。并使人知道崇尚高尚，礼遇卑微的道理，懂得崇尚天之道德，懂得地低下而顺承天的道理。天高地低贵贱之位确立之后，易学所阐述的道理就贯串其中了。易学的目的是为了实现将天之固有善性，深刻地印记在人民心中，使人人具有仁善之心，这是实现道义的关键。"孔子指出了易学的目的，就是为了将天之固有善性，深刻地印记在人民心中，使人人有仁善之心，这才是实现道德的关键。人人有仁善之心，这也是做人的关键。所以《周易·说卦》指出："立人之道，曰仁与义。"易学确立了做人的原则，是仁善和义务。这是做人必须具备的品德。

关于仁善，这一点很好理解，首先是心地善良，对别人，对家人，对万物都要以仁善之心去对待。仁善之心的基本前提是公正无私、诚信、淳朴、敦厚，没有这个前提，仁善之心的存在就会受到危害。

关于"义"，有一种比较常见的理解是"义气"，实际上这种理解是不全面的；更准确地说，"义"应该是每个人应该有的义务和如何履行自己的义务。

关于"义"，《曲礼·礼运》篇就有明确的论述："何为人情？喜、怒、哀、惧、爱、恶、欲七者弗学而能。何谓人义？父慈、子孝、兄良、弟弟、夫义，妇听、长惠、幼顺、君仁、臣忠十者，谓之人义。"意思是说，关于人情，人生下来就自然存在着七种情感，这七种情感是表示喜悦的情感，表示愤怒的情感，表示伤心痛苦的情感，表示恐惧害怕的情感，表示喜爱亲情的情感，表示厌恶、不喜欢的情感，表示欲望的情感。这七种情感，不用学，是人生下来就具有的情感。而这些情感，就要在幼儿逐渐成长的过程中，通过家人的言传身教，逐渐明白，如何使情感恰当得体地表达。在人的成长过程中通过学校的教育，学会情感的正确使用和表达，这是各种教化方式、礼仪、法规、制度等所要达到的目的之一。关于"义"，孔子指出，作为父亲，就要对子女做到养育、教育、关怀、爱护的义务；作为子女，就要对父母做到终身孝敬、赡养、关怀备至、养老送终等义务；作为兄长，既要带头孝敬父母，又要尽到帮助、辅助父母养育弟妹的义务；作为弟弟，就要尽弟弟的义务，既要孝敬父母，听从父母的教导，又要听从兄长的教导，尽力帮助兄长等；作为丈夫，既要坚守丈夫对妻子的义务，又要有道义，有道德，要做一个真正的大丈夫；作为妻子，就要尽到妻子对丈夫、对子女、对家庭的职责义务；国家的君主以仁爱治国，臣民就会忠诚地辅助君主实现治国的理想。孔子说的"十义"，虽是古代社会里每个社会角色的人应该要尽的义务，但时至今日，尽管时代条件有了变化，不过这"十义"所代表的意义仍然是今天各个社会角色的人应尽的义务，如此我们的社会才会和谐、安定。所以，以各种教育方式、各种法律、制度等的作用，来教化人人明白自己的义务，自己的职责，人人做好自己的职责，尽到自己的义务，这个社会才能达到极大的和谐。这也是教育、法律、制度所要达到的目的之一。当然孔子对子孝，还提到一个孝敬的原则，那就是对父母的不道德所犯的过失，要低声下气和蔼地不断劝谏，直到父母听从，若不听从还要继续劝谏，而决不能纵容过失，纵容过失就是不孝。正如《论语》孔子曰："事父母几谏，见志不从，又敬而不违，劳而无怨。""从命不怠，微谏不倦，劳而不怨，是谓孝也。"

可见，对于每个担任某种社会角色的人来说，道德的关键问题首先是有无仁善之心，而仁善之心的基本前提是公正无私、诚信、淳朴、敦厚，只有具备了这些条件，才能做到孝敬，才能担任好自己的角色。也可以说，道德的实现，是一个全民性的问题，人人担当好自己的各种社会角色，各种事情就会有条不紊，各自运行在既定的轨道上，而不发生混乱，不发生冲突。这也是各种家庭、社会团体、组织机构等应遵循的道德准则。

正如老子在第八章所言："居善地，心善渊，与善仁，言善信，政善治，事善能，动善时。夫唯不争，故无尤。"老子说："处于仁善之地，心底的仁善源远流长，善于施行仁德，说话交往善于坚守诚信，善于以仁善之德治理国政，能以仁爱之心处事，时常以仁善之德感化人民。只有与世无争，才不会有过失。"老子指出了应该如何做到仁善，时时处处以仁善之心为人处事，不与别人争高低，就不会有过失。又如老子在第七十九章指出："和大怨，必有余怨；报怨以德，安可以为善。""天道无亲，常与善人。"老子指出：大怨虽然能够和解，但是必然会留下余怨；如果以仁善来回报冤仇，怎么不可以成为最善于和解怨仇的人呢？天道不偏爱一物而是对万物一视同仁，经常以美善给予人类，使人类得到益处。老子所指的仁善，是天地自然无为之道所体现出来的仁善，我们要效法天地仁善之德，而处理我们的人事与关系。正如老子在第二十五章所言："人法地，地法天，天法道，道法自然。"老子指出："人所效法的是坤地顺承乾天的道理，坤地所效法的是乾天清静无为、滋生化育万物而不显现自己功德的道理，乾天所表现出来的法则是无为之道，无为之道的法则就是自然规律。"

老子关于德的论述中的一个重要观点是知足常乐，知足者是富有的，知足就不会受到侮辱。如："知足者富。""死而不亡者寿。""知足不辱，知止不殆，可以长久。""大丈夫处其厚，不居其薄；处其实，不居其华。"老子的这些观点，都是我们做人处事的至理名言。

正因为我们中华民族有自古以来的天命论，有老子的道德论、孔子的道德仁义论，还有《周易·系辞》对道德论、天命论、仁义论的肯定与评论等，这就使"道德"在炎黄子孙心中打下了深深的印记，而使道德得以流传和发扬光大。也正因为如此，道德就成为中华民族历史发展的一种原动力，成为中华民族人民心中的历史丰碑。无论历史如何发展变化，人民的心中总是有一个道德的尺度，来衡量各种人事，约束自己的行为。也就有了各种关于社会道德、个人道德、团体道德的标准，用来教化约束各个不同岗位上的角色以使其尽力履行自己的职责，严格履行自己的义务，这便是本书所论述的"道德"的主要内涵和基本意义。

第五章 老子思想与孔子学说的比较研究

在这一章，我们从老子和孔子对具体问题的论述，来探讨儒家与道家到底有什么相同之处和不同之处。自古以来老子被称作道家的始祖，孔子被称作儒家的始祖，认为道家和儒家在思想和理论上是两个不同的门派，可是笔者通过研究后认为，就老子和孔子而言，他们的思想和理论的中心议题和目的是一致的，老子提出了道德论，孔子则在某种意义上用他的方式致力于推行老子的道德仁义。当然，至于老子与孔子的不同之处，笔者认为只是他们研究问题的侧重点和方法不同而已，其实他们的最终目的是相同的。当然，关于具体的同异之处，还是让我们用具体的问题来探讨吧。

第一节 老子之道德与孔子思想

在我国的学术界有以老子为创始人的道家与以孔子为创始人的儒家之分；笔者通过系统研究后，认为其实老子只是将先帝、先王、先圣的治理国家天下的天命、治国之道，以道德的形式升华、总结、描述、记载下来。也就是说，老子将先圣所创立的以天命治理国家天下的形式，用道德概而括之，老子是道德的创始者，也是中华民族传统道德的创始者。老子创立道德的目的，是为了传授先圣的治国之道，以先王的治国之道为主题。可是就道家而言，对老子思想领会、解读最为深刻的就是庄子了。庄子对老子之道德论述最正确的内容就是，认为老子之道德就是要记载、论述先圣的治国之道，就是要教化出有道德的治国者，但庄子也只是停留在理论上的论述而已，庄子并没有亲力亲为地去实施老子之道德。而只有与老子同时代的孔子对老子创始的道德亲力亲为地去付诸实施了，并一直勉力推行之。以下我们就孔子与老子道德的理解与实施做一些研究探讨。

1. 孔子对老子之道德论的理解与实施

老子创立道德的目的，是为了传授先圣的治国之道，以先王的治国之道为主题，而教化出能有先圣先帝之德的执政者，以治理国家天下。可是在那个乱世之中老子的目的没法实现，也没有人理会老子的愿望，老子只好悲哀地感叹道："吾言甚易知，甚易行。天下莫能知，莫能行。"老子的言论真的没有人能够理解吗？没有人去施行吗？下面我们来研究探讨孔子的有关言论及行动吧。

（1）孔子试图以自己的方式实现先王之治。孔子试图从政而实现先王的治国之道，实现老子的道德。孔子曾经尝试以先王之道德仁义治理国家，曾做过鲁国中都之地的地方官，而且只用了一年的时间就使中都之地得到治理。但是由于鲁定公的无能，也由于当时的社会处于动荡不安的战争年代，孔子深感自己一个没有至高权力的人，想要改变社会，实现天下大治，是不可能的，所以孔子就以自己的方式宣扬道德仁义，以培养人才的方式来实现自己推行道德仁义的目的。在孔子心中想要培养的不仅仅是七十二个知名弟子，他和老子一样，就是想要培养出来一个个能治理国家天下的明君和众多能辅助君王治理国家天下的贤能者，以使先王的道德仁义治天下的目标得以实现。我们从孔子的许多言论中，就可以深切地感到这一点。

正如《中庸》孔子曰："愚而好自用，贱而好自专，生乎今之世反古之道，如此者，灾及其身也。"《中庸》又曰："非天子不议礼，不制度，不考文。今天下车同轨，书同文，行同伦。虽有其位，苟无其德，不敢作礼乐焉。虽有其德，苟无其位，亦不敢作礼乐焉。"这就是孔子对他所处时代社会现象的论述。那些居于上位而无道无德，不懂得或者根本就不知道上古先圣先王治国之道的人，把持着诸侯国君主甚至天子的地位，不但不以先王所创立的天命治理国家，反而遗忘了或者反对先帝先王的治国之道，那么国家怎么能够得到治理呢？人民的生活怎么能够和谐美好呢？可是老子、孔子以及许多有贤德才能的贤者、仁人志士，都是居于下位的人士，他们为了保全道德，有的只好直谏君王，最后以被杀害告终；有的只好隐居，而将道德深怀于心。就如孔子在《论语》中提到的，"直哉史鱼！邦有道，如矢；邦无道，如矢。君子哉，蘧伯玉！邦有道，则仕；邦无道，则可卷而怀之。"

(2)孔子以自己的方式宣扬推行道德仁义礼智。孔子与老子一样，无力改变当时的社会状况。孔子就想以收徒讲学的方式，传授道德仁义礼智，这不失是保存、继承传统道德的最好方法。

《中庸》曰："天命之谓性，率性之谓道，修道之谓教。道也者，不可须臾离也，可离非道也者。是故君子戒慎乎其所不睹，恐惧乎其所不闻，莫见乎隐，莫显乎微，故君子慎其独也。喜怒哀乐之未发谓之中，发而皆中节谓之和。中也者，天下之大本也；和也者，天下之达道也。致中和，天地位焉，万物育也。"这是《中庸》的首篇文章，据北宋程颐说《中庸》是"孔门心法"，是孔子的孙子子思因为担心孔子思想在流传中出现偏差，于是"笔之于书，以授孟子"。无论《中庸》是谁所作，而《中庸》的整篇文章就是宣扬孔子的仁义道德思想是最为有力的证明。而中庸首篇和《周易·无妄卦》彖辞关于天命意义的解释，是对孔子关于天命认识的正确论述，也是对老子将上古那个模糊的天命论升华概括为道德之意义的阐述和肯定。

老子之道德的道篇，都是在论述道，论述无为之道，论述君子居于无为之道的表现形式。孔子也有关于"天道"的论述，正如《礼记·哀公问》公曰："敢问君子何贵乎天道也？"孔子对曰："贵其不已，如日月东西相从而不已也，是天道也。不闭其久，是天道也。无为而物成，是天道也。已成而明，是天道也。"又如《周易·恒卦彖辞》曰："天地之道，恒久而不已也。利有攸往，终则有始也。日月得天，而能久照；四时变化，而能久成；圣人久于其道，而天下化成。"孔子所论的"天道"，与老子一样，仍然是指天地日月四时的自然变化规律，这也是孔子对老子关于天道内容实际意义的说明和概括。

我们通过对老子《道德经》的研究可以明白，天道的实质就是“天”的固有本性，就是“天”所表现出来的固有善性，是“天”以它固有的光热照耀温暖万物，以补充万物光热的不足，而使万物得到益处。正如老子第七十七章所言：“天之道，损有余而补不足。人之道，则不然，损不足以奉有余。”老子说：“天的道理就是天将自己固有的光热不断减少以照耀温暖万物，以补给没有光热的万物，使万物得到光明温暖而生长化育。圣人效法天的固有善性，减少自己的缺点错误，减少自己的私心欲望，而将有余的智慧才能无私地奉献给天下人民，使人民得到利益，得到安乐。”而《中庸》又说，遵循天的固有本性去作为是谓“尊天道”，明道遵道修身齐家治国、使道发扬光大是谓“教化”。遵道者时刻不可以背离大道，如果可以背离就不是有道者了。圣人自觉自愿地效仿天的固有善性，去为天下人民谋利益，自觉自愿地秉承天的固有善性去作为，效仿天道而作为。而老子将天命又升华概括为道德，因为天的固有善性是天道，天的固有善性使万物得到了益处，圣人君子效仿天道而作为，使人民得到了利益，得到了安乐，而圣人君子就是有道有德之人。孔子用尽一生时间，用他自己的方式推行道德仁义礼智。孔子推行道德仁义礼智的言论见于《论语》、《大学中庸》、《礼记》、《孝经》、《孟子》、《春秋左传》、《春秋公羊传》、《春秋谷梁传》、《孔子家语》以及《周易》等书的内容之中。

2. 孔子对老子之道德的解译及运用

孔子一生通过用教育推行道德仁义，而且从孔子的言论中，也可以看出有许多对老子之言的解释阐述之意。

其一，比如老子在第七章关于天地长久以及圣人无私的论述，“天地长久，天地所以能长且久者，以其不自生，故能长生。是以圣人厚其身而身先，外其身而身存。非以其无私邪，故能成其私。”孔子则在《礼记·哀公问》中论道：“贵其‘不已’。如日月东西相从不已，是天道也。不闭其久，是天道也。无为而物成，是天道也，已成而明，是天道也。”孔子论的是为什么重视崇尚天道和什么是天道，老子的论述就使我们明白什么是无为之道，无为之道就是自然存在的天地自然变化的规律，因为自然存在、自然变化，畅通无阻，所以就能天长地久。可见，孔子的天道和天道之自然是一致的，与老子的无为之道是一致的。

其二，又比如老子在第十七章所论的，“太上，不知有之；其次，亲而誉之；其次，畏之；其次，侮之。信不足焉，有不信焉。”笔者将这一段解释为：“最好的朝代如商朝夏朝以上的圣王，因为没有文字记载而且年代久远，不知道他们有何治国之道；其次，到了周朝的圣王，如周文王，因为年代比较近而且有文字记载了他们的治国之道，所以就亲近而且赞美他们的治国之道；再次，到了周武王、周公、周成王、周康王的时代，因为害怕违背先祖的治国之道，而努力遵循先祖的治国之道；最后，到了周幽王，以至于春秋时期，却无视轻慢先王的治国之道，违背了先王的治国之道；没有确实证据的不能相信，有确实证据的却仍然有人不相信啊！”这是因为根据《中庸》篇章中的文辞，以及用孔子的相关言论来解释老子此段经文的含义，笔者认为这样的解释是最符合老子的原意的。

正如《中庸》曰：“王天下有三重焉，其寡过乎。上焉者，虽善无征，无征不信，不信民弗从；下焉者，虽善不尊，不尊不信，不信民弗从。”又如《中庸》孔子曰：“愚而好自用，贱而好自专。生乎今之世，反古之道。如此者，灾及其身者也。”“吾说夏礼，杞不足征也。吾学殷礼，有宋存焉。吾学周礼，今用之，吾从周。”《论语》孔子曰：“夏礼，吾能言之，杞不足征也；殷礼，吾能言之，宋不足征也。文献不足故也。足，则吾能征之矣。”孔子的这些论述，足以证明老子所谓“太上”，是指商夏以上的君王治理国家的方法道理，由于文献不足，而无从考证，所以就不能使人民相信的解释是正确的。

其三，上文已经提到，老子有“天之道，损有余而补不足。人之道，则不然，损不足以奉有余”的理论。与之对应，《中庸》篇里孔子认为：遵循天的固有本性去作为是谓遵“天道”，明道遵道修身齐家治国使道发扬光大是谓“教化”。遵道者时刻不可以背离大道，如果可以背离就不是有道者了。

其四，又如老子在第四十七章关于“不出户，知天下；不窥牖，见天道”的论述。

而孔子曰：“丘闻之，得之于自身者得之人，失之自身者失之人。不出门户而天下治者，其唯治反于己身者乎！”（见《吕氏春秋·先己》）

老子和孔子的这些论述，在《周易·系辞》以及节卦的初九爻中就有应用。《周易·系辞》曰：“不出户庭，无咎。子曰：‘乱子所生也，则言语以为阶，君不密则失臣，臣不密则失身，几事不密则害成，是以君子慎密而不出也。”《周易·节卦》初九爻也有关于不出户庭的爻辞，曰：“不出户庭，无咎。”而初九爻象辞对爻辞的解释是：“不出户庭，知通塞也。”尤其是《吕氏春秋》与节卦之言，是对老子之言的解释和应用，孔子的“丘闻之”，应该是听闻老子之言而已。

其五，老子第五十四章曰：“修之于身，其德乃真；修之于家，其德乃余；修之于乡，其德乃长；修之于国，其德乃丰；修之于天下，其德乃普。故以身观身，以家观家，以乡观乡，以邦观邦，以天下观天下。”而《大学》曰：“古之欲明明德于天下者，先治其国；欲治其国者，先齐其家；欲齐其家者，先修其身；欲修其身者，先正其心；欲正其心者，先诚其意；欲诚其意者，先致其知；致知在格物……”这是《大学》对老子关于如何修身齐家，以及如何以身观国治国的具体解释和应用。

其六，又如老子的第五十七章曰：“以正治国，以奇用兵……我好静，而民自正；我无事，而民自富；我无欲，而民自朴。”而孔子曰：“政者正也。君为正，则百姓从政也。君之所为，百姓之所从也。君所不为，百姓何从？”孔子之言，可以视为对老子之言的解释，也就是说，孔子告诉我们为什么君主无为、好静、无事、无欲，而人民能够正，能够自化、自富而淳朴的道理了，因为君主的作为，是百姓效法的榜样，君主正，人民效法君主，当然人民也就能公正无私而淳朴了。

其七，又如老子的第六十六章曰：“是以圣人欲善民，必以言下之；欲先民，必以身后之……是以天下乐推而不厌……”而孔子则曰：“是故君子不自大其事，不自尚其功，以求处情；过行弗率，以处厚；彰人之善而美人之功，以求下贤。是以君子虽自卑而民敬尊之。”孔子之言是对老子所言的天下人民为什么对圣人乐推不厌的解释，因为圣人君子不自大，不自我炫耀功劳，以仁厚待人，显扬别人的美德而隐藏自己的功德，所以圣人就会受到人民的拥护和爱戴。

其八，又如老子的第七十二章曰：“民不畏威，则大威至……”而孔子在《论语》里这样论道："君子无众寡，无小大，无傲慢，斯泰而不骄乎？君子正其衣冠，尊其瞻视，俨然人望而畏之，斯不亦威而不猛乎？"孔子之言，其实就是对老子"民不畏威，而大威至"的进一步阐述，也是说人民不畏惧他的威严，就会有极大的威严。因为君子对人处事，无论大小，以及无论有势无势，均是宽厚平和地对待，使人民觉得可亲可敬，但是圣人君子的行为表现又庄重威严。

其九，孔子宣扬推行的仁义、孝、信、恭、敏、惠、礼乐、教化、婚姻伦理等与老子的道德理论并不相悖。《道德经》第十八章曰："大道废，有仁义；智慧出，有大伪；六亲不和，有孝慈；国家昏乱，有忠臣。"又第三十八章曰："故失道而后德，失德而后仁，失仁而后义，失义而后礼。夫礼者，忠信之薄，而乱之首。"老子在这里明确指出，无为之道丧失，治国者不以无为之道治理国家天下，使国家混乱，国人不和，君臣不和，家庭不和时，使道德、礼仪、仁孝、诚信丧失殆尽时，就会有道德仁义者出来宣扬，推行仁义道德，宣扬忠孝礼仪。而且老子还指出：由于诚信的丧失，就是混乱的罪魁祸首，这时就有有礼义忠信者，推行礼乐诚信，而使其得到发扬实行。孔子所宣扬和推行的仁义、孝、信、恭、敏、惠、礼乐、教化、婚姻伦理，也是按照老子之言，而努力通过教化来推行，提倡仁义、道德、忠信、礼仪、诚信。那么，孔子所提倡、宣扬、推行的仁义、孝、信、恭、敏、惠、礼乐、教化、婚姻伦理等，不正是老子之言的验证吗？

总之，老子与孔子在关于道德问题的理论在根本上是一致的，而且他们论述推行道德仁义的目的也是一致的，是为了教化出真正有道德、有仁善之德的治国者，教化出能公正无私地辅佐君王治理国家天下的有贤德才能的人才，是为了国家社稷的长远之计，是为了不使先祖的治国之道丧失殆尽，是为了使先祖创立的能使人民得到安乐幸福、国家天下得到太平的治国之道永远长存而已！从一定意义上讲，孔子对老子之道德的宣扬、推广和发扬光大，表明孔子是老子之道德忠诚的宣扬者和推行者。

孔子一生辛劳，利用自己的方式，推行道德教化；老子、孔子关于道德的理论及许多至理名言都得到了《周易》有关文辞的肯定和记载。道德其实是中华民族人民心中的坚强信念，是中华民族人民做人的基本原则；道德是中华民族历史发展的原始动力，是中华民族历史变迁的根源。

关于孔子与老子其他理论相一致的论述还有很多，在相关的章节中，也就是在对《道德经》的解释中，笔者都会做具体的说明。

第二节　孔子与老子的相似之处

孔子一生用教学的形式推行仁义道德，推行先王的治国之道，那么，孔子与老子有相似或者相通之处吗？下面我们就来具体分析一下。

1. 老子、孔子在文献创作方面关于"象"的应用

(1)关于孔子之"象"。孔子在《周易》有关文辞中大量使用了"象"的文学表现手法。比如："易者，象也。象也者，像也。"易学的文学表现手法是"象"。象，是象征、相像、相似。又如："圣人有一见天下之赜，而拟诸其形容，象其物宜，是故谓之象。""象也者，象此

者也。”其意思是：圣人将见到的天下那些深奥的道理以及事物的形象，用适宜的方法和语言文字将它们的形象模拟，形象地表现出来，使其与具体事物的形象相似，这就是“象”。“象”，就是像这种事物或人物的意思。这是孔子汇编的《周易·系辞》关于“象”理论的论述。那么《周易·系辞》所言的圣人之象，除先帝先王以外，还有圣人，而在孔子心目中见过而且亲耳聆听过教诲的圣人就是老子了，所以这些圣人应该包括老子在内。

孔子及其弟子将“象”这种文学表现手法在六十四卦的应用中达到了极致。正因为如此，《周易·系辞》才会说：“易者，象也。”就是说《周易》六十四卦的内容是用“象”这种表现手法表现的，也可以说六十四卦的卦形图、文辞就是某一种自然现象，某一种事物，或某一个人的具体形象的象征。

(2)孔子之“象”的主要表现形式。其一，《周易·泰卦·初九》爻辞曰：“拔茅茹，以其彙征，吉。”用一根一根细小的茅草汇聚起来就是一大堆茅草，象征要使天下太平安乐，就要将一个一个有贤德才能的人才汇聚在一起，而辅助君王治理国家的意思。这里“拔茅茹，以其彙征”，这是古成语“拔茅连茹”和“汇征之途”的简缩语。《周易·涣卦·六四》爻辞曰：“涣其丘，匪夷所思。”这里比喻的是，周武王改朝换代之后，所分封之人中的一个，将一个人的住址换到营丘之地，而这个人的特点是“匪夷所思”，这个人是智慧超常的周武王的师傅姜子牙姜尚了。而“匪夷所思”也是成语的应用，所以孔子之“象”的主要表现形式之一，就是成语的应用。

其二，《周易·未济卦》初九爻曰：“震用伐鬼方，三年有赏于大国。”这里的震，是一个具有多重含义的象征词语，它在易学中象征的方位是东方，象征的自然事物是雷震和草木。西周灭亡以后，周平王将周朝的都城迁移到西周以东的洛邑，所以，“震”既象征东周都城的方向在西周的东方，又象征东周都城的所在地河南的洛邑，还象征东周的第一位天子周平王。周平王东迁以后，在洛邑命令秦襄公征伐鬼方(犬戎之寇)。秦襄公用了三年时间，将犬戎之寇驱赶出原西周所属之地，周平王将大片原西周之地作为奖赏，分封给秦襄公，使秦国很快成为东周的诸侯大国。《周易》记载了这个历史事实，这在东周历史记载最齐全的《东周列国志》第四回中可以得到印证。可是却在有些史书上看到，是武丁派“震”这个人去伐鬼方，商朝的武丁时代有没有“震”这个人？未见有文献记载，但是未济卦所说的是东周之事，怎么又变成商王武丁呢？作为史书，出现这样的问题，这不就是任意杜撰了吗？其实也只不过是这些学者没有注意《周易》之象而已，所以说“象”在解释易学的文辞中有很重要的意义，常常以象征意义来表示事物的真实意义。这就是说孔子之象，表现在《周易》的文辞中，就是利用天干地支和八卦的具体象征，以取象。

(3)关于老子之象。其一，我们看到老子的文章，几乎在他每一章的哲理前面，都有一段对自然事物的论述，然后从他所研究的这些自然事物中抽象出哲理，这是老子之象的一方面表现。如《道德经》第七章：“天长地久，天地所以能长且久者，以其不自生，故能长生。是以圣人后其身而身先，外其身而身存。非以其无私邪？故能成其私。”第八章：“上善若水。水利万物而不争，处众人之所恶，故几于道。居善地，心善渊，与善仁，言善信，政善治，事善能，动善时。夫唯不争，故无尤。”便是如此。

其二，另一方面的表现，是用具体的文辞象征具体的事物，或者象征事物的某一现象。老子论述事物和哲理的用词，其中大量应用了“象”这种文学手法，也就是说，他并不直接说明他所论述的事物是什么，而是用“象”的手法进行暗示、比喻、形容。我们就以具体事物的象征意义来说明老子之象。

比如，《道德经》第五章曰：“天地不仁，以万物为刍狗；圣人不仁，以百姓为刍狗。天地之间，其犹橐籥乎！虚而不屈，动而愈出。多言数穷，不如守中。”其意思为：“天地不仁善时，就会把万物视作草扎的没有生命的狗；圣人若是不仁善，也如天地一样，会将百姓视作没有生命的草扎的狗。天地之间，就如鼓风用的风箱，中间虽然空虚但风却用之不竭；越是拉动风箱，风就更加层出不穷。说话过多就会屡次出现言不由衷而无法穷究之语，所以还不如始终坚守自然无为的中正之道为宜。”老子这里的“天地不仁”，是指天地突发狂风暴雨、地震、干旱、水涝等自然灾害，天地引发的这些自然灾害，使万物毁于一旦，使万物变得如同没有生命的草狗，而圣人之所以是圣人，他们效仿的是天地仁善的一面，效仿天地自然变化之无为的道理治理国家天下，而不伤害万物。这里的“刍狗”，是死亡、没有生命的象征；而“虚空”，是无为之道的象征，“虚”是看不见摸不着的无为之道的表现形式。老子用风箱鼓风的道理象征无为之道对万物的有益有利，也是无为之道的作用。用“中”，即中正无私，老子论的是无为之道，当然象征的也是无为之道了。

又比如，第二十八章曰：“知其雄，守其雌，为天下溪。”“知其白，守其黑，为天下式。”那么这里的“雄”和“雌”是什么呢？“雄”，是万物生成之父乾天太阳的象征，而乾天又是刚强、公正无私、强大有力的象征；“雌”，是万物生成之母坤地的象征，坤地又是博大柔顺至极的象征。这样我们就明白了雄与雌是刚与柔的象征了。“溪”，是清澈的溪水，清澈的溪水，是无私心杂念的象征。白，是虚无、没有的意思；黑是暗淡无光的象征。既看不见，摸不着，又没有亮光，这是什么呢？这不就是老子在第十章所论述的无为之道的表现形式吗？

“象”的这种文学表现手法，在《道德经》和《周易》中的应用比比皆是。通过对老子创作《道德经》的手法和孔子编撰《周易》文辞的表现手法的分析，可以认为老子是将“象”这种文学表现手法用到哲学著作的创始者。老子用“象”这种表现手法，只用了五千多字，却阐述了自然宇宙进化、人文、政治、哲学、治国等多方面的内容。

孔子和他的弟子则是集“象”的应用之大全，将“象”这种文学表现手法，在《周易》六十四卦中应用到了极致，六十四卦的卦辞中的几乎每一个字、词、句子都可能包含几种含义，而六十四卦的每一个卦形结构，都是各种具体事物的象征。同样，《周易》六十四卦的卦辞、彖辞、爻辞、象辞总共也只有四千九百字左右，但却记载、评论了天文、地理、自然、历史、政治、道德、教化、礼乐、刑法、婚姻伦理以及经典哲理等内容，是一部内容极为丰富的文学、历史、哲学巨著。

2. 老子、孔子关于鬼神之论

(1)老子关于鬼神之论。《道德经》第六十章曰：“以道莅天下，其鬼不神。非其鬼不神，其神不伤人。非其神不伤人，圣人亦不伤人。夫两不相伤，故德交归焉。”老子说：“以无为之道君临天下，那些妖魔鬼怪就不会神气了。并非只是妖魔鬼怪不神气了，那些神灵也不会悲天悯人了。并不只是神灵不悲天悯人了，那些圣人也不会悲天悯人了，神灵和圣人都不悲天悯人了，就说明治国者遵循无为之道所实行的道德与先祖和圣人所推行的道德已经完全交会在一起了。”

笔者认为，老子在这里所言的“鬼”，既是古人对死亡的先祖的命名，也是那些实行阴谋诡计、胡作非为的小人伎俩的象征；“神”，是奉天命而治理国家天下，为人民做出伟大贡献而受到人民祭祀的先帝先王先祖的象征；“圣人”是指有极为高深智慧和道德又对人民有极大贡献的哲人。试想一下，一个有道德、有才能、遵循先祖先哲们的无为之道治理国家天下的君主，使天下得到大治，天下太平，人民和乐，那些搞阴谋诡计、胡作非为的人还有市场吗？还能神气活现吗？以无为之道治理国家天下，使人民得到幸福，得到福气，得到实际利益，天下太平，我们的先祖先圣先王就不会再悲天悯人、感叹社会和人民的疾苦了。

这是老子《道德经》中唯一提到鬼神的一段文字。这里的鬼，是小人的象征；这里的神，是先帝先王先祖的象征。

(2)孔子关于鬼神之论。《礼记·祭义》孔子曰：“气也者，神之盛也；魄也者，鬼之盛也。合鬼与神，教之至也。众生必死，死必归土，此之谓鬼。骨肉毙于下阴为野土，其气发扬于上为昭明，焄蒿凄怆，此百物之精也，神之著也。因物之精，制为之极，明命鬼神，以为黔首则，百众以畏，万民以服。”这里孔子对什么是鬼神做了明确的解释，鬼神是古人对人死亡之后尸体变化产物的象征意义的命名而已。孔子关于鬼神的其他论述，主要是对鬼神祭祀意义的论述，这是孔子关于鬼神的相关理论。

综上所述，可以看出，老子和孔子对于鬼神意义的观点是基本一致的。

3. 老子、孔子有愚民之论吗

(1)老子有愚民之论吗？《道德经》第六十五章曰：“古之善为道者，非以明民，将以愚之。民之难治，以其智多。故以智治国，国之贼；不以智治国，国之福。”说的是，古时善于以无为之道治理天下者，并非是使人民过于明智机巧，而将使人民保持朴实纯真善良的本性。人民之所以难治，是因为治国者不以无为之道治理国家，而是以自己的所谓智慧治理国家，治国者以自己的智慧任意作为，心中只有他自己，还有人民吗？所以老子指出：以个人的所谓智慧任意治理国家，是残害国家人民，而只有以无为之道治理国家天下，人民才能得到福祉。

这是老子站在他所处的历史时代，看到当时诸侯混战、社会混乱的现状，而对当时混战和混乱原因的分析。圣人治理国家天下时社会安定的基本因素之一，那就是治国者以淳朴善良之心治国，而人民以淳朴善良之心顺服治理，国家才能得到治理，所以老子对他所生活的时代，人民为了生存而忙忙碌碌、无所适从而又朝不保夕的生活状况和社会状况发出深深的感慨：当时社会的人，不如二皇五帝三王时代的人民淳朴善良，这都是治国者自己失去淳朴善良之心，失去无为之道所造成的。

(2)关于孔子“民可使由之，不可使知之”的言论是愚民之论吗？笔者认为，孔子说的是，民众可以使他们顺从治国者的治理，而不能使其过于有心智。孔子这里的“知”，也就是心眼、智能，是针对那些善于见风使舵、丧失淳朴善良之心之人而言。

孔子指出，要使人民顺服统治者的统治，而不能使人民过于有心智。那么人民顺服的是无道君主的统治吗？当然不是了，古代人只要听到哪里有有道德的圣人治理的地方，就会扶老携幼而自动追随之，就如古公亶父岐山之行一样，四面八方的人民扶老携幼而追随之。只有能为人民谋利益、谋福气者，人民才会自愿顺服他的统治。那么可以说，顺服统治的前提是统治者有道德、能为人民谋求利益，人民就会自动顺服。正如孔子所言："上好礼，则民莫敢不敬；上好义，则民莫敢不服；上好信，则民莫敢不用情。夫如是，则四方之民襁负其子而至矣，焉用稼？"这就是说，有道的君王是以他对人民施行的仁德而使人民自动顺服的，不是强迫人民顺服的。而治理国家天下者，若是失道失德，过于有心智，没有淳朴善良之心，就会置无为之道于不顾，以自己的所谓聪明才智治理国家，就会使国家混乱，人民离散而无家可归，灾难不断。

这是孔子对他所生活时代的社会现象所发出的感叹，也是孔子用古代二皇五帝三王治理时代的社会风气，与人民因为生活所迫而表现出来的种种行为相比较而发出的感叹。古时的人民，淳朴善良，只要衣食住行的愿望得到满足，就已经很知足了。正如《庄子·则阳》曰："古之君人者，以得为在民，以失为在己；以正为在民，以枉为在己；故一形有失其形者，退而自责。今则不然，匿为而愚不识，大为难而罪不敢，重为任而罚不胜，远其途而诛不至。民知力竭，则以伪继之，日出多伪，士民安敢不伪！夫力不足则伪，知不足则欺，财不足则盗，盗窃之行，于谁责而可乎？"庄子所言的是以古代君子治理国家之作为和他所处时代的君主治理国家之作为的对比，指出上古时代的执政者，以得到福气作为于民众，以减损作为于自己；以做正确了在于民众，以做错了在于自己的君子之道；与他所处时代在上位的执政者对比，不以无为之道治理国家，以得到利益在于自己，而以人民失去利益为代价，欺强凌弱，到处发动战争，使人民的力气、财力、物力耗竭，上位之人，以伪诈欺骗人民，人民也只好效法，才出现了诈伪、欺骗、盗窃等不良行为。这是庄子对当时社会人民失去淳朴善良之性的原因的分析和批判。

所以说，孔子之言与老子之言的本意是一样的。现代人的口头语常常也是："唉，现在的人，不如过去的人了。"或者偶尔见到一位值得赞叹的人而不得不赞叹时则说："好人！好人！现在这样的好人不多了。"现代人怎么了？吃的不精美？穿的不时髦？行走出入不方便？用的日用品不现代化？不齐全？见闻不够多？知识水平不比过去高？当然不是。这还是感叹现代人不如过去人淳朴善良厚道。所以历史地分析圣人的言论，老子、孔子的言论也是这个道理。

当然，老子、孔子作为后世人认为的圣人，他们的言论或思想确确实实在影响着我们的生活、学习、人际关系等；但是孔子、老子的言论被后世那些封建统治阶级断章取义、任意肢解，而成为他们任意奴化、束缚、压榨、剥削、欺凌、愚弄、欺骗人民的理论依据，使人民在某些状况下呈现出有苦而无处申诉的苦难。但那显然不是老子、孔子的本意了。

4. *老子和孔子关于修道的方法*

老子和孔子修道的方法，是通过不断地学习、实践，使每个人对自己所从事的重要事情达到熟视无睹，且不用思考就能自如操作的能力，从而实现无为之道。正如老子所言："善行，无辙迹；善言，无瑕谪；善数，不用筹策；善闭，无关楗而不可开；善结，无绳约而不可解。"无为，是无我、无私，就是在完成一件重要事件时，达到忘我的境界。正如《周易·

坤卦》初六爻象辞所言:“履霜坚冰,阴始凝也。驯致其道,至坚冰也。”

所以说,老子和孔子在修道累积德行的方法和目的上是一致的,是相互为用的。

孔子一生辛劳,利用自己的方式,推行道德教化。老子、孔子关于道德的观点及许多至理名言都得到了《周易》的肯定和记载。这些至理名言其实是中华民族人民心中的坚强信念,是中华民族做人与治国的基本原则;道德是中华民族历史发展的原始动力,是中华民族历史变迁的根源。

其实,老子的道德理论和孔子的儒学理论,其目的是相同的,都是为了教化培养治理国家的有用之才。老子的道德理论是孔子施行教化的理论基础,这在《大学》的开篇可以得到明确的验证,如:“大学之道,在明明德,在亲民,在止于至善。知止而后有定,定而后能静,静而后能安,安而后能虑,虑而后能得。物有本末,事有终始,知所先后,则近道矣。”老子的《道德经》是教育的纲领,孔子则是用具体的实际行动来实现老子的教育目标。老子之道与儒学是相辅相成的关系。从教化方法而言,儒家注重文教,道家注重武教,可谓中华民族传统文化教育的两大支柱。所以,毛泽东主席总结了中华民族传统文化教育的特点,创造性地提出了新中国的教育方针:“我们的教育方针,应该使受教育者,在德育、智育、体育几方面都得到发展,成为有社会主义觉悟、有文化的劳动者。”使我们的教育成为文武相结合的教育,使教育出来的人才是一个个全面发展而德才体能兼备的有用之才。

总之,通过以上研究探讨,可以认为老子与孔子关于道德问题的理论是基本一致的。而且从孔子的言论中,可以看到对老子的理论处处都在阐述和运用,所以说,孔子才是老子道德论的真正维护者和推行者。

第三节 老子与孔子的不同之处

1. 老子著书立说

老子创立了自己的学说体系,那就是《道德经》。老子的《道德经》一书主要论述了什么是道,什么是无为之道,什么是天德,什么是君子之德,以及道德的起源,研究道德的目的、意义等,而使传统道德自古至今流传不衰。

2. 孔子未能为自己著书立说

孔子一生辛劳奔波,却未能为自己著书立说,而《论语》、《礼记》、《孝经》、《周易·系辞》、《周易·文言》、《春秋左传》、《孟子》、《春秋公羊传》、《春秋谷梁传》、《世本》、《孔子家语》、《孔子传》、《东周列国志》等文献中的孔子之言,均是经由别人转述而得以记载的。当然,那些由孔子创作的《周易·系辞》、《周易·文言》等文献中的孔子言论一般认为是孔子自己的观点,因此笔者认为,现存《周易》的各种文辞的主要部分,系孔子所作。也就是说,孔子通过对三代精英、先帝、先圣的学问的研究,又由于《周易》、《礼记》等文献的记载,从而使孔子的许多思想得以流传而起到教化作用。

3. 老子著书立说的目的及其理论的历史使命

老子创立了道德理论,其理论来源于对二皇五帝三王关于天命论的总结升华,使我们先祖所创立的天命论，升华到更高层次，并提供了更科学的理论基础，揭开了天命论的神秘面纱，使其明白易懂易行。老子创立道德论的目的，是希望能有有道者继承先帝先王的意志，以道德治理国家天下，使混乱的国家天下得到治理而恢复太平安乐。可惜老子关于以道德治理国家天下的理论，在春秋时期无人能够实现，这使老子深感痛心和惋惜，所以老子不得不发出悲哀的叹息："吾言甚易知，甚易行。天下莫能知，莫能行。"

4．孔子的志向及其历史使命

纵观孔子一生，我们可以发现孔子曾有两大志向。孔子的第一个志向，即志于学、做君子儒。《论语·为政》曰："吾十有五而志于学。"又《论语·述而》孔子曰："述而不作，信而好古，窃比于我老彭。"又曰："志于道，据于德，依于仁，游于艺。"孔子十五岁就立志致力于学问的研究学习，学什么呢？正如《论语·雍也》曰："女为君子儒，无为小人儒！"就是学习如何做一个真正的君子，也是要做一个是真君子的儒者。因为孔子学会了，所以他才会有一系列的儒家思想行为标准的理论，才会有如下众多关于儒者的至理名言："言必信，行必中正。""儒有可亲而不可迫，可杀而不可辱也。""身可危，而志不可夺也。""儒有不陨获于贫贱，不充诎于富贵，不慁(hùn)君王，不累长上，不闵有司"等。从这个意义而言，孔子是一位"博学而不穷，笃行而不倦；幽居而不淫，上通而不困"的有道德的真君子。

关于孔子的第二个志向，《礼记·礼运》孔子曰："大道之行也，与三代之英，丘未之逮也，而有志焉。"可见，孔子的志向主要在于学问探讨，记载、传播先圣先王的品德、功业，周朝的礼乐教化、刑法、婚姻伦理以及自然科学等。

孔子在《礼记·礼运》中对"大同"社会做了描述，孔子认为夏禹、商汤、周文王、周武王、周成王、周公是以道德礼仪治理天下的，所以才能实现"大同"社会，因此孔子的理想是效法这六位君子的治国之道，以辅助君主治理国家，这是孔子的理想，也是孔子祖述这些先帝先王功德的目的。但是孔子直到五十一岁，鲁定公八年之时，才有机会出任鲁国中都的地方宰官，他到职一年，就很有绩效，四方的官吏都效仿他。孔子由中都升任司空，又由司空升任大司寇。直到鲁定公十四年，孔子五十六岁时，才可以以大司寇的职位参与国家决策大事，当然就能参与国君的各种祭祀活动了。孔子参政三个月，就使鲁国得到大治，而使其他国家的君主畏惧，惧怕由于孔子的辅助使鲁国强盛，而成为霸主，所以齐国以女乐而使鲁定公沉迷，不理政务，不举行祭祀的大礼，而后孔子只好伤心地离开了鲁国，也从此离开了政坛。

孔子喜欢阐述先王的治国之道，喜好研究记载古代的历史，而不创作自己的书籍，这也是孔子的志向。这也是孔子没有自己的著作的原因所在，而且孔子说到做到，真的没有为自己树碑立传。所以孔子对古圣人之道、之德以及礼乐等内容的研究，就由后人通过《周易》文辞等文献的形式来记载，表现在《礼记》中的最多。当然孔子作为一代大师，其观点大多是由其弟子或再传弟子记载下来的。

而在孔子的大量言论中，其内容上至尧舜、后稷、大禹、商汤、周文王、周武王、周公等人的功德，下至那些亡国之王，如商纣王、周幽王的亡国教训。正如《中庸》所言："仲尼祖述尧舜，宪章文武，上律天时，下袭水土。"现存孔子的所有言论若是集中起来，远比老子的五千多字多几倍，可惜孔子没有自己的专著。从这个意义上而言，孔子是一位真正务实的历史学者，是一位有远大理想的思想家，是一位肩负着历史责任的历史学家、历史评论家。因此，对于孔子的言论我们应该从历史的角度来分析研究，这样才能揭示孔子思想的实质。

又如《论语·颜渊》颜渊问仁。子曰："克己复礼为仁。一曰克己复礼，天下归仁焉。为仁由己，而由人乎哉？"在战争泛滥的春秋时代，做到仁义道德的首要措施，就是这些争霸者克制自己想称霸争王的欲望，恢复先王以道德治国的宗旨，使人民不受战争之苦，这才是仁善的举措。而且孔子指出，只要谁能做到克己复礼，天下就归于能够克己复礼的仁善者了，就用不着你死我活地去争夺。做到仁善、仁义在于自己的作为，自己的选择，难道还要依靠别人吗？这是孔子对那些发动战争者的所作所为而发出的呐喊，是在为饱受战争苦难的人民而向征战者提出愤怒的警告。作为一个手无寸铁的文人，这是对征战者的宣言！当然孔子只是从道德、仁义的角度对待战争的，但是对于混战时期的春秋时代，孔子是道德的卫士，而不是严格意义上的政治家。也正如《论语·为政》中，子曰："为政以德，譬如北辰，居其所，而众星共之。"以仁善之道德治理国家天下，那么治国者就像是北斗星一样，人民就像是众多星星一样，围绕在他的周围，还用得着去争夺吗？所以说孔子是一个具有历史责任感的理论大师、思想家。

孔子的执政思想，正好在两千多年以后的中国共产党的执政时代得到体现。笔者认为，我们中华人民共和国的国旗可谓孔子执政思想的象征，而且这个创作国旗图案的作者，确实是领会了孔子关于为政和传统道德的意义，而且是一位非常热爱中国共产党、具有深厚传统道德思想内涵的作者。他将为人民谋求利益而施行仁德的中国共产党比作北斗星，将人民比作众星，围绕在北斗星周围。可见，中华人民共和国的国旗，是中华民族传统文化的具体象征，也就更加说明传统道德、传统文化在我们中华民族人民心中的地位是多么重要。

5. 老子《道德经》特点

老子的《道德经》在先圣先帝的天命论的基础上，将其升华概括为道德，这是老子为我们创立的第一部自然科学理论与道德理论于一书的哲学文献。老子是中国哲学的创始者，老子的《道德经》理论来源于对古圣人的治国经验的总结，但是他的文章中，没有谈到一个具体的圣人名称，而是概括了君子依照天道、依照天德而作为的具体表现，这是理论家或哲学家的特点。老子是一位集自然科学与社会科学于一身的哲学家。老子是道德理论的创始者，老子所言的是道和德的理论，很少谈论仁义忠孝礼仪，但这不等于说老子反对仁义忠孝礼仪。所以我们的研究者，大可不必以此来区分儒家与道家的不同。对此，本书在后文的相关解译里将有更详尽的分析。

6. 儒家与道家分歧的根源

儒家与道家的分歧，其分歧的根源可见《史记》和《庄子·天运》的记载。

老子生卒年大约为公元前580—前500年，孔子生卒年为公元前551年—前479年，孔子比老子大约小三十多岁。孔子与老子是同时代的人。据《史记·老子韩非列传》的记载：孔子曾向老子请教关于礼的问题。老子说："子所言者，其人与骨皆已朽矣，独其言在耳。且君子得其时则驾，不得其时则蓬累而行。吾闻之，良贾深藏若虚，君子盛德，容貌若愚。去子之骄气与多欲，态色与淫志，是皆无益于子之身。吾所以告子，若是而已。”孔子回去之后对弟子们说：“鸟，吾知其能飞；鱼，吾知其能游；兽，吾知其能走。走者可以为网，游者可以为纶，飞者可以为矰。至于龙，吾不能知，其乘风云而上天。吾今日见老子，其犹龙邪！”孔子将老子比作行而不见其首尾的神龙，足以说明孔子对老子的尊敬。即使孔子笔下所记载所谈论的二皇五帝三王也没有得到如此高的评价，那么孔子就不会置老子的教诲和理论而不顾，而在道德的原则上背离老子了。

老子从哲学的角度，对孔子所宣扬的先帝先圣的具体历史功勋做了评论。老子是哲学家，他注重的是从这些先哲们效仿自然而作为的过程和结果中总结出的道理、规律，而不是某一个人的功劳；那些先圣、先哲、先帝、先王都已作古，但是他们的言论还在，我们需要学习和效法的是他们的精神、言论和实际行动，以使得人民得到幸福安乐生活。

历史在发展，社会在前进，改变社会不是效仿某一位帝王的具体方法就能做到的事情，而且古代天命论原本就是扑朔迷离、容易使人误解的理论，而且还没有关于什么是天命的具体内容。虽然《尚书》的“尧典”等很多诰命中指出，治国者遵天命而治国是为了保护蓄养人民，可是后世这些只急于争霸的人物，又怎么能正确理解天命呢？笔者认为，老子所注重的是对规律的研究，孔子所注重的是对历代圣人的具体事例和各位圣贤功德的研究记载。这是老子与孔子的分歧，其实主要分歧是研究的方法和内容的侧重点不同，但是目的是一致的。可见，道家和儒家的分歧，主要在于各自所研究的内容和方法，而不是因道德仁义本身而引起的分歧。其实只是各自所研究论述问题的方法和侧重点不同，并不存在本质的区别，因为毕竟老子创立了道德理论，孔子宣扬传播推行道德仁义，老子主要是讲道德，在总结道德理论的经验，孔子是用实际行动推广实行道德仁义礼仪而已。

老子以他的方式总结概括了上古圣王实现天下大治的理论标准和治理国家天下的基本方法；孔子以他的方式研究天下得到大治的原因和具体方法。他们的目的是一致的，只是方式方法不同而已。

老子和孔子的分歧，也是庄子讽刺孔子的依据所在。正如《庄子·天运》曰：“故礼义法度者，应时而变者也。今取猿狙而衣以周公之服，彼必以龁啮挽裂，尽去而后慊。观古今之异，犹猿狙之异乎周公也。”庄子说，所以说礼仪法度这些东西，应该是依据时代的变化而变化。假如给捕捉来的猿猴穿上周公的衣服，猿猴必定会用牙齿撕咬而使衣服拉裂，全部去除而后感到惬意。古代和现代的不同，就犹如猿猴与周公的不同。庄子的意思是说古代的礼仪法度的具体条文不一定能适应当代，庄子用猿猴和周公相比，周公是一位仁义道德礼仪诚信俱佳的君子，而猿猴则是一个什么都不懂的动物，说明人类的智慧是随着时代的进步而不断进化的，在新的时代就要有适合当时的礼仪法规，而不能将古代的礼仪法规条文搬来套用，这并不是说老子、庄子反对用礼仪法规来教化约束人民。

说到《庄子》，我们可以从庄子的文章分析，庄子用各种文体的文章，阐述老子的无为之道以及君子、圣人之德，阐述老子的思想。而他与孔子、孟子一样，都对具体的圣王的功德做了记载、揭示或宣扬。庄子的文章中，无所不论，天时地理，所有先圣、先帝、先王，以至于各类名人、贤者、恶人、鬼神、春秋时期诸侯的功过是非等，比孔子有过之而无不及。

而且庄子的所有文章中，大约有四分之一的文章中都提及孔子，但是只有一小部分是论及老子与孔子的分歧，也就是上面所谈到的分歧，其他都是宣扬、解析孔子之言。如《庄子·外篇》的《达生》、《山木》等文章中的多数内容都与孔子有关，如《山木·七》篇，关于孔子在周游列国时，被围困于陈国和蔡国之间，庄子对其记载就非常详细，并对孔子的言行做了赞赏性的记载："孔子穷于陈蔡之间，七日不火食，左据槁木，右击槁枝，而歌猋氏之风，有其具而无其数，有其声而无宫角，木声与人声，犁然有当于人之心。""仲尼恐其广己而造大也，爱己而造哀也，曰：'回，无受天损易，无受人益难。无始而非卒也，人与天一也。今夫之歌者其谁乎？'""仲尼曰：'饥渴寒暑，穷桎不行，天地之行也，运物之泄也，言与之皆逝之谓也。为人臣者，不敢去之。执臣之道犹若是，而况乎所以待天乎……"这些都是庄子对孔子在遇到危难之时的思想和具体作为的描写，并没有讽刺挖苦之意。而《渔父》则通篇是对孔子虚心求其学问的记载描述；而《天下》篇的第一部分是对孔子之学的肯定："古之人其备乎！配神明，醇天地，育万物，和天下，泽及百姓，明于本教，系于未度，六通四辟，小大精粗，其运无乎不在。其明而在数度者，旧法世传之史尚多有之。其在于《诗》、《书》、《礼》、《乐》者。""《诗》以道志，《书》以道事，《礼》以道行，《乐》以道和，《易》以道阴阳，《春秋》以道名分。"这是庄子对孔子及六经的肯定和记载，因为六经是孔子及其弟子修编而成。

庄子对老子无为之道的解释，应该是最符合老子本意的。庄子对于修道的方式，在《养生主》中列举庖丁为文惠君解牛的例子，说明修道的方法，这是最生动具体的关于无为之道的论述。因为老子论无为之道的目的，就是使人达到施行无为之道就如庖丁解牛一样自然自如、得心应手的境界。庄子的文章多半都是对老子道德理论的解译阐发，而没有自己的完整理论体系。

但是读庄子的文章，每一篇都能使人心旷神怡，无论是褒贬之文，还是寓言，都有一种使人超脱愉悦的感觉，这说明庄子是一位真正的文学大师。据此而言，庄子是一位自由文人，是一位文学家、思想家。作为自由文人，其肩上就少了些沉重的历史使命感，不是说庄子没有历史责任感，而是作为自由文人，庄子的文章就体现出自由奔放不羁、生动活泼的文风，这只是文学创作上的风格，不同于哲学风格、哲学特点，毕竟庄子没有自己的理论体系。

7. 老子的愿望

老子将从先帝、先王的治国之道和实现天下大治的治国经验中所领悟到的道理升华为道德，从而创造出"道德论"，以道德概括所有先圣、先帝、先王效法自然而作为的过程和结果，以及目的、意义、作用等。老子希望以他的道德理论而启发教化那些争霸者中具有一定仁德的霸主，或者真正有先帝先王之德的贤者来力挽狂澜，而使战争不断、混乱不堪的天下得到治理。老子在《道德经》中唯一提到的具体目标就如第八十章所言："小国寡民，使有什佰之器而不用……甘其食，美其服，安其居，乐其俗。邻国相望，鸡犬之声相闻，民至老死，不相往来。"这只是老子对这种安乐生活的向往之情而已。

老子关于"小国寡民"的理论，是对古代圣人治理国家天下达到大治时，其安乐和谐生活情景的描述。老子指出那时的诸侯国因为人口少，疆域小，原本就比较好治理，而在有道的君王的治理下，天下实现了大治，各诸侯国都得到了治理，使天下太平安乐，使人民有多得用不完的器具，有安定的生活环境，有甘美的饮食，有华美的服装，那么人民自己就会非常珍视自己的生命，知道珍惜安乐的生活，而不愿意做那些无用无益的事情。因为大家都满足于这样的和谐社会，就不会有争夺，不会有战争，而且就在周成王、周康王时代，有四五十年连刑罚都少有用处，这样的社会怎么能不令人怀念和向往呢？这样和谐的社会，简直是老子心中的安乐园和终生的愿望，当然也是当时饱受战乱之苦的中国人的愿望。老子的愿望就是他心中渴望的安乐园，他为后世人实现这个和谐的安乐园而创作了《道德经》。

当然各个诸侯国要使自己所治理的国家达到这种和谐美好的状态，就必须以自然无为之道治理国家，这也是老子对他所处时代，对那些争霸称王的诸侯的期望。假如一个诸侯国的君主，连一个国土小、人口少的国家都治理不好，那么他还有什么资格争王称霸呢？也就是说，作为一个诸侯国的君主，就应该将自己的精力用在治理自己的国家之上，这是一个君主的基本责任。老子一生都处在战乱时期，没有亲自感受过天下太平安乐的生活，只有对先王已经实现了的太平安乐社会给予肯定和宣扬。

老子的目的没有得到实现，这使老子感到悲哀。老子是一位肩负历史责任的理论家、思想家、哲学家，是中华民族哲学原型的主要创始者之一。老子的思想在老子所处的时代虽然没有实现，但是他留下了他的愿望，留下了他的思想之作，就是《道德经》。

老子看到周朝的政治衰微，没有真正能拨乱反正的帝王出现时，就连一个图书馆的管理员都不愿意做了，便辞官而隐退，骑着青牛一去不复返，没有人知道他最后的归宿。这也许是老子为了追寻他心中的安乐园而不得已做出的选择吧！这也是只有有道的圣人才能做到的事情，也正如《中庸》里孔子所言："素隐行怪，后世有述焉，吾弗为之矣。君子遵道而行，半途而废，吾弗能已矣。君子依乎中庸，遁世不见知而不悔，惟圣者能之。"那么老子就是孔子所说的圣人了，孔子自始至终都以老子为圣人。

8. 孔子是人性论、人义论的创始者

孔子的言论在《礼记·礼运》、《礼记·哀公问》、《礼记·仲尼燕居》、《礼记·孔子闲居》以及《礼记·中庸》等文献中，都有大篇的文章，对政治、人伦、天道、礼乐、祭祀之礼、五至、三无、三无私、中庸之道、修身治政、人情人义等无所不论，尤其是《礼运》曰："何谓人情？喜、怒、哀、惧、爱、恶、欲七者弗学而能。何谓人义？父慈、子孝、兄良、弟悌、夫义、妇听，长惠、幼顺、君仁、臣忠，谓之人之义。"孔子认为人的七种情感，与生并存，是不用学习自然就有的。也就是说，人之初，人性是中性的、平和的；平和，就是善为先。因为大多数人的父母亲朋好友都是善良的，受遗传和环境的影响，人的本性是善良的，人生存的环境造就了人善良的本性。人的七种情感齐全，而以后人性的发展变化，是受到家庭、环境、社会制度、阶级等后天的影响而变化的，所以自古以来无论帝王、庶人都注重后天的教化。

孔子的人性论被其再传弟子孟子分析、比喻得恰如其分，《孟子》曰："水性无分于东西，无分上下乎？人性之善也，犹水之就下也。人无有不善，水无有不下。今夫水，搏而跃之，可使过颡；激而行之，可使在山。是岂水之性哉？其势则然也。人之可使为不善，其性亦犹是也。”孟子关于人性的理论，是对孔子人性论的具体解释。孟子认为水性虽然不分东西，但水也有向上或向下的特点，人向善的本性，就如水向下流的特点一样，人没有不向善的，水没有不向下的。拍击水可以使它高过人的头额，用戽斗汲它，可以引水上高山，这难道是水的本性吗？这是情势改变了水的方向而已；人也可以使他不善，也是情势环境使人改变的。人性就与水性一样，可以因为情形的不同而改变，但是人的本性是善良的。只要善于教导，并使其在良好的环境中受到教化，人性就不会变恶。这是孟子对人性的认识，其认识与孔子是一致的。一般认为孟子是一位思想家、教育家。

儒家的荀子，倒是认为人性本恶。笔者认为，这是对人性有失偏颇的理解，因为荀子生在战国末期，而晚年长期生活在战乱的楚国，荀子的生活环境使他对人性的认识产生了偏差，在他眼中所看到的是为了利益、为了权力而杀戮和争斗，他对人性的认识是极端的。一般认为荀子是一位思想家、教育家。

因此可以说，儒家的创始人孔子应该是中华民族人文科学理论和人伦理论的创始者和思想家。

孔子的“人义”实际是指各种角色的人应尽的义务和肩负的责任。孔子所言的十种人义是相对的，其相对性是：父亲仁慈，子女才会孝顺；兄长善良品性好，弟弟才会听从哥哥的教导；丈夫仁义有道德，妻子才会听从丈夫和顺从丈夫；年长的爱护年幼的，年幼的才会顺从年长的；君主仁爱有德，臣子才会忠诚于君主。这不是无原则的人伦关系。当然孔子还论述了子女对不仁善的父母之孝，既要尽孝，又要不断地劝谏父母改正过失，甚至要亲自弥补父母的过失，并不是要求我们无原则地尽孝。孔子关于人性、人伦的科学理论也应堪称世界之最——世界最早的人性论，孔子关于“人义”的理论，为我们每个人在生活中所肩负的责任、义务制定出了明确的标准，使我们社会中各个角色的人，各居其位，各尽其职责，使社会井然有序而不紊乱。显然，我们不能把孔子的这些思想简单地视为封建残余；相反，时至今日，孔子的这些伦理思想对于维系家庭和睦、社会和谐无疑仍然有着积极的现实意义。

关于孝的意义，孔子的思想在《孝经》中有专门的论述。正如《孝经·谏诤章》曰：“曾子曰：‘敢问子从父之令，可谓孝乎？’子曰：‘是何言欤，是何言欤！昔者天子有争臣七人，虽无道，不失其天下；诸侯有争臣五人，虽无道，不失其国；父有争子，则身不陷于不义。故当不义，则子不可以不争于父，臣不可以不争于君。故当不义则争之，从父之令，又焉得为孝乎？”从孔子这一段话，就可以明确看到，所谓孝，是以道德仁义为基础，遇到父母、君主不仁义、不道德时，就要争辩，就要让其改过，对其不仁义、不道德的行为就要劝谏，而不能盲目顺从。孔子关于孝、忠的思想，难道还能认为是愚孝、愚忠、愚从吗？

孔子为世人建立了关于人情、人义、人伦乃至人文科学的理论基础，至于后世那些封建统治阶级怎样演绎，应用或歪曲孔子的理论，那是统治者为了维护他们的封建统治而已，显然不能简单地归咎于孔子。

9. 孔子是理论家、思想家，也是实践家

据《史记·孔子世家》和《孔子传》记载：孔子为了生活，为了实现理想，曾做过鲁国仓库委吏、乘田，而且能将这些事做得很好。后来到周朝去学礼，又得到老子的教导，孔子从周朝学习回到鲁国以后,门下的学生就日渐增多了。此间曾到过几个国家,也以士的身份参加过鲁国的各种祭祀活动。而这期间孔子最主要的工作是收徒设教,并编修诗书礼乐等典籍,一时弟子众多。孔子一生主要以教授学生为业,其间五十一岁至五十六岁做过鲁国的官吏,而后与弟子周游列国讲学,晚年喜欢研究易学。

据《史记》记载:孔子序编了《周易》的《彖辞》、《系辞》、《象辞》、《说卦》、《文言》。孔子以《诗》、《书》、《礼》、《乐》教授弟子,弟子三千,深通六艺者七十二人。孔子整理编纂的《周易》、《诗经》、《春秋》、《书》、《礼》、《乐》被称为《六经》。当然这些也有可能是在孔子口授之下由其弟子们完成的。

孔子是一位伟大的教育家、思想家。孔子的教育家之名,不仅仅是指他有弟子三千人,得意门生七十二人,以及他丰富的教育经验,还因为他所研究记载的古代先圣、先帝、先王的品德,为人处事的方式方法,包括礼乐、人义等方面诸多至理名言,儒者行的标准,以及《周易》集先圣先王之德,老子和孔子自己的行为、品德、至理名言对后世人的教化作用。当然这也是其弟子在孔子的深刻研究基础上,对孔子的言论的集中整理编撰而已,《周易·系辞》、《周易·文言》之中充满了孔子对六十四卦的解释之辞。

众所周知,孔子还是一位伟大的实践家。有理想就要为实现理想而奋斗,去作为。孔子肩负着历史使命,正如孔子所言"自己遵循大道而行,既不能半途而废,又不能学圣人,看到时机不适宜时就隐退",理想还没有实现,怎么能放弃呢?孔子为了实现心中的理想,其实采取了许多种作为方式,从这个角度而言,孔子是一位真正为实现理想而实战的实践家。

在学术界,孔子及其编修的六经历来被视为中国古代学术的最大权威者。正如《国学概论·孔子与六经》所言:"故言古者不可不慎。余于此编,盖将略而弗论,论其可知者,自孔子始,然于中国学术最大权威者二:一曰孔子,一曰六经。孔子者,中国学术史上人格最高贵之标准,而六经则是学术史上著述最高之标准也。自孔子以来,学者言孔子必及六经,治六经者亦必及孔子。"

10. 孔子设教受徒的目的

翻开《礼记·大学》第一篇,多读几遍,就可以明白孔子设教受徒的目的,就是在于阐明光明的道德,并让学生明白道德的意义。道德的意义就是在于爱民,在于使人居于善,以使人善待万物;知道居于善,然后才能确定志向;志向确定后,才能静心;心静才能身安;身安才能思考;能思考才能有所得。教育的目的,是为了给国家培养德才兼备的人才,是为了培养有道德的治国者,培养真正的君子儒;是要培养出德才兼备的人才,要使这些德才兼备的人才靠自己的贤德与智慧为人民谋利益,而使自己得到养育,培养能够自立于社会的有用人才。当然,有学问的人,不一定都能自立于社会,这有社会的因素,也有自己的因素。

11. 孔子和老子对"报怨"的分歧点

笔者认为,孔子与老子在理论上的分歧点,很重要的一点是在如何"报怨"的问题上。

老子曰:"和大怨,必有余怨。报怨以德,安可以为善。"老子的意思是说:"大怨虽然能够和解,但是必然会留下余怨;如果以善德来回报仇怨,怎么不可以成为最仁善、最善于和解仇怨的人呢?”笔者认为,后面两句“报怨以德,安可以为善”也可以解释为:“以善来回报仇怨,就可以使仇怨很好的消除了。”

当然有些学者将后面两句解释为:“用仁德去回报仇怨,怎么能和解好仇怨呢?”笔者不同意这样的解释,理由有二:其一,老子在第六十三章已经指出,以怨报德,就会使仇怨越积越多,而无法解脱,所以就不能以怨报德。其二,假如按照不以仁善回报仇怨来解释,那么,就与老子后面所论述的问题不相符,而相互矛盾。尤其是与《道德经》第七十九章的“天道无亲,常与善人”就更不相符了。

老子是研究无为之道的哲学家,老子是要以天道善待万物的观点善待相互的仇怨,自然也是以无为之道的作为对待仇怨。有道者对于仇怨,心中没有仇怨,对于仇怨,就如风吹过一样自然。心中没有仇怨,是道家无为之道的表现。无为,是无我、无私,心中只有以善待万物,何况是人呢?因此有道者仍然善待与自己有仇怨而且以怨报德的仇怨者。而做到这些,无公正无私之心是不可能的,可见公正无私是无为之道的重要表现和特点。

《论语·宪问篇》曰:“或曰:‘以德报怨,何如?’子曰:‘何以报德?以直报怨,以德报德。’”其意思是,“有人说:‘以德回报仇怨,怎么样?’孔子说:‘那用什么来回报恩德呢?应该以正直公正回报冤仇,以恩德回报恩德。’”

笔者认为,孔子这里的“以直报怨”,可以有两种理解:其一,是以公正无私之心对待仇怨,是是是,非是非,不以怨报怨;其二,是双方因为谋事意见不合而发生争吵或者厮打,但是事后又能和好如初,不计前嫌。而不能像小人一样,为了报仇怨而搞阴谋诡计,行打击报复之事,谋陷害诬告之实,全然不计别人的恩德。这是孔子与老子在理论用词上的分歧点,其实质是相同的,不能将孔子以“以直报怨”理解为有怨就要报的意思。《礼记·表记》孔子曰:“以德报德,则民有所劝;以怨报怨,则民有所恶。”“以德报怨,则宽身之仁也;以怨报德,则刑戮之民也。”孔子说:“以德报德,就会使人民得到教化;以怨报德,就会使人民厌恶而不信服他。”“以德报怨,是宽宏大量、满身仁德了;以怨报德,是用刑法杀戮人民了。”从孔子的言论中,我们就足以看到,孔子是在极力宣扬道德,推行道德。孔子的言论,其实是对老子之言的进一步解释和具体应用。这也就充分说明儒家与道家在道德仁义上没有本质区别,他们的根本目的其实是一致的。

以上仅是笔者之见,如有不当之处,还请广大研究者批评指正。

第六章　中华民族的历史发展与传统道德

笔者由于要研究《周易》和《道德经》，因此对一些历史问题也比较关注，本章将在梳理历史文献的基础上，对传统道德与中国历史发展的关系做一些探究。

自古以来，我们的古圣人效仿天的固有善性来治理国家天下，使人民得到安乐和谐的生活，古圣人将这种效仿天之善性，自觉自愿为人民谋利益的准则，当做“天”的命令来执行。凡是执行天命而为人民谋利益者，就是有道者；而违背天命，不为人民谋利益，使人民的生活失去安乐和谐者，就是无道者。笔者认为，传统道德是老子对古代天命论的高度升华和概括，道德就是中华民族历史发展前进的动力。沿着中华民族历史发展的轨迹，我们可以发现中华民族的传统道德在中华民族的历史发展中到底有着什么样的历史作用。以下我们就从有历史记载的商朝开始，对传统道德在历史发展中的作用进行探讨。

第一节　商汤革夏桀之命实现天下太平

夏朝的最后一个君王夏桀，因为失道无德使人民生活在水深火热之中；有道的商汤，在忍无可忍的情况下，举兵用武力推翻了夏桀，建立了商朝。正如《史记·夏本纪》曰：“自孔甲以来而诸侯多畔夏，桀不务德而以武伤百姓，百姓弗堪。乃召汤而囚之夏台，已而释之。汤修德，诸侯皆归汤，汤遂率兵以伐夏桀。”

《尚书·汤誓》曰：“非台小子敢行称乱，有夏多罪，天命殛之。”商汤言：“不是我这个小子敢于起兵作乱，因为夏桀有很多罪行，我是依照天命而诛杀无道的夏王。”商汤是中华民族历史上第一个以武力推翻无道的君主而建立新政权的君王。商汤在这里提到了“天命”，他是依照天命而诛杀无道的夏桀的，因为夏桀不能依照天命的原则保护养育人民，而以武力伤害人民，使人民生活在水深火热之中，所以商汤就要依据天命保护养育人民的原则而推翻夏桀的统治。

商汤以武力推翻无道君王夏桀的作为，在《周易》六十四卦的内容中得到了肯定和记载。正如《周易·比卦》卦辞曰：“吉，原筮元永贞，无咎，不宁方来，后夫凶。”因为比卦的主要内容是阐述商汤生平功德的，所以比卦的卦辞说：商汤推翻夏桀而建立商朝的作为，不用卜筮，都永远是吉祥正确的，没有过错。而且指出，中华民族以后历史发展的趋势是:当治理国家天下者失道无德而使天下再度不安宁时,立即就会有有道者起来推翻无道者。因为有道者建立新政权之后,一直到其末代君王时,就会又失道无德,而使天下出现凶险的征象,所以就会再有有道者,起来将其推翻。当然关于商汤建立商朝而践天子之位的内容在《周易》的内容中还有不少记载。

所以说,商汤以武力推翻夏朝末代无道的君王夏桀是拯救人民于水深火热之中的正义行动,是以有道惩罚无道的政治革命,而不是犯上作乱。正如《周易·革卦》彖辞所言:"天地革而四时成,汤武革命,顺乎天而应乎人,革之时大矣哉。"

商汤革除夏桀之命,建立了商王朝,以天命治天下,安抚保护国家人民,平定海内,而实现了天下大治,天下太平安乐。

第二节　周武王革商纣王之命实现天下太平

商汤建立了商朝,商朝在商汤治理时代,实现了天下大治,使天下安定和乐,人民生活安乐。在商朝六百多年历史过程中,其政治几经衰弱,几经振兴,又逐渐衰微;直到商汤的末代子孙商纣王时期,商纣王失道无德,尤其是商纣王娶妲己为皇后之后最为明显。据《史记·商本纪》记载,商纣王"以酒为池,悬肉为林,使男女裸身相逐其间,为长夜之饮。百姓怨而诸侯有畔者,于是纣乃重刑辟,有炮烙之法"。商纣王失道无德,商朝的臣子商容谏而不听,将商容削职为庶人;太师箕子反复进谏,商纣王不听,箕子只好假装疯狂,而被纣王囚禁为奴;少师王子比干强谏而被商纣王剖腹挖心;商纣王的庶兄微子,反复劝谏纣王不听,微子只好逃离商朝之地。商纣王的政治正如《史记·宋微子世家》微子所言:"殷不有治政,不治四方。我祖遂陈于上,纣沉湎于酒,妇人是用,乱败汤德于下。殷既小大好草窃奸宄,卿士师师非度,皆有罪辜,乃无维获,小民乃并兴,相为敌仇。今殷其曲丧,若涉水无津涯,殷遂丧,越至于今。"这是说就连微子都认为商朝就要灭亡了,所以微子几次劝谏纣王无效之后,无可奈何地逃离了商朝的国都。

有深厚仁德的周文王为商纣王的臣子,虽对商纣王的恶行敢怒而不敢言,仍然被商纣王囚禁于牢狱之中。周文王的臣子以美女、宝玉送纣王,终于使周文王免于被杀。周文王小心翼翼侍奉纣王,奉纣王之命而专管征伐不服商朝统治的诸侯国,周文王以仁德征服了那些不服商朝统治的诸侯国,逐渐壮大了周族的势力,直到周文王之子周武王时,天下诸侯忍无可忍,终于同周武王一起举兵推翻了商纣王的统治。正如《尚书·牧誓》曰:"今商王受惟妇言是用,昏弃厥肆祀,弗答;昏弃厥遗王父母弟,不迪,乃惟四方之多罪逋逃,是崇是长,是信是使,是以为大夫卿士,俾暴虐于百姓,以奸宄于商邑。今予发,惟恭行天之罚。"周武王联合天下诸侯,一举推翻了商纣王的统治,建立了周朝。同样,周武王在举行革命起义之时,也提到了"天命"。他说因为商纣王无道失德,不祭祀先祖,只听信妇人的妖言,而且迫害自己的同父异母的兄弟,还将那些应该逮捕而在逃亡的罪犯分封重用,并任他们胡作非为而任意伤害商朝的人民,所以他依据天命保护养育人民的宗旨,前来惩罚商纣王。商纣王因为失道无德至极,在周武王举兵伐纣的同时,因为纣王的兵旅也反戈一击,所以推翻商纣王的革命运动一天之内就取得了成功!商纣王只好自焚而亡，商朝灭亡！周武王终于推翻了商朝而建立了周朝。周武王灭纣王建立周朝的经过也体现了依据天命而革命的道理。

周武王伐纣王建周的作为，同样在《周易》的内容中得到了肯定记载。正如《周易·涣卦》彖辞曰："涣，亨。刚来而不穷，柔得位乎外而上同。王假有庙，王乃在中也，利涉大川，乘木有功也。"涣卦的内容主要是记载传述周武王灭商建周以后的主要活动的卦象，所以涣卦彖辞就对周武王伐纣灭商而改朝换代的作为做了高度评价。这是因为周武王是履行以天命保护养育人民的责任，遵照刚健无比的天之道而作为，也是拯救人民于水深火热之中的革命行动。

又如履卦彖辞曰："履，柔履刚也。说而应乎乾，是以履虎尾不咥人，亨。刚中正，履帝位而不疚，光明也。"彖辞说："履，以柔顺履行刚健的天命。喜悦而上应乎天道，所以踩到老虎尾巴，老虎不咬人，而亨通。刚健中正有道之人，践行天子之位就不内疚，践行天子之位是正大光明的。"这就是说商汤和周武王履行天命，革除夏桀和商纣王之命，上应天道，下顺应民心，践天子之位是正大光明的，是拯救民众于水深火热之中的革命行动。正如《孟子·汤放桀》所言："贼仁者谓之'贼'，贼义者谓之'残'。残贼之人谓之一夫。闻诛一夫纣矣，未闻弑君也。"孟子在这里明确指出，商纣王是残害仁爱的贼人，是残害道义的残暴者，而既是贼人，又是残暴的人，就是独夫，周武王诛杀推翻商纣王，就是诛杀独夫，而不是臣子弑君主的行为。

从商汤推翻夏桀和周武王推翻商纣王的革命行动中，我们可以发现，古代举行革命而建立新王朝的依据，是看其执政者是否有道，能否养育保护人民，能否为人民做益事，能否使人民得到安乐太平。假如不能使人民安乐太平，不能养育保护人民，就是无道者，无道者就会受到有道者举行的革命而将其推翻之，以重新建立能为人民谋利益的新政权。也就是说革命的依据是执政者是否有道，能否保护保养人民，为人民谋利益做益事，正如《周易》风雷益卦六四爻曰："中行，告公从，利用为依迁国。"

周武王革商纣王之命，拯救民众于水深火热中，以天命治理国家天下，为了人民不再行军作战，而解散了军队，收藏了武器，最后在其子周成王和其弟周公的治理下，周朝终于实现了天下大治，到成王康王时代，甚至有四五十年连刑罚都没有了用处，正如《史记·周本纪》曰："故成、康之际，天下安宁，刑错四十年不用。"。

通过考察中华民族历史发展的轨迹，我们就能清楚地体会到传统道德在中华民族发展过程中的历史作用。老子将先圣先王所创立的以天命治理国家天下的方法，概括为道德：道，是无为之道；德，是以无为之道治理国家天下，就能使人民得到安乐太平。道德论应是对上古"天命论"的升华概括总结。

第三节　春秋战国及秦朝为何未实现天下大治

西周的历史发展到第十二位君王周幽王之时，周幽王无道失德，而又宠爱褒姒，周幽王为了博得褒姒一笑，燃烽火而戏诸侯，终于失信于诸侯，当犬戎之寇终于来犯时，作为号令的烽火却失去了救命救急的作用。当周幽王在紧急关头，再度点燃烽火时，终于因为无诸侯相信而来相救，最后被犬戎之寇杀死而使西周灭亡。西周灭亡后，周幽王之子周平王继位，将国都迁至洛邑，从此开始了东周的历史。

一、东周政治衰微

周平王之时，周朝的政治逐渐有所好转，自周平王之后，周朝的政势日益衰弱，正因为之后没有一位真正的具有无为之道的天子出现，所以在东周以后，就逐渐转入了春秋战国的战乱时代。在春秋时期的那些诸侯中，有些有仁德的诸侯，就想以自己的德能来辅助天子实现天下大治，如晋文公重耳就属于这一类，但是晋文公并未使周朝的命运得到改变。也有一些其他的诸侯，如楚国、秦国，他们是想要以自己强大的武力，吞并其他诸侯国，而自己称王称霸。所以他们就以自己强大的武力经常发动战争，来实现他们的目的。

正因为东周时期没有圣贤君王的出现，没有以无为之道治天下的治国之道的实施，而使东周的政治衰微，所以才会出现诸侯争战的混乱局面，所以就不会有天下大治的政治。

二、春秋战国时期的诸子百家争鸣

春秋末期，老子看到造成当时这种社会现象的原因，是因为没有真正有先王之德的圣贤君王的出现，以天命来治理国家，保护养育人民，而使先帝先王所奉行的天命已经遗忘！所以老子将先帝先王的天命论，升华、概括而创作出他的《道德经》，期望以道德论来启发教化出一位真正能以先帝先王之道治理国家天下的君王，可惜老子的愿望并未实现。正如老子所言："道冲，而用之或不盈。渊兮，似万物之宗。挫其锐，解其纷，和其光，同其尘。湛兮，似或存。吾不知谁子，象帝之先。""孰能有余以奉天下，唯有道者。"老子认为，只有有道者出现，才会使天下得到治理而实现天下太平安乐。

春秋战国时期的诸子百家争鸣，虽然对思想文化和科学技术的发展有很大的贡献，但是也没有争鸣出一位真正能够以道德治理国家天下的君王。不过老子将他的《道德经》遗留给后世，《道德经》是实现天下太平安乐的法宝。

三、秦王朝的短命说明了什么

东周政治继续不断衰微，诸侯势力的日益强大，足以挟天子以令诸侯，最终由秦庄襄王灭亡了东周；秦始皇最终完成了统一中国的重任，实现了文字和度量衡的统一。秦国从秦孝公任用商鞅变法时起，所实行的是暴政，不是以先圣先王的无为之道或传统道德治理国家天下，而是以高压强迫人民接受他们的法制，商鞅为了推行新法，曾在一日之内处死七百多人，使渭河的水都染成了红色，哭声遍野。百姓夜卧，梦中皆惊骇颤抖。商鞅变法用暴政虽然很快使秦国富强，而且在秦孝公时期，商鞅就已经辅助秦孝公灭了魏国、晋国，秦孝公得到周天子分封为霸主的称号。而直到秦庄襄王之子，号称秦始皇的嬴政继位之后，灭六国而统一了中国。秦始皇在位三十七年，在他继位第二十六年时，统一了天下。他统一中国之后，只有十一年的时间就死亡；其子胡亥继位三年就被赵高所杀；胡亥之子婴继位不到一月，就被起义的诸侯所杀。也就是说秦朝统一中国后，却只有短短的十五年时间，就被陈胜吴广发动的起义，以及天下豪杰的相互响应的声势浩大的起义，将秦王朝推翻，秦王朝在中国历史上是国运最短的朝代。

秦王朝之所以命运如此短暂，正如《白话史记·秦始皇本纪》所言："始皇的为人，天生脾气刚强暴戾，自以为是，从诸侯出身到兼并天下，凡事称心如意任意而为，因此认为从古到今没有人能够胜过自己的。""而皇帝喜欢用刑法杀戮来建立威严，天下人害怕触犯法网，唯有行尸走肉般小心谨慎地保存俸禄，没有一个敢竭尽忠诚。君上听不到自己的过失，一天比一天骄狂，臣子心惊肉跳整天说些谎言欺骗他，以博取他的喜欢。""如今二世即位，天下无不伸长脖子，想看看新皇帝的政令，要知道寒冷的人只要有小襦穿就觉得幸福了，饥饿的人只要有糟糠吃就觉得甜美了，天下百姓的愁苦，正是新皇帝最好的资本，这是因为只要对劳苦的人民施予小恩惠，很容易被视作大仁大德……二世不如此作为，却更加无道，残害宗室和人民，再度修筑阿房宫，增加刑罚，严厉诛杀，吏治苛刻艰深，赏罚不适宜，赋税聚敛没有限度，天下事情多到官吏无法计数，百姓十分穷困而君王一点也不怜恤，于是奸诈群起，上下相互包庇，蒙罪的人非常多，受刑将杀的罪犯充塞道路，天下痛苦到极点。"

从《史记》评论秦始皇及其继位者的所作所为，我们不妨将其与老子所讲述的道德内容对比一下，来探讨其短命的原因所在。老子在第六十七章说："慈故能勇；俭故能广；不敢为天下先，故能长。今舍慈且勇，舍俭且广，舍后而先，死矣！"老子说："因为仁爱才能成就勇敢；因为能节制欲望所以才能广大；因为不敢将自己的利益放在人民利益之前，所以才能得到器重而成为人民的君长。如今舍弃仁爱而且勇敢，舍弃约束而而且任意扩大；舍弃不敢将自己利益放在人民利益之前，而且以自己的利益为天下第一；如此这样，死期将至！"老子又说："民之饥，以其食税之多，是以饥。"老子还说："是以圣人抱天下一为之式。不自见，故明；不自是，故彰；不自伐，故有功；不自矜，故长。"我们依据老子的至理名言，结合秦始皇及其后代的种种不仁道的表现，老子虽然说的是他所处时代的诸侯的表现，但是却与秦王的表现如出一辙。正如《白话史记·秦始皇本纪》曰："秦王却怀着贪婪卑鄙的心，肆行自己的小聪明，不信任功臣，不亲近士民，废灭王者的大道，树立私人的权威，禁止文书，酷烈刑法，凡事先存诈伪暴力，把仁义丢在后头，以暴虐作为治理天下的基础。"

又如《白话史记·陈涉世家》曰："陈涉仅是一个用破瓮作窗、用草绳系门轴的穷苦人家子弟，替人做工种田的仆役，发配去屯戍的贱人。他的才性智能还赶不上一个中等人，并没有孔子、墨子的贤明，也没有陶朱和猗顿的财富。他置身于戍卒的行列之中，做个号令由人的小队长，带领着疲乏散乱的戍卒，指挥着几百个人，却反过来抗暴攻秦。砍下木头做兵器，举起竹竿做旗号，天下人竟像风起云聚一般响应他，大家各自担了粮食来追随他，崤山以东的英雄豪杰同时兴起，而秦国就被灭亡了。""然而秦国由一个小小的地方兴起，取得万乘大国权位，进而迫使八州的同列诸侯来朝拜自己，也已经有一百多年了。进而合并天下，成为他一家所有，把崤函以内作为他安居的宫室。可是一旦一介匹夫发难起义，竟连他历代的祖庙都遭到毁灭，自己也死于敌人之手，让天下人笑话，这究竟是什么缘故呢？这是因为他不实行'仁义'的政治，而且进攻防守之势也改变了啊！"

从《史记》对秦王朝短暂历史的评价和分析，可以认为是因为秦王朝不施行道德仁义治天下的结果，所以秦始皇虽然统一了中国，统一了度量衡，这是秦始皇的功勋，但是秦国从秦襄公受周平王的分封赏赐，变为东周的诸侯大国，到秦文公十九年在陈仓得陈宝，到秦孝公命商鞅变法，到秦始皇继位，也有将近五百年的历史，可是秦始皇统一中国后，三代人只维持了十五年而已的统治；就连他们祖先蓄养成王历史年数的零头都不到，这是自以为天下第一，而以自己的聪明才智治理天下，失去先圣的无为之道，不以先帝之道治理国家天下，实行暴政而很快灭亡的道理。这就是说，不以老子道德论的宗旨来为人民谋求利益的执政者，就不会得到人民的拥护，就是人民的敌人，就会被人民战争的汪洋大海所淹没所埋葬，这就是道德论在中国历史发展中的历史作用，顺道德者昌，逆道德者亡！

第四节　汉初以无为之道实现文景之治

因为商汤以武力推翻无道者，建立新的政权，为天下开创了以武力夺取政权的先例，周武王又继承商汤以武力夺取政权的政治，以武力推翻无道的商纣王而建立周朝，使天下得到大治。秦国之时，陈涉起义的结果，使各路英雄豪杰响应，最终由汉高祖刘邦统一中国而建立汉朝。汉朝的政治正如《史记·高祖本纪》曰："秦政不改，反酷刑法，其不缪乎？故汉兴，承敝易变，使人不倦，得天统也。"汉朝吸取秦朝的经验教训，将酷刑治理国家的弊病改掉，变易新法，以天道来治理国家，而逐渐实现了到汉文帝和汉景帝时期的"文景之治"。

关于"文景之治"的记载在很多史书上都可以看到，如："惠帝、吕后时期，无为思想在政治上起着显著作用。"文帝、景帝统治时期继续"与民休息"，社会经济逐渐发展，史称"文景之治"。据《中国通史》记载："西汉初年，由于汉高祖蔑视儒学和儒生，使儒家学术处于低潮，这就使道家的黄老无为思想为汉初统治者所提倡，道家居于支配地位。道家重视成败的历史经验，主张清虚自守，卑弱自持，所以它适应农民战争后的政治形势，适合恢复生产，稳定封建秩序的需要。"

文、景时期，出现了由无为到有为，由道家到儒家的嬗变趋势。到汉武帝之时，出现了罢黜百家、独尊儒术的政治。独尊儒术以后，官吏主要出自儒生，儒家逐步发展，成为此后两千年间的正统思想。这种情况对于学术文化的发展不利，但是在当时却有利于封建专制制度的加强和国家的统一。

因为太宗文皇帝刘恒和高宗景皇帝刘启以老子的无为之道治理国家天下，也是以老子的道德理论治天下，所以实现了历史上的"文景之治"，而使中华民族有所复兴，这是因为治国者治国之道的正确，所以才取得了应有的成功。

第五节　汉朝最后的政治及隋朝政治的腐败

到西汉后期，由于土地被地主阶级兼并，农民又生活在水深火热的苦难生活之中，汉武帝时期，农民起义就接连不断。汉武帝刘彻反省认识到"与民休息"的重要性，而下昭自责,发布了一系列与“与民休息”的政治举措,暂时平息了农民暴动。西汉末期,反抗王莽政权的农民起义到处可见。所以在公元21年发生了反对王莽政权的绿林起义,推翻了王莽的统治;以后赤眉的农民起义推翻了刘玄的统治,刘秀趁机建立了东汉。

东汉后期,民间流传的巫术与黄老学说的某些部分结合起来,逐渐形成了早期的道教思想和反映这种思想的著作《太平清领书》,即《太平经》。《太平经》的内容中,宣扬散财救穷、自食其力的这些经义易于为农民所理解和接受。在太平道传布的同时,还出现了道教的另一派,即由张陵为教主的五斗米天师教。两派均尊老子的无为之道为教义。

东汉末年在尊黄老之道的道教的平等、平均思想的影响下,出现了由道教所领导的反抗压迫和剥削、反对专制的农民起义,虽然最终遭到失败,但是起义却推翻了西汉和东汉的统治。可以说当时的道教思想成为影响人民为了基本的生存权利,为了自由平等而战斗的理论基础。尽管道教,尤其是张陵的五斗米教,后来演变为宗教,但是,在当时的历史条件下为拯救人民于水深火热之中,还是付出了一定的努力。所以可以认为老子的《道德经》在当时,还是有着巨大的影响力,而成为人民推翻对抗统治者有力的思想武器。

据《中国通史》记载:东汉末年政治腐败,皇室、贵族、外戚、宦官和一切贪官污吏、地主豪强使人民饱受剥削压迫,人民的生活朝不保夕,生不得温饱,病不得医治,人民生活在水深火热之中。其时也正是《太平经》和道教开始兴盛时期,人民为了求得生存的权利,于公元184年在以张角创始的太平道为政治纲领的领导下,我国历史上著名的黄巾军农民起义爆发,彻底动摇了东汉的统治。黄巾起义经历了二十余年的艰苦斗争,终于被东汉王朝镇压。东汉在黄巾起义的沉重打击下,军阀混战,出现了魏(曹)、吴(孙)、蜀(刘)三足鼎立,东汉最终由曹丕取而代之,结束了东汉二百多年的统治。

三国之后,经历了两晋、十六国、南北朝。其实就三国时期的魏、蜀、吴的争战而言,也不过是以曹操、刘备、孙权三家为首的权利之争而已。十六国之所以形成,是晋政权和地主阶级对各民族的欺诈、掳掠和奴役所引发的战争所致,也包括皇族之间的争权斗争,混战使人民饱受战争之苦,使民族矛盾和阶级矛盾激化,而造成了晋王朝的灭亡,形成了有一百三十六年历史的十六国。使国家呈现各方割据的分裂状态,人民的权利、人民的生活就更加每况愈下。到南朝刘裕时期,还采取了一系列抑制豪强、减轻人民负担和恢复农业生产的措施,使农民的生活状况有所改善。到北朝时期,国家处于由北魏的内乱分裂为东魏、西魏;又由东魏变为北齐;西魏变为北周,这些内乱都是统治阶级内部的争权斗争所致。

到北魏时代,北魏前期落后的统治,引起各族人连续不断的起义斗争,其中声势最大的是杂居在陕西、山西一带的汉族、氐族、羌族、屠等各族人民举行的起义,起义虽然被太武帝镇压,但是说明各族人民对当时统治阶级残酷压榨剥削人民的痛恨不满。公元485年,北魏孝文帝颁布了“均田令”等一系列改革措施,使农民的生活有所改善。

宇文觉废除西魏恭帝并自立为孝闵帝,以长安为都,史称北周。北周的周武帝下令禁止佛教、道教,销毁佛经、佛像,勒令僧道还俗等,相应减轻了人民的赋役负担。北周最后由于杨坚辅政,杨坚于公元581年迫静帝禅让,自立为帝,建立了隋朝。

隋文帝实行了一系列政治和经济改革措施,同样实行“均田制”,革除北周宣帝的酷刑，修订刑律，减轻刑罚，解除对于道教、佛教的禁令，而争取了这一部分民众的拥护。这也使隋朝的社会经济得到繁荣发展。但是均田令不仅没有改变封建土地制度的所有制，而且为贵族官僚提供了占有土地的法律依据。尤其是到了隋炀帝的统治时代，繁重的劳役以及多次的对外战争，使得农民穷苦破产，大量死亡，因此隋末的农民起义频发，公元611年王薄领导的农民起义以及瓦岗军起义，最终推翻了隋朝只有三十七年的统治。

综观隋朝的政治，隋朝只是对北周的政治措施有所改良而已，并未真正解决农民的根本问题，没有思考过如何使国运长久的问题，所以其统治的历史之短暂仅次于秦朝。正如老子所言："天长地久，天地所以能长且久者，以其不自生，故能长生。"这就说明隋朝和秦朝一样，没有实行为人民谋利益的道德宗旨，没有以老子之道德为治国纲领，没有使人民的生活得到安定，而使人民生活在水深火热之中，所以就注定要受到无法生存而不怕死的人民的反抗而灭亡。

第六节　唐朝以老子之道实现了天下大治

隋末农民起义的成果最终被李渊父子夺取而建立了唐朝，唐朝经过一系列征战于公元642年终于统一了中国。唐太宗李世民通过玄武门之变，而取得了军国大权。李世民深知"周得天下，增修仁义，秦得天下，益尚诈力，此修之所以殊"的道理，而专以"仁义诚信为治"，"广积贤，唯才是与"，实现农民耕有其田，轻徭薄赋、不夺农时的方针，从而实现了"贞观之治"。

据文献记载，"贞观之治"期间，"商旅野次，无复盗贼，囹圄常空；马牛布野，外户不闭，又频致丰稔，斗米三四钱，行旅自京师至于岭表，自山东至于沧海，皆不赍粮，取给于路，入山东村落，行客经过者，必厚加供待，或发时有赠遗。此古者昔未有也。"（摘录于《中国通史》）

唐太宗有贤士魏征的辅佐，魏征劝谏太宗曰："五帝、三王不易人而易理，行帝道则帝，行王道则王，在于当时所理，化之而已。"太宗采纳魏征的劝谏，以"仁义诚信富民强国"的治国宗旨，太宗明白"为君之道，必须先存百姓"。他选贤与能，重用人才，因而成就了"贞观之治"的大好局面，实现了孔子所言的三王时代的"大同"社会的大治景象，实现了周成王、周康王时代连刑法都少有用处的大治时代，天下处处皆粮仓，天下处处皆和乐的景象。唐以老子李耳为其祖先，唐高宗时尊老子为玄元皇帝。

这是唐太宗以老子的道德仁义诚信治国而得到的效果，贞观之时，经济繁荣，社会安定，无有盗贼罪犯，国家人民富足，凡是商旅之行而不用自己付住宿费和伙食费，这说明唐太宗的贞观之治真正实现了孔子所说的三王时代的"天下为公的大同社会"的理想政治。这也是自西周以后唯一实现了大治的历史时代——贞观之治，足以说明以道德、仁义、诚信治国的重要意义，足以证明只有以传统道德治理国家，才能实现天下太平安乐，国家富强人民富足的社会政治。

到了唐朝后期，由于一代一代帝王淡忘甚至失去了唐太宗以"道德仁义诚信富民强国"的治国宗旨，使人民的利益受到严重的损害，以至于农民无田可耕，无地可种，人民又重新陷入困苦之中，人民为了争取生存的权利，为了争取平等自由的权利而不得不发动起义。虽然起义以失败告终，但是声势浩大的农民起义彻底动摇了唐王朝的封建统治。

历史发展到唐朝末年的唐懿宗时期，大量的土地集中于贵族、官僚之手，地主的田庄遍布各地，全国半数以上的农民失掉了土地，大批农民沦落为逃亡户，人民生活又陷入穷苦之中，“海内交困，处处流散，官乱人贫，盗贼并起”。唐懿宗即位开始，浙东就爆发了裘甫领导的农民起义。公元874年以后，爆发了黄巢、王仙芝领导的“冲天太保均平大将军”的农民起义，起义军历经十几年的战斗，而终于以失败告终。但是农民起义却极大地冲击和瓦解了唐朝的腐朽统治。唐朝灭亡以后，藩镇割据的局面延续了一百五十多年。而进一步演化为五代十国的分裂和混战时代。五代十国的统治时期，赋税徭役繁重，战争不断，人民生活苦不堪言。唐朝历经了二百八十九年，比隋朝的统治多了二百五十一年。

这就是有仁义道德和无仁义道德的分水岭，道德的本质是以仁善待万物，以诚信回报万物，以仁善、仁义、诚信使人民得到利益，得到福气，使国家得到强盛，天下富足，而受到人民的拥护，爱戴；唐太宗做到了；他的“贞观之治”不但确实实现了天下大治，而且名垂青史。而唐朝后期的统治者，失去了以道德诚信仁义治国的宗旨，使人民困苦不堪，就失去了人民，所以就受到人民的反对，群起而反之，最后终于以灭亡告终。

第七节　唐朝后期至清朝均未实现大治

本节主要就唐朝后期至清末的历史发展进行阐述。

一、唐末及宋朝期间农民起义运动不断

唐朝之后，一直到宋朝，都是处于战乱时期，人民一直生活在水深火热之中，所以，北宋初期的公元993年王小波、李顺领导的农民起义就提出“吾疾贫富疾不均，今为汝均之”的“均贫富”口号，得到广大人民的热烈响应。这次起义虽然以失败告终，但是却有力地冲击了北宋的腐朽统治。

北宋中期出现的王均领导的戍卒起义，王伦起义，张海、郭邈山起义，王则起义等，这些起义虽然都以失败告终，但它反映了北宋“未能为民众谋利益的腐朽政治”。

宋仁宗虽然也实行了当世急务以“兴致太平”的改革，以及宋神宗之时的王安石变法，这些虽然使当时的农业生产得到很大提高，使农民的利益得到的一定的保护，但是随着帝王的更迁，使北宋王朝的政治更加腐朽，广大农民破家荡产，人民生活苦不堪言。所以，农民为了谋求生存的权利而起义，将封建统治者推翻，这是他们唯一可以采取的手段。

北宋末年的方腊假托“得天符牒”率领的农民起义，虽然最终失败；宋江领导的农民起义虽然被招安；张迪、高托山领导的农民起义虽然失败，但是同样说明，北宋未能实施“为人民谋利益”的政治，北宋的政治在各种起义的打击下，最终被金军完颜宗翰、完颜宗望灭亡。

南宋时期，统治者根本就未能解决农民的生存问题，土地更加高度集中，广大农民流

离失所，无地可耕，加之金兵的骚扰，宋兵残兵败将的掠夺残害，使广大农民无法生存，起义仍然是他们争取生存的唯一选择，南宋时期，各种起义尤其是农民起义更是连续不断。

南宋时期的公元1130年由钟相、杨么领导的洞庭湖农民起义，所提出的“法分贵贱贫富，非善法也。我行法，等贵贱，均贫富”的口号是对封建统治阶级漠视人民生命，以自己的利益凌驾于人民利益之上，使农民失去土地，赋税繁重使人民无法忍受，而所作的无可奈何的反抗。农民起义军攻占了洞庭湖周围的十九县，起义军砸碎了封建枷锁，钟相建立大楚政权，自称楚王；在洞庭湖周围一边生产一边战斗，实行“无赋税差科，无官司法令”的政令，使当地出现了物产丰足、人民安乐的前所未有的景象。宋朝的各种起义，虽然最终都被镇压而失败，但是它反映了宋朝政治的不成功，那就是没有将“为人民谋利益”作为主要政治目的。宋朝历经一百六十七年而亡。

二、元朝的农民起义运动不断

在历史的长河中，宋之后，统一中国的是由蒙古成吉思汗之子忽必烈建立的元朝。《中国通史》中这样记载：“元朝的统一，并没有改变金、宋社会原有的经济结构。宋、金社会原有的各种矛盾，并没有因为改朝换代而趋于缓和，它们反而在新的历史条件下更进一步激化了。在元朝统治下，无论是北方还是南方，都是蒙，汉各贵族、官僚、寺院和地主占有大量土地，对无地，少地的农民实行残酷的压榨和剥削。”“当时，忽必烈重用‘敛臣’，对百姓大肆搜刮，‘已征人数百万，未征者尚千万，害民特堪，民不聊生，自杀者相属。’”

元朝没有从根本上解决人民的生存问题，元朝的统治者，兴许根本就不懂得中华民族古代圣王为我们制定的治国之道，所以，就将治理国家，治理人民，为人民谋取利益的宗旨置于脑后，就更加剧了人民与统治者的矛盾，所以，元朝时期，各地农民起义不断，元朝的政权最终被农民起义所推翻。

到元朝末期，民间曾流传着一首《醉太平小令》：“堂堂大元，奸佞当权，开河变钞祸根源，惹红巾万千。官法滥，刑法重，黎民怨。人吃人，钞买钞，何曾见？贼做官，官做贼，混贤愚。哀哉可怜！”这首小令是对元朝末年的封建统治阶级对人民的压榨剥削严重到极点的描述。所以元朝末年公元1351年又爆发了红巾军起义，南方的红巾军还提出“杀尽不平”和“摧富益贫”的战斗口号。元末的农民起义推翻了元朝的黑暗统治，最终由农民起义的领导者朱元璋建立了明朝的统治。

三、明朝未实现天下太平的大治

朱元璋于公元1368年彻底灭亡了元朝，定都南京，宣告明朝建立。

明朝初期，朱元璋虽然实施过许多改革土地的政令，使明初的农业得到一定发展，如棉、桑、麻的种植，农田水利等，而且纺织业等手工业得到一定发展，但是封建统治的生产关系依然存在，所以不能从根本上改变农民受压迫剥削的命运。尽管明代中期出现过“仁宣之治”，实行了一些与民休息的政策，也出现过“弘治中兴”的政治，但是明代中期就出现了一系列农民起义和兵变，所以在世宗嘉靖年间又实行了一些改革措施，尤其是张居正的改革，使明朝的社会经济有所恢复和发展，使国库积蓄银两达六七百万两之多，但是明朝并未实现人民安乐、天下太平的大治社会。

到明末之时，土地又高度集中在封建地主阶级手中，明朝政治腐败，赋税繁重，灾荒严重，从而爆发了李自成和张献忠领导的农民起义，他们提出“均田免粮”的口号，得到广大人民的热烈拥护。李自成等领导的农民起义终于推翻了明朝的统治，李自成的起义最终虽然功败垂成，但是为清王朝的建立扫除了障碍。

从明朝的政治和明末农民起义的口号“均田免粮”纲领的分析，可以看出当时社会，广大农民因为没有田地可耕种而生活极端困苦，不得不揭竿而起举行起义，广大农民也是被统治者逼上梁山，不得不为了生存而起义。“均田免粮”的纲领，触及到封建经济基础的最根本问题——土地制度，在中国农民战争史上是第一次用口头形式明确提出土地问题。它反映了遭受残酷剥削的农民的经济要求，对于动员农民参加起义起了极大的号召力(参见《中国通史》)。明朝和元朝一样，并未将人民的利益作为他们政治的主题，明朝历经 276 年，终于被李自成领导的农民起义推翻。

四、清朝仍未实现天下太平的大治

“公元 1644 年，明朝灭亡，清军入关，迁教北京，经过长期战争，确立了对全国的统治，到康熙、雍正、乾隆时期，农业生产得到全面恢复和发展，经济繁荣，社会稳定，国力鼎盛。乾隆以后，内外矛盾激化，反清起义频繁。道光二十年，爆发了鸦片战争，外国资本主义武装入侵中国，强迫清政府签订了一系列不平等条约，从此，中国从独立的封建社会逐步沦为半殖民地半封建社会。”(摘自《中国通史》)

清朝建立之后，康熙帝虽然实行了“摊丁入亩;停止圈田，奖励农耕”，实行了“更名田”，推动了社会生产的发展，使国家得到一定的治理，人民生活得到一定的安定，但是清朝并未达到天下大治的社会。

清朝中期全国各地举行的反清起义，包括台湾林爽文领导的农民起义，苏四十三领导的撒拉族起义，田五领导的回民起义，白莲教领导的农民起义，林清、李文成领导的天理教起义，虽然都被清朝政府镇压而失败，却充分反映出清朝政府仍然不是以人民的利益为治理国家天下的首要责任，他们是以维护封建王朝的统治为中心的封建专制统治。

到清朝后期，尤其是第二次鸦片战争以后，清朝政府加紧了对人民的勒索，以清偿赔款，这就使阶级矛盾更加激化。在公元 1851 年爆发了由洪秀全、冯云山领导的金田太平天国武装起义。其实早在太平天国起义之前，各地的农民起义就已经连续不断，当太平天国起义爆发之后，全国各族人民举行的声势浩大的反清起义有力地支持了太平天国的起义，使太平天国的起义迅速发展壮大而建立了“太平天国”。太平天国提出了“天朝田亩制度”，其目的就在于建立一个“有田同耕，有饭同吃，有衣同穿，有钱同使，无处不均匀，无人不饱”的理想社会。

清朝政府的腐败无能，丧权辱国的《马关条约》签订之后，形成了帝国主义瓜分中国、吞并中国的危机。19 世纪末爆发了反侵略斗争的义和团运动，腐朽无能的清政府当局不但下令清军将枪口对准英勇的义和团，而且还和帝国主义签订了丑恶的卖国的遗臭万年的《辛丑条约》。

清朝后期，各种先进的思想风云而起，直到孙中山先生提出的“驱除鞑虏，恢复中华，创立民国，平均地权”的“民族、民权、民生”的三民主义革命主张，提出实现“天下为公”的革命口号，建立了中华民国，从而彻底推翻了清王朝的统治。

综上所述，清朝政府虽然对推动社会历史有着不可磨灭的功勋，清朝政府在康熙、乾隆时代，也有一定的政绩，但是清朝政府的腐败无能、丧权辱国，说明清朝政府仍然是不能为人民谋利益的政府，不能为人民谋利益的政府，就不会得到人民的拥护，所以注定要灭亡。

第八节　孙中山的天下为公与传统道德

1. 孙中山先生的天下为公思想与传统道德

中国近代革命先驱孙中山先生于公元1894年创立了“兴中会”，提出了“驱逐鞑虏，恢复中华，创立合众政府”的政治纲领。

公元1905年，孙中山与黄兴、宋教仁等创立中国同盟会。该会以“驱逐鞑虏，恢复中华，建立民国，平均地权”十六字为纲领，推举孙中山先生为总理。

公元1912年8月，同盟会联合其他党派改组成立国民党，孙中山被推举为理事长。

孙中山领导的辛亥革命终于推翻了清王朝的统治，清朝政府终于结束了二百六十八年的统治，而退出了历史舞台。公元1911年，辛亥革命胜利后，成立了中华民国，孙中山被选为临时大总统。孙中山在革命中屡遭失败和挫折，但在苏联十月革命胜利和中国共产党成立的鼓舞下，在苏联和中国共产党的帮助下，孙中山又确定了“联俄、联共、扶助工农”三大政策。可惜孙先生的政策还未完全实行，就于公元1925年病逝。孙中山先生将革命成功的愿望寄托在他的同志们身上，他这样写道，“革命尚未成功，同志仍须努力”，“惟愿诸君将振兴中华民族之责任，置之于自身之肩上”。抱着这一美好愿望，孙中山离开了他深深热爱的国家和人民。

中国民主革命的先驱孙中山先生继承发扬了中华民族传统道德伦理思想，在提出了“忠孝、仁爱、信义、和平”道德规范的同时，始终以《礼记·礼运》孔了“大道之行也，天下为公”的大同社会为其革命的奋斗目标。孙先生曾把《礼运》篇中的“大道之行也，天下为公”这一段文字多次书写以送友人。公元1924年，孙中山在《三民主义》的演说中，曾谈到“真正的三民主义，就是孔子所希望的大同世界”。

“天下为公”的思想，是中华民族传统道德所要达到的理想的治国目标，那就是以传统道德治理国家天下，而实现天下为公的大同社会。

2. 从民国时期各版本的国歌看孙中山先生的革命目的

(1)国民革命的元勋黄兴先生为国民党政府所作国歌的歌词。

巍巍中华，风云浩荡。地大物博，长发其祥。
四万万五千万生民共同王业，亿万世统绪，永垂无疆。
西望喜马昆仑，蜿蜒壮丽。东临太平大洋，辽阔苍茫。

五岳高万仞，长城万里长。
九万里河山锦绣，五千年文化辉煌。
中华！中华！源远流长。圣德道统，尧舜禹汤。
为人类文明启钥，为世界和平导航。
飘扬青天白日井字旗，以民主共和建国，分发光芒。
中华！中华！国泰民康，与天地同在，与日月同光。
中华！中华！国泰民康，与天地用在，与日月同光。

这首歌词是国民党的革命元老黄兴先生所作，虽然未采用，但是我们从这些革命先辈所作之歌词中，别的不说，看歌词中的这几句，就可以明显地看到传统道德的光辉："中华！中华！源远流长。圣德道统，尧舜禹汤。""圣德道统，尧舜禹汤。"指的是道德的源远流长，从尧舜、大禹、商汤开始，是以圣德道统治理国家，而使人民得到安乐福气，国家得到太平。圣德道统，既是指传统道德，又是指圣人之德，统领中华民族，为人类文明做出了贡献。"中华！中华！国泰民康，与天地同在，与日月同光。""国泰民安，与天地同在，与日月同光。"这不就是老子在《道德经》中的第四章提出的问题吗？"挫其锐，解其纷，和其光，同其尘。湛兮，似或存，吾不知谁子，象帝之先。"这首歌词的最后，是告诉人们，也是孙中山等革命先驱的自誓，建立民国的目的，是为了使国家太平、人民安康；国民党就要肩负起使中华民族的道德天长地久，要使中华民族的道德和日月的光辉一样光明耀眼的责任。足以说明中华民族的传统道德在中华人民革命者心中的至高无上的地位！同时说明了中国革命先驱革命的目的，建立民国的鲜明目的，是为了使国家强盛、人民安乐。

(2)再看戴季陶、廖仲恺、邵元冲、胡汉民所作的国歌。

三民主义，吾党所宗。以建民国，以进大同。
咨尔多士，为民先锋；夙夜匪解。主义是从。
矢勤矢勇，必信必忠；一心一德，贯彻始终。

这首歌词是戴季陶等几位先生所作，虽然未采用，但是我们同样从这首歌词中，看到了传统道德的光辉；传统道德的基本内涵是如何做到勤勇爱民、诚信、忠义、一心一德，是以无为之道为天下模式，为国家人民谋利益，实现天下大同。同时歌词还引用了《尚书》和《诗经》的词句，"咨尔多士"是《尚书》中的词句，而"夙夜匪解"则是《诗经》中的诗句。而大同社会则是孔子所言的大同社会，说明国民党实行三民主义的目的，就是众志士同仁，时刻不懈怠以诚信忠勇之志实现大同社会，实现国泰民安。这也就是是孙中山先生与他的同仁创建国民党、进行革命的目的。

(3)程懋筠先生所作的而且正式使用了的国歌歌词。

山川壮丽，物产丰隆；炎黄世胄，东亚称雄。
毋自暴自弃，毋固步自封；光我民族，促进大同。
创业维艰，缅怀诸先烈；守成不易，莫徒务近功；
同心同德，贯彻始终，青天白日满地红。
同心同德，贯彻始终，青天白日满地红。

这首歌词是程懋筠先生所作，也是国民政府的正式国歌，这首歌词同样提到了大同社会，提到了同心同德。同心同德，就是以传统道德为模式，全心全意国民上下一条心，共建大同社会，共同实现国泰民安的大同社会。孙中山先生的大同社会和三民主义虽然没有实现，但是我们可以从这些国歌的歌词中，看到孙中山及其革命党人创建三民主义的目的，同样是为了救人民于水深火热之中，是为了实现孔子所提倡的我们的先祖已经实现了的大同社会，为了实现国泰民安。孙先生革命的目的，是要实现“天下为公”，就是要“光我民族，促进大同”，就是要实现“同心同德，贯彻始终，青天白日满地红”。也是说，孙先生革命的目的，是要如晴朗的天空，如中午的太阳公平无私地普照万物与万民，与民众同心同德共享安乐太平，这是中华民族革命者革命的鲜明目的。孙先生先生的革命目的和革命目标虽然没有实现，但是中华民族的革命之路，自有后来人。

3. 从国民党时期国旗和党旗看孙中山先生的革命目的

中华民国(公元 1911—1949 年)时期的国旗是由孙中山先生以革命先烈陆皓东先生所设计的青天白日旗为蓝本，加上红色为底色，而形成《青天、白日、满地红》的国旗。民国十七年，北伐成功，全国统一，十二月十七日，青天白日满地红旗正式经由国民政府立法通过，颁行全国使用。青天、白日、满地红国旗的历史，可以说是中华民国的一部开国史，它所代表的含义如下：青色代表光明纯洁、民族和自由；白色代表坦白无私、民权和平等；红色代表不畏牺牲、民生和博爱。白日的十二道光芒，代表着一年十二个月，一天十二个时辰，也象征着国家的命脉，随着时间的前进永存于世界，更鼓舞国人与时俱进、自强不息。

而中国国民党的党旗，正是中华民国国旗左上角的青天白日部分。

以上是对民国时期国旗和国民党党旗图案和意义的说明。这里笔者认为国旗和党旗除具有以上意义外，还有以下几点：

其一，青天，是指浩瀚博大的照耀覆盖万物的天——太阳。

其二，白日，正是中午的太阳，只有中午的太阳最高最亮，最广大无私地普照万物，而且颜色最淡，但是温度最高。因此白日可象征光明正大、公正无私。

其三，满地红，则是太阳循环不息地照耀万物的象征，它象征既要正大光明、公正无私，又要日日时时高照，使万物得到适时化育。也象征：国民党要以传统道德为人民谋利益；要实现孙先生的“天下为公”的理想社会；要实现孔子的大同社会！这是孙先生革命的目的，就是为了国家富强、人民幸福。

这些图案的设计显然体现了《周易·系辞》和《中庸》的相关意义。正如《周易·说卦》曰：“离也者，明也。万物皆相见，南方之卦也。圣人南面而听天下，响明而治，盖取诸此也。”这应该是国旗党旗的深刻含义！其意义深刻而且包涵传统道德完美的寓意！其实还是这些革命元老们对中华民族传统道德的意义有更为深刻的理解，对革命的意义更有着历史的理解，所以就将其深刻的寓意蕴涵在国旗和党旗之中，这是我们今人所不及的。

孙中山先生创建民国的目的是纯正而美好的，是为了拯救日渐衰弱的中华民族，是为了给人民谋利益，是为了建造一个强盛富饶的中华民国！正如国歌所唱：“光我民族，促进大同！”“同心同德，贯彻始终，青天白日满地红。”

中华民国的政权在孙中山先生之后，被以蒋介石为首的国民党右翼分子叛变并取代，背离了孙中山先生的三民主义，背离了孙中山先生提出的“天下为公”政治纲领，使中国的历史又变为“天下为私”的蒋家天下。蒋介石将孙中山的中华民国变为四大家族的资产阶级买办机构。蒋介石全然不顾孙先生的遗愿，全然不顾振兴中华民族的重任，一心以他的自以为是的聪明来治理国家，而违背了国民党创立之时的初衷和目标。

第九节　中国共产党为了实现世界大同

一、毛泽东提出了中国共产党要到达阶级消灭和世界大同

在孙中山建立中华民国的前后，中国马克思主义先驱者也在做着各种关于中国共产党成立和武装革命的各种准备。中国共产党于公元1921年7月23日在上海举行第一次全国代表大会，大会通过了《中国共产党党章》，从此中国共产党宣告成立！

中国共产党领导全国各族各阶层人民经过长期艰苦卓绝的斗争，先后取得了新民主主义革命和社会主义革命的伟大胜利，从而使得人民当家做主这一千年夙愿真正得以实现了。从中国革命各阶段中中国共产党的各项政策、实际行动以及广大人民群众的热烈拥护中，我们可以看出，只有中国共产党才是真正为人民谋利益的政党。

仅从公元1949年2月至4月中国共产党领导的中国人民解放军百万雄狮横渡长江的伟大的、古今绝无仅有的壮烈场面来看，就足以说明中国共产党和广大人民群众的紧密关系了。那百万大军中有多少人民，多少农民兄弟的无私支援，那么壮观的场面，难道是用命令逼迫而出现的吗？当然不是了，这就充分体现了人民对中国共产党的热爱和拥护程度，真正是达到了党和人民一条心、军民一条心才会有的壮观场面。

这与古公亶父之治岐山时人民扶老携幼前来追随的场面是何等地相似！这不正是《大学》所言“道得众则得国，失众则失国。是故君子先慎乎德，有德此有人，有人此有土，有土此有财，有财此有用”的真实写照吗？

中国共产党和中国共产党领导的各个时期的各个成员，以国家、人民、民族的利益为先，为了人民群众的根本利益，抛头颅洒热血，牺牲了无数革命先烈的生命，终于取得了革命胜利，从而于公元1949年10月1日成立了崭新的中华人民共和国。

毛泽东主席在纪念中国共产党成立二十八周年的讲话中指出：“经过人民共和国到达社会主义和共产主义，到达阶级消灭和世界大同……唯一的路是经过工人阶级领导的人民共和国。”

可见，中国共产党指导工人阶级领导人民共和国的人民，是要经过社会主义建设达到社会主义和共产主义，到达消灭阶级的世界大同社会。这个大同社会，是我们的先祖一直为之奋斗的天下为公的大同社会，也是老子所论的“安平太”的大治社会。

新中国成立之后，中国人民在党的领导下，在毛泽东思想指导下，中国共产党所实行了一系列利民政策，实现了土地改革，使农民都有地可耕可种，很快实现了城乡和平安乐的景象。在土改后的一段时间里，中国城乡也确实达到了五谷丰登、人民欢悦，实现了白天夜晚不闭户的安乐景象。

中国共产党领导中国人民走过了七年的社会主义改造阶段以及社会主义全面建设阶段，取得了伟大的胜利和极大的成就。中国的社会主义建设虽然经历了错综复杂的曲折道路，但是中国共产党领导全国人民走强国富民之路的决心从未改变，中国共产党领导全国人民走中国社会主义道路的方向从未改变，中国共产党"全心全意为人民服务"的宗旨从未动摇过。中国共产党至今一直在领导中国人民走强国富民的道路，这一切当归功于马列主义和毛泽东思想的指导，归功于伟大的中国共产党和历代中共领导人的英明领导，归功于勤劳勇敢的中国人民。

中国的社会主义道路和中国共产党的领导地位，是在中国人民追求民族独立、国家富强、生活幸福的长期斗争和实践中逐步形成的，是历史的选择、人民的选择。

现在中国共产党正在领导全国人民为中华民族复兴而奋斗，那么中华民族复兴的目标是什么呢？那就是"为万世开太平"。为万世开太平，不仅要复兴我们中华民族的先祖已经实现了的天下太平安乐、天下为公的大同社会，而且还要实现世界和平。这是一个艰巨而光荣的历史任务，是需要全国人民为之努力奋斗的目标，这也是中华民族的传统道德所要达到的目标。

二、从中华人民共和国的国旗看传统道德

1. 关于五星红旗的创作和一般意义

中华人民共和国的国旗，旗面为红色，长方形，其长与高为三与二之比，旗面左上方缀黄色五角星五颗。一星较大，其外接圆直径为旗高十分之三，居左；四星较小，其外接圆直径为旗高十分之一，环拱于大星之右。旗杆套为白色。

旗面的红色象征革命；旗上的五颗五角星及相互关系象征中国共产党领导下的革命人民大团结；星用黄色是为着在红底上显出光明，黄色较白色明亮美丽；四颗小五角星各有一尖角正对着大星的中心点，表示围绕着中国共产党这一中心而团结，在形式上也显得紧凑美观。

五星红旗的草案最初是由上海市民曾联松所设计，其构想主要是表现出中国四个主要社会阶级工人阶级、农民阶级、小资产阶级、民族资产阶级团结在中国共产党领导下；另一方面，也隐喻以汉族为中心，其他各族共同统一在中国内的含意。但由于五颗星自上而下排列，似乎隐含阶级地位之分，于是改为环绕大星的设计，并在大星中加入了镰刀铁锤的标志。后来毛泽东将镰刀铁锤标志删除，因为考虑既已用四颗小星表示工、农、士、商平等，若再加入工人与农民的象征物，似乎又变得不平等了。国旗就此定案。在全国政协第一次全体会议上，五星红旗获得毛泽东主席、周恩来总理等会议代表一致通过，成为中华人民共和国正式的国旗。公元1949年10月1日，中华人民共和国政府成立，第一面五星红旗在北京天安门广场升起，标志着五星红旗成为新中国的国旗。

2. 关于五星红旗象征中华民族传统道德的意义

以上是关于五星红旗的历史资料和其意义的记载。这里笔者认为，五星红旗还体现了中华民族的传统道德的意义。正如孔子曰："为政以德，譬如北辰，居其所而众星共之。"孔子说："以道德治理国家天下，就好像是北斗星一样，处在自己所居的位置上，众多

星辰就会围绕聚集在它的周围。”这就是说五星红旗的设计者，就是一位对中华民族传统道德有着极为深刻理解和研究的君子；他所设计的五星红旗，就是对孔子治政论的精妙应用，也是对孔子治政论的具体象征。

那么，我们的五星红旗中的大星，就是为人民谋利益的中国共产党的象征，中国共产党以毛泽东主席继承并创造性地发扬光大中华民族传统道德而创立的“全心全意为人民服务”的思想为最高宗旨，时刻不忘为人民谋利益，那么全国各族人民就如众多星辰一样，紧密围绕团聚在中国共产党的周围，齐心协力共同创建强盛富饶的国家。而且中国共产党领导全国人民已经初步实现了民族强盛和人民富足，正在努力实现和谐美好的全面小康社会，所以说中华人民共和国的国旗就是中华民族传统道德意义的体现和象征。

所以我们从中国共产全心全意为人民谋利益的政治，为了达到消灭阶级和世界大同的远大目标，以及从中华人民共和国国旗的象征意义，同样可以看到其与中华民族传统道德的深远意义，传统道德就是中华民族革命的动力和所要实现的远大目标。

第十节　中华民族的革命运动与传统道德

综前所述，综观中华民族的历史发展，虽然各种起义运动没有直接提到关于道德的问题，但是在中华民族历史发展长河中，就是因为每一个朝代的社会矛盾一直不断累积，直到末期的统治者对人民的无道盘剥与压榨，使人民到了忍无可忍的地步，人民在万不得已时才奋起反抗、举行起义。也就是说，当统治者不能为人民谋求利益，而不断地危害人民，使人民无法生存时，人民不得已而只好用反抗的形式对抗统治者。这也就更加明确地说明，治理国家者的责任，是要使国家强盛，人民富有，人民得到安乐和谐的生活，才能得到人民的拥护；否则，就会遭到人民的反抗而结束其统治。而能使国家强盛、人民富有、天下太平的唯一方法，就是以道德仁义、诚信治理国家。这就是传统道德与中华民族历史发展的关系，这就是中华民族历史发展的历程，也是中华民族改朝换代的真实原因所在。

传统道德是指老子将二皇五帝、古圣先贤治理国家天下所尊奉的天命论升华概括的道德而言，老子之道德是为治国者总结的上古圣人治理国家天下的治国宗旨，是为了实现天下安乐太平的目的。正如老子所言：“执大象，天下往。往而不害，安平太。”

1. 从中国古代历史上的主要革命研究革命的意义

商汤革除夏桀之命，建立商朝；周武王革除商纣王之命建立周朝。所以说关于“革命”这个词语，最早就在《尚书》和《周易》中有了明确的运用，也就是说，“革命”一词，来自于我们中华民族先祖的创造。正如《尚书·多士》周公曰：“尔殷遗多士，弗吊天，大降丧于殷。我有周佑命，将天明威，致王罚，敕殷命终于帝。”“乃命尔先祖成汤革夏，俊民甸四方。”“尔殷多士，今我周王丕灵承帝事，有命曰：‘割殷。’告敕于帝。”“惟尔知，惟殷先人有册有典，殷革夏命。”周公说：“你们这些殷商的众多遗民，不善待天命，因此就使大殷商丧亡了。我们周朝受天命的保佑，将明确天命威严神圣的使命，使商王受到惩罚，宣告殷商纣王执行天命的使命终止。”“你们的先祖商汤奉行天命革除了夏王执行天命的使命。”

“你们这些众多的殷商遗民，如今我周王极大地继承先祖的事业，先祖有命令说：‘革除殷商之命。’这是我们先祖告诫我们的。”“你们知道，在你们殷商的史册上，记载着殷商革除夏朝的大命。”所以说“革命”一词最早使用的时间，是周公在周武王灭商建周之后对殷商遗民的教化之辞中提到的。

《周易》六十四卦中，泽火革卦对商武王革除夏朝最后一位天子夏桀之命的目的意义，给予明确评定和高度赞扬，易学认为商汤革除夏桀之命，是顺乎天命而顺应人心的。正如革卦彖辞曰：“天地革而四时成，汤武革命，顺乎天而应乎人，革之时大矣哉。”

这是易学记载评定了商汤有信用、有道德、能克己明德，而得到天下诸侯和人民的信任，他尊天命革除没有信用、无道失德的夏朝的末代帝王夏桀之命，建立商王朝的历史事实告诉人们，用天之道德，用诚信治天下，就会元亨利贞，就会使人民得到安乐太平。也就是说，革命，就是有道德有诚信的君子，以道德诚信使人民得到信任，为人民谋利益，革命才能获得成功。

从以上文献中就可以看出，殷商革除了夏朝之命，周武王又奉先祖的命令，革除了殷商之命，以及由农民起义而动摇或推翻的封建王朝的统治，建立新的王朝。之所以会发生这一代君王革除上一代君王之命，是因为上一代君王虽然肩负着执行天命——维护保护养育人民、为人民谋求利益的伟大使命，但是却不执行天命，不履行保护养育人民的责任，反而伤害人民，使人民遭受苦难，所以，就要由能真正实施天命责任的有道者来履行保护养育人民的责任。而只有用武力推翻那些不履行保护人民，而伤害人民的统治者，由有道者建立新的政权，才能继续执行天命。殷商武王革夏桀之命，建立了商朝，实现了天下大治；周武王革商纣王之命，建立周朝，实现了天下大治；以及各个朝代末期的农民起义，其目的是为了寻找追求商汤和周成王、周康王等已经实现了的天下太平安乐的社会政治。所以说，革命，是以武力推翻那些危害人民、不能为人民谋利益的统治者的政权，建立新的能为人民谋求利益的政权。

革命的意义还在于推翻旧的政权之后，建立新的土地制度，使农民有地可耕，有田可种，有饭吃，有衣穿，能过上安乐平和的生活。据史料记载：夏朝、商朝、西周均实行的是井田制。井田制是将一块地划分为“井”字形的九块，分由八户人家耕种，其中中间一块是属于公田。这中间的一块田，就是八户人家需要集体耕作并缴纳的贡税。夏商周都是按照户数、劳力搭配分配地亩，夏代每户是五十亩，商代每户七十亩，西周每户一百亩，所要缴纳的贡税都是十分之一。而在西周之时，西周人民将井田制管理得最为标准完善，《诗经》中就有许多描写西周时期农民在设施齐全的井田里劳作的诗篇，记载了西周时期人民在井田里劳作而五谷丰登的场面。如《颂·载芟》、《良耜》、《楚茨》、《信南山》、《甫田》、《大田》、《丰年》等都是描写西周大治时代农业丰收的和乐景象的诗篇。

2. 从革命的意义说明革命的定义

“革命”，本是指对肩负着天命使命，行事着天命权利，但又不履行天命神圣崇高的职责，而残害人民的旧的统治者所肩负的天命的权利的一种取缔、消除。其取缔、消除的手段是用武力将其推翻，由能肩负天命使命者建立新的政权而履行天命的职责。

革命的意义关乎治国者有道与否，关乎传统道德的实现与否。中国古代革命的意义,是革除那些原本负有"天命"的使命但却不履行天命之神圣崇高职责的统治者继续肩负天命的权利的意思。"革命"一词的来源,是革除行使天命职权的简称而已。

革命与道德的密切联系主要有以下几个方面:其一,革命的领导者,必须是有道德、有仁善之心的君子;其二,革命的本意,是革除行使天命的职权,由有道德的爱护人民的君子重新执掌执行天命的权利而爱护保护养育人民,而天命被老子升华概括为道德;其三,老子之道德的本意,是以无为之道治理国家天下,使人民得到福气得到安乐太平。所以道德既是革命的本质,又是革命者治理国家天下的宗旨和目的。

归结起来,革命的定义是:革命,就是以武力推翻那些肩负着天命使命,但却不能施行天命的使命,既不能为人民谋利益而又危害人民的统治者的政权,建立新的能实施天命的使命,能为人民谋求利益的政权。

革命的来源,就是天命,革除那些不为人民谋利益的执政者执行行使天命的权利,就是革命。因此,革命不是近代人的专利,革命是中国历史发展前进的动力;革命谱写了中国的历史;革命是残酷的暴力运动或者武力行动。所以毛泽东主席说:"革命不是请客吃饭,不是做文章,不是绘画绣花,不能那样雅致,那样从容不迫,文质彬彬,那样温良恭俭让。革命是暴动,是一个阶级推翻一个阶级的暴烈行动。"

中华民族历史上历代的农民起义、暴动很多,这些起义、暴动大多是具有革命意义的革命行动;他们革命目的鲜明,他们的目的是为了推翻使他们无法生存的封建统治者的统治,是为了追求我们的先祖已经实现了的天下太平安乐的美好社会,追求有衣穿、有地种、有饭吃的平等社会。比如,秦末的陈胜、吴广领导的农民起义,西汉末年的绿林、赤眉农民起义,东汉末年的黄巾大起义,隋朝末年王薄领导的农民起义以及瓦岗军起义,唐朝末年的黄巢起义,元朝末年爆发的红巾军起义,明朝末年爆发的李自成领导的农民起义,以及清朝时期洪秀全、冯云山领导的太平天国武装起义等。但是成功地推翻统治者而建立并巩固了新政权的却屈指可数,比如,在秦末农民起义中最终取胜而得以建立西汉王朝的汉高祖刘邦,在隋末的起义中建立起来的李家王朝——唐朝,在元末农民起义中由朱元璋建立的明朝。当然,李自成领导的农民起义,虽然功败垂成,但是毕竟推翻了明朝的统治。而清朝的封建统治被推翻的根本原因,则是孙中山先生领导的资产阶级民主革命——辛亥革命,从而建立了中华民国。最终中国革命的重任落到了以马列主义为指导思想的中国共产党的肩上,经过新民主主义革命,推翻了蒋家王朝,建立了中华人民共和国,并开始了社会主义革命和全面建设社会主义社会的新征程。

当然中国古代的各种农民革命运动,虽然称之为革命,虽然有明确的目的性,但是由于他们是农民起义,由于缺乏远大的目标,缺乏严密的、系统的理论指导。农民起义虽然是为了寻求天下太平,但是如何实现天下太平,对于起义的农民而言,是一个非常复杂的问题。比如,西汉实现了"文景之治",唐朝实现了"贞观之治";而明朝却没有实现大治,李自成虽然建立了大顺政权,但是最终由于他们自己的腐败而功败垂成。仔细分析之后可以发现,实现大治和未能实现大治或自行消亡者,在治国之道上的差距在于:西汉初期和唐朝初期都实行了黄老之治,遵老子的道德,以仁义诚信为治国之道;而朱元璋和李自成没有明确的治国之道,所以,这是他们不能实现大治或失败的主要原因。治国之道是治理国家的理论根据，传统道德是其理论基础；而传统道德的本意，就要求不要只为自己，要以公正无私、正大光明、诚信、仁义道德为人民谋利益，使人民得到福气，得到利益，得到安乐，而不与人民争夺功劳！正如老子曰："是以圣人之治，虚其心，实其腹，弱其志，强其骨。""为无为，则无不治。""执大象，天下往，往而不害，安平太。"

从我国古代建立国家政权的帝王而言，他们中虽然多数没有实现大治，但是他们在各自执政期间，都对国家的建设、社会的进步各有不同的贡献，他们在农业生产、水利建设、纺织、文学艺术、哲学、科学技术、教育等方面各有贡献。

那么治理国家实现天下太平需要具备什么条件呢？《周易·泰卦》所述的内容，应该是实现天下太平的基本条件。泰卦告诉我们，实现天下太平安乐不是一件容易的事情，首先要求统治者，不厌其烦地从一件一件事情做起，由一件一件事情逐渐累积而逐渐改变社会环境；创造实现天下通达安太的各种条件，比如社会条件、环境、气候、土地、水利、人民居住的状况、饮食等；总结实现太平安乐的各种经验，实现太平的各种道理，比如仁义、道德、礼乐、教化等。这是卦辞"小往大来，吉亨"的含义。彖辞则告诉我们，治理国家天下，达到通达安太必须要有贤明的君王，养贤用贤，亲民爱民；君王要有一批志同道合的贤能人才来辅佐，以天之道德治理国家的道理等。而爻辞则告诉我们，为了实现天下太平，君王如何汇聚人才，如何实行中正之道，如何利用开垦土地、发展生产，兴修水利、为民造福，不能随便发动战争，不随便侵伐邻国，君王如何搞好与民众、臣子的关系等，所有这些都是实现天地阴阳和谐、万物和谐，人人和谐、天下通达安太，人畜兴旺、五谷丰登、人民安乐幸福的必要条件，否则，就会使已经实现了的太平毁于一旦。我们从泰卦彖辞中可以看到，所谓"同志"，是指"志同道合的贤者"，或者"志同道合的朋友"，由这些志同道合的贤者辅助国君治理好国家，这与我们今天的"同志"的意义是一致的。我们现代人无论是共产党人，还是一般的人民群众，只要我们的目标都是为了人民利益，为了国家民族的强盛，就是志同道合的同志。"同志"这个称呼用语应该永远适用才对。

我们只要能够明白泰卦关于实现太平安乐的各种条件，以道德仁义诚信治理国家天下，就能实现天下大治，否则就不能。这也是历史上那些治国者没有实现天下大治的根本原因。

革命的基本意义，是为了使人民有幸福美好的生活，使国家强盛，人民富足、生活美好。正如《周易·系辞》所言："富有之谓大业，日新之谓盛德。"假如失去了为人民谋求利益，使国家强盛、人民富足安乐的目的，革命就失去了根本意义，就会因为失去人心，失去人民的理解支持与拥护而失败。

关于中国革命，毛泽东主席在《中国革命和中国共产党》一文中总结道："中华民族不但以刻苦耐劳著称于世，同时又是酷爱自由、富于革命传统的民族。以汉族的历史为例，可以证明中国人民是不能忍受黑暗势力的统治的，他们每次都用革命的手段达到推翻和改造这种统治的目的。在汉族的数千年的历史上，有过大小几百次的农民起义，反抗地主和贵族的黑暗统治。而多数朝代的更换，都是由于农民起义的力量才能得到成功的。"毛主席又指出："中国历史上的农民起义和农民战争的规模之大，是世界历史上所仅见的。在中国封建社会里，只有这种农民的阶级斗争，农民的起义和农民的战争，才是历史发展的真正动力。"这是我们的人民领袖毛泽东主席对历史上中国革命的主力军和革命的意义的总结,也是对中国自古以来革命的伟大意义的经典性评定和经典性总结。

关于中华民族历史的发展规律,中华民族的老祖宗早已做了明确的预言,正如比卦卦辞曰:"不宁方来,后夫凶。"卦辞说,当天下再度不安宁时,就用这个方法来革命,最后的那个君主有凶险。

又如夬卦卦辞曰:"扬于王庭,孚号。有厉,告自邑,不利即戎。利有攸往。"卦辞说,当居于上位的天子无道失德时,有道德的君子在朝廷以诚信仁义道德劝谏、宣扬王道。但是当宣扬、劝谏不被听取而又有危险时,有道的君子就会向自己城邑的民众宣告,君王不利于人民,我们要组建军队,用武力革除无道君王之命,这样对国家人民都有利。

又如风雷益卦六四爻辞曰:"中行,告公从。利用为依迁国。"六四爻辞说,中正地遵从二皇五帝三王十位圣人为民众谋利益的宗旨,宣告天下诸侯和公众顺从。利用能否遵从这个宗旨为迁移国址、更换朝代与国名的依据。这就是说我们的先祖通过易学的记载,将对中华民族历史发展的预言和必行之路告知后人。可见,中国的革命,自古以来就是有道德与无道德的斗争,是以能否以传统道德为天下人民谋利益、做益事作为革命能否成功,作为迁移国址、更换朝代国名的依据。

中国共产党人领导的中国人民的革命之所以能够成功,是因为它是全心全意为人民谋利益的政党。中国共产党使得人民当家做主真正得以实现,也真正实现了先祖为人民谋利益的愿望。一个全心全意为人民谋利益的政党的领导,有众多为人民利益为国家民族利益而战斗的共产党人和人民大众的热忱积极支持参与拥护,所以就能成功!正如老子曰:"故贵以身为天下,若可寄天下;爱以身为天下,若可托天下。"

"全心全意为人民服务"的思想,是毛泽东思想的灵魂,也是中国共产党的根本宗旨。"全心全意为人民服务"的思想,上顺乎传统道德,顺乎我们先祖的遗志,下顺乎民心;又符合马列主义思想,符合中国共产党领导中国人民进行革命的目的和意义,更充分说明了我们中国共产党人所做的一切事业,都是为了国家富强,人民富足,民族强盛。正如老子曰:"以道莅天下,其鬼不神。非其鬼不神,其神也不伤人。非其神不伤人,圣人亦不伤人。夫两不相伤,故德交归焉。"毛泽东"全心全意为人民服务"的思想,与圣人、与先祖的目标一致,都是为了使人民得到利益。得到福气,得到安乐太平,所以说,中国共产党的治国纲领,就是实施传统道德的治国纲领;毛泽东思想就是创造性的继承发扬光大传统道德的思想,毛泽东"全心全意为人民服务"的思想,就是对老子之道德的高度升华和概括。

当然,自从秦始皇焚书坑儒之后,关于周朝及以前的许多治理国家天下的书,都被焚烧,而只有《周易》所记载的关于道德,关于自然科学,关于对先圣、先帝、先王治理国家的方法原则保存了下来。而《周易》所肯定记载的关于商汤和周武王以武力推翻无道者的历史创举的预期,被自古以来的历史发展所证明。正如老子所言:"将欲取天下,吾见其不得已。"这是老子对那些不得已而举行起义来为人民争取利益的一种历史预见。老子同时指出,取得天下之后,若是不能为人民谋求利益,仍然还会失去天下;老子的这些理论,以及《周易》对中华民族历史发展趋势的预言,已经是被中华民族的历史所证明了的事实。

从孙中山的“天下为公”，到蒋介石又变为天下以蒋介石为首的四大家族的天下，到中国共产党的“全心全意为人民服务”的宗旨，可以看出，中国革命的主要问题，是围绕着为什么人的问题，中国共产党真正解决了为人民服务的问题，做好了一切从人民的利益为出发点的政治，所以，中国共产党就是中国人民的大救星，只有中国共产党才是中国人民可以依靠的唯一政党，正如毛泽东主席所言：“为什么人的问题，是一个根本问题，原则问题。”中国共产党以“全心全意为人民服务”，作为治理国家的最高宗旨，已经和正在努力实施着为人民服务的各种措施和目标，已经和正在努力实现国家和谐，社会和谐，人人和谐的文明社会；无论所要实现和达到的目标的道路有多么艰难曲折，只要中国共产党全心全意为人民服务，以人民的利益为最高利益的宗旨不改变，就会得到广大人民的拥护和热烈响应及积极参与而胜利！中国共产党只要永远做好“全心全意为人民服务的政治”，未来的“大同社会”即共产主义社会必将得以实现。

从中华民族历史的发展可以看到，那些将人民的利益抛弃在脑后的治国者，是以自己的随心所欲的所谓智慧治理国家，最终遭到人民的反抗而灭亡，也就更加说明治理国家天下的根本问题是如何对待人民利益的问题。而只有中国共产党的政治纲领将人民的利益提到最高地位，作为治理国家的最高宗旨，一切各项事务均围绕人民的利益，国家民族的利益进行；这就是中国共产党领导的中国各项革命运动，虽然经历了千难万险，而终于能够成功的原因，中国革命之所以能够成功，还在于我们的革命有毛泽东将马列主义和中国革命历史实践相结合的毛泽东思想为指导的中国共产党的正确领导，没有共产党就没有新中国，没有毛泽东和毛泽东思想，就不会有中国革命的胜利；就不会有中华民族屹立于世界之林的强盛。

第七章　道德与社会和谐

第一节　传统道德与社会道德

社会道德是由传统道德的表现形式演化而来，以道德为宗旨治理国家天下，使人民得到利益，得到福气，得到安乐和谐，是传统道德的基本内涵。本书的“传统道德”主要是就老子《道德经》的内涵而言，其基本意义是以自然无为之道为人民谋利益。而无为之道的表现形式是：清静无为、公正无私、正大光明、诚信永久、广博仁厚以善待万物，使万物得到益处。传统道德是由老子将古圣人治理国家天下的天命论概括升华而来，它是为在上位的执政者创立的治理国家天下的最高宗旨。古圣人治理国家天下，制定各种制度、法规、典章、刑罚、礼乐教化等方针政策都要以最高宗旨为依据。正如《礼记·礼运》里孔子所言：“故圣人作则，必以天地为本，以阴阳为端，以四时为柄，以日、星为纪，月以为量，鬼神以为徒，五行以为质，礼义以为器，人情以为田，四灵以为畜。”其实古人所谓的“礼”，是指圣人效仿天地日月星辰四时等自然变化的次序而制定的治理国家政事排列的先后次序和具体制度；礼的基本要求是通过君子祭祀天地、宗庙、山川的祭祀礼仪以及君子的作为来体现君子之德，通过君子的品德表现来实现对民众的教化作用。正如孔子所言：“处其所存，礼之序，玩其所乐，民之治也。”

关于“义”，是指孔子所言的人的十种伦理关系与义务准则。“义”，也是人与人之间的伦理准则和义务，包括做父亲的准则和义务，做兄长的准则和义务，做弟弟的准则和义务，以及丈夫、妻子、子女、君臣等之间的关系准则和义务。

这里需要特别指出的是：“夫义，妇听……君仁，臣忠。”作为丈夫，当然又是父母的儿子，妻子的丈夫，子女的父亲，而且对于君王而言，又是天下人道德规范的楷模。所以，“夫义”，就包含了这些准则和义务在内，儿子、丈夫、父亲的职责兼于一身，将其做好才是“夫义”。而作为家庭主妇的妻子，若是有一个如此美好品德的丈夫，妻子就应该辅助成就丈夫的事业。所谓“妇顺”、“妇听”并不是无原则的顺从。“夫义，妇听……君仁，臣忠”，这是当时社会每个人道德的基本规范。对于现代社会而言，我们国家的政治，是最能为人民谋利益的政治，那么我们的广大党员、干部和人民群众就应该齐心协力为能为人民谋利益的政治服务，为之贡献聪明才智，建设美好和谐的社会。

"义",还包括仁义孝的意义。有人认为孔子之孝是愚孝愚忠,这样的理解是不正确的,子女对自己的父母亲要恭敬孝顺,是做人的基本原则;但是在自己的父母亲不仁不义时,子女也有责任劝告父母以仁义道德为人处事,而不能与自己的亲人同流合污,才是孝。正如《论语》孔子曰:"事父母几谏。见志不从,又敬不违,劳而不怨。"又如《曲礼·内则》曰:"父母有过,下气怡色,柔声以谏。谏若不入,起敬起孝,说则复谏;不说,与其得罪于乡党洲闾,宁孰谏。父母怒,不说而挞之流血,不敢疾怨,起敬起孝。"这里通过孔子之言,以及《曲礼》关于子女对父母之孝的原则,说明孝也是建立在道德的基础上,既要对父母尽孝敬之情,平时对父母要尽孝养之道,父母死后,要以丧礼安葬,依据祭祀之礼及时祭祀;也要对父母的一些违背道德,对乡亲和人民带来不利的不道德行为,极力劝解,父母不听时,还要选择适当的时机继续劝谏,与其让父母得罪乡党,还不如让自己得罪父母。父母有过失,但是毕竟是父母,所以还要不失对父母的孝道之礼,对有罪过的父母,不要记恨父母曾今犯的过失,要敬重父母的美德。这些都是一个家庭和睦安乐的基本礼义,也是人与人和睦相处的基本原则。孝,也应该是道德的表现形式之一,而如何做到孝,孔子对我们提出了明确的标准。

孔子指出,"圣人作则,礼义以为器,人情以为田。""器",是器皿、器具,器有大小、高低的区别,用器为度量,规范臣民的品行标准;要想使物容于器内,就必须与器的大小高低相一致,多的取舍,不够的增加,才能使物与器相宜,而容于器之内。也就是说,臣民的行为表现若与道德、礼义规范不相宜,就必须通过反复的教化、学习使其符合礼义的要求,这是"礼义以为器"的含义。这也是"易象"的含义,就一个"器"字,将对臣民关于礼义的所有要求包含在内,符合"器"的规格,其实就是说要合乎礼义的要求。

圣人作则的目的之一,是要把人情作为治理的对象,要用礼义、法规、制度、伦理道德的规范,使人的情感控制在适宜的范围内,才能实现人人和睦相处的氛围。正如《礼记·礼运》孔子所言:"夫礼,先王以承天之道,以治人之情。""故圣人之所以治人情,修十义,讲信修睦,尚辞让,去争夺,舍礼何以治?""是故圣人修义之柄,礼之序,以治人情。""礼也者,理也。"圣人制定礼的次序、条理;讲修十类伦理的义务准则,讲诚信和睦谦让,来治理人情,以达到人义的标准,去除争夺,而达到社会安定、人人和睦、天下太平的目标。圣人推广礼是为了教化人民中正无邪、庄敬恭顺。而圣人实现教化的方式除专门的教化形式外,乐的表现形式也是一种教化方式。

《周易》六十四卦中关于婚姻、伦理道德、礼乐、教化、刑罚的卦象很多,几乎占了六十四卦的多数,如乾、坤、师、蒙、家人、中孚、豫、随、节等卦都是关于道德、礼乐、刑罚意义和具体法则的卦象。其目的是通过礼乐、制度、各种教化方式,用礼义来规范人的品行,用礼乐陶冶人的性情,从而教化人民。在古代,虽然没有关于社会道德的明文规定,但是古圣人通过礼乐,通过各种教化方式,已经将传统道德的内涵深深地印记在人民心中,而使传统道德的意义,以及传统道德的内容演化流传下来。道德的中心是仁义、中正无私、诚信。其实现在人们评论一个人道德与不道德,也是看其说话做事是否仁义。

《道德经》第十八章曰:"大道废,有仁义;智慧出,有大伪;六亲不和,有孝慈;国家昏乱,有忠臣。"第三十八章曰:"夫礼者,忠信之薄,而乱之首。"老子在这里所指的是,当执政者轻慢废弃先王的无为而为的治国之道，使国家混乱不安时，就会有仁德有道者以义不容辞的责任来拯救处于危难中的人民，使先王的治国之道重新回归。当执政者废弃无为而为的大道不用，而是任凭自己的聪明才智来随便发出政令时，就会有许多虚假无道无德的事情出现，人民也会效仿而制造出一些非法的伪造之物。当一个家庭出现六亲不和时，或者使父母受到不孝慈的待遇时，就会有孝慈的子孙出现，而以自己的孝慈方式，和谐这个不和谐的家庭。当君主昏庸不明，使国家混乱时，就会有忠臣出现，竭力维护国家的利益。这并不是说老子主张废弃大道，废弃智慧，废弃孝慈、仁义、忠臣。而且老子指出，之所以会出现国家混乱的局面，是因为忠信仁义有道德者太少，礼义也因此而重新兴起。道德仁义者太少是祸乱产生的罪魁祸首。这里并不是说老子反对礼义、忠信、仁义，而是充分说明老子对仁义道德、无为之道、孝慈、忠信彰显之意义的重视。也就是说只有在以上这些情形下，才能分辨出真正的有道德仁义、孝慈、忠信之人。

所以道德的内涵首先应该包括仁义，没有仁善之心，不能以孝悌之心敬奉父母亲人，不能以仁善之心爱护人民，就是没有道德。因此民众道德的内容包括仁爱宽厚、孝悌、恭敬谦让、诚信忠实、公正公平、不损人利己、遵纪守法等，这些都是最一般的做人道理。

古代文献中，虽然没有看到关于社会道德、个人道德的相关明文规定，但是记载西周礼法的《周礼》中有各种关于教化的方式和具体的教化内容的明确规定，其实这些教化内容的规定，就是各种道德内容的大致标准。正如《周礼·地官司徒》曰："因此五物者民之常，而施十有二教焉。"十二教包括：以祭祀的礼教，教民尊敬；以阳教教民谦让不争；以阴教教以婚姻之礼，教民相亲相爱；以六乐教民和睦相处；以礼仪教民知上下之位；以良好的习俗教民安居乐业；以刑罚教民处事中正；以誓教教民敬慎事业；教以度数，也是知道事物的限度，人民就会有节制之心；以世代相传的技艺教民技能，人民就不会失业；以贤能之德受爵禄，也就是对贤能有德者分封爵位，使人民知道学习上进、崇尚道德；依照功绩给予适宜的俸禄，教化人民对自己所从事的事业尽心尽力，而努力建立功业。这只是《周礼》教化内容之一，也是全民教化内容的一部分。从这些内容中可以看到，这是对人民的教化的具体内容和方法，是关于道德的教化内容的一部分，当然关于教化的其他内容和方式这里无须多述。

如《周易·蒙卦》象辞曰："君子以果行育德。"又如师卦象辞曰："君子以容民畜众。"又如蛊卦象辞曰："君子以振民育德。"又如临卦象辞曰："君子以教思无穷，容保民无疆。"又如观卦象辞曰："先王以省方，观民设教。"这些象辞都是依据全卦所述内容的实际意义而抽象出来的具体的教化意义。

道德的一般意义，是通过教化学习，使人人具有自我省察、检束以调节个人行为的能力，以达到和谐人与人的关系，和谐人与社会的关系，和谐人与自然的关系，以实现人人素质得到提高，并达到品德美好的目的。

社会道德是规范调节个人与社会，和谐人与人、人与社会、人与自然行为的大致标准和方法。

所以社会道德，属于民众道德的范畴。社会道德是传统道德教育在人民心中的烙印，每个人心中都有体察，修治自身和衡量别人以及政党、团体、官员品德的大致标准。自古以来关于道德的教育方法多种多样，尤其古代的教化方式更是名目繁多。

第二节　传统文化与传统道德

一、关于文化的定义

党中央一再强调建设和谐文化，是构建社会主义和谐社会的首要任务。坚持马列主义，把握好社会主义先进文化的方向，弘扬民族优秀文化传统，借鉴人类有益于文明的成果，倡导和谐理念，培育和谐精神，进一步形成全社会共同的思想信念和道德规范，打牢全党全国各族人民团结奋斗的思想道德基础。

胡锦涛主席在"十七大"会议上的讲话里指出：中华文化是中华民族生生不息、团结奋进的不竭动力。要全面认识祖国传统文化，取其精华，去其糟粕，使之与当代社会相适应，与现代文明相协调，保持民族性，体现时代性。并要求加强中华优秀文化传统教育，运用现代科技手段开发利用民族文化丰厚资源。

这就要求我们首先要对中华民族传统文化的内涵有正确认识，对于它所包含的主要思想及核心思想更要有明确认识，否则我们无法识别什么是精华与糟粕。有人认为凡是符合人民利益，有益于人民的都是传统文化的精华。那么这些有益于人民的东西又是什么呢？这是一个值得研究的具体问题。关于什么是文化，什么是传统文化，以下笔者结合《周易》的有关文辞，对文化的含义做一些具体的探讨。

《周易·贲卦》彖辞曰："贲亨，柔来而文刚，故亨。分刚上而文柔，故小利有攸往。刚柔交错，天文也；文明以止，人文也。观乎天文，以察时变；观乎人文，以化成天下。"贲卦所记载的是周族的先祖，为了人民的利益，为了实现天下太平安乐，为了使人民的生活发生日新月异的变化，而时时奔走不息，充分显现出周族的先祖以及先王个个都是有道德的文质彬彬的君子。贲卦的彖辞，则是对中华民族关于天文、人文、文明、文化的起源意义的阐述，彖辞所指的天文是什么意思呢？其实关于天文、天文学，根据《尚书·尧典》记载，尧舜时代就有专门研究日月星辰运行规律的官员了，其研究的目的就是为了指导农时，但那时并没有天文或者天文学的概念，而天文，则是在《周易·系辞》和贲卦中首次提出。当然"人文"（文明、文化）也是《周易》首先提出的。

所以贲卦彖辞"刚柔交错，天文也；文明以止，人文也"是指观察、研究日月星辰的交错变化。这里的"刚"，是指阳刚之太阳；"柔"，是指阴柔之月亮星辰。天空中有阳刚之阳太阳，与阴柔之阴月亮星辰，相互交错而构成了充满美丽阳光的白昼和绚丽多彩的夜晚；也是因为有日月星辰光辉的交辉映现，才使天空变得如此绚丽多彩而美丽，这是天文的本意。"天文"，是天上的"文明"，即光辉文采。"文"的本意，就是指相互交错和有规律的图文符号。这里的"文"，就是指那日月星辰的光辉交错；"明"，就是明亮、绚丽。"文明"首先来自于圣人对天之文明的感悟和对其象征意义的创造。

"文明以止，人文也。"那绚丽多彩美丽天空的文明，使古圣人的思维产生出许多美好奇妙的想象，使人类产生了许多与天之美善之德相关的联想。其首要联想应该是，假使人世间和人类与天空一样文明光彩夺目美丽宁静安逸，那该是多么美好啊！那么如何才能实现这个美好的愿望呢？

这就是"观乎天文，以察时变；观乎人文，以化成天下"的含义了。观察日月星辰运动变化的规律，以明察天时，气候，风云雨雪的变化对人类的利弊；以天之美德，以时变、气候变化之利，为人类之利，效法天地之美德为人之美德为天下人民谋利益，以美善之德治理感化天下人民，感化那些因一时之恶而犯下罪过的人，使人类生活在高度文明的社会环境之中；而要实现这些目标，则不是一朝一夕、一年几年就能实现的，因此就要求一代一代的治国者，以自己为天下人民谋利益的美好德行，就如浅浅流水一样，逐渐地由浅到深地渗透，浸润人民的心田，感化、教化人民，使人的思想精神发生变化而人心向善，消除邪恶，人人美善真诚，人人精诚团结，齐心协力，共同创建安定舒适、和谐文明，人与万物和谐太平的生活环境。

那么"观乎天文，以察时变"，观察到什么样的时变呢？乾坤二卦彖辞所告诉我们观察到的变化就是：由于观察感悟到了天地自然变化的基本规律，因而古人就明白了许多效法天地美善之德而作为的道理与方法。具体包括：治理国家天下的宗旨、方法，以天之道德治理天下的各种典章、制度、礼乐，生产各种对民众有用有利的物品，以及描述记载这些事物的文字的、图画的资料等，都是古人效仿天地美善之德和天地自然变化现象而创造出来的，正因为如此，才使人类逐渐进入文明的历史时代。正如乾卦彖辞曰："乾道变化，各正性命，保合大和，乃利贞。首出庶物，万国咸宁。"

因为《周易》的文辞产生于西周的文明鼎盛时代之后，也就是说西周时代是我国古代既有文字记载，又有历史资料可查，而又距今年代较近的文明鼎盛时代，所以《周易》才能总结到中华民族历史文化发展的历程和经验。"观乎人文，以化成天下。"观乎历代人类文明的经典经验和方式，以这些文明，文字的记载为依据，以圣人君子的德行表现为模式，教化天下民众，就如浅浅流水一样，慢慢地由浅到深地渗透、感化、教化人民，使人民的思想精神行为发生变化而实现天下文明，天下太平和谐。

文，在中华文化的起源中，是指用相互交错和有规律的图文符号将所要表示的语言、事物的形象、事物的意义或者某一种新发明创造的事物标示下来，以起到认识、区别、记忆、计数等作用。最早的文，是结绳记事记物；到后来发明八卦区分天、地、泽、火、雷风、草木、水、山；八卦和六十四卦是最早的文字雏形；用八卦图文符号记录具体的物象；后来直到黄帝之时，仓颉造字。有了文字后，才出现了书契，才会将一些事物的形象及意义刻在陶器、铜鼎、甲骨、竹片上。仓颉最初造字时，是"依类象形"，谓之文；后来不断总结经验而逐渐"形声相溢"，谓之字。这是文字的起源。当然，文还包括文采、文明、人文、文化等含义。

化，是有了文字之后，表示文字、文明功能的一种。也就是说，有了文字以后，才会将某人的某种发明创造或者某种事物的名称、意义，或者某人为了大众的利益而做的某些事情，刻在岩壁、陶器、青铜器、甲骨、竹片等器物上面，以记录、记载，以使后人认知、记忆、纪念、学习，而起到感动、感化、教化而使之变化的作用，是谓化。

以上是《周易》关于文化的起源及其意义的记载。

所以关于"文化"的定义，应该是以文字的、图画的、形象的、艺术的方式记载真善美和假丑恶的各种文化表现形式，以起到记载、认知、传承、教化、感化作用的事物，是谓文化。

二、《周易》中记载的历史文化主要内容

依据对《周易》等文献资料的研究，传统文化的起源及意义渊源于《周易》。《周易》卦

爻辞、象辞、系辞、文言等文辞，记载评定了自二皇五帝以来，一直到西周、春秋时期具有重要历史意义的历史文化现象。《周易》所记载的主要历史文化包括以下内容。

①《周易》关于法自然文化的记载，主要是指对阴阳五行、天地自然变化规律的认识感悟，以及由此感悟而效法的治国之道、法律制度、历法、祭祀礼仪等。其主要表现在：其一，每一卦的卦形图所象征的自然事物，以及象辞的第一部分和某些卦象辞所表示的意义。其二，乾卦彖辞所记载的乾天自然功能和效法乾天正常功能而塑造的各种保证天下太平和乐的礼乐、法典、制度、人伦次序等的意义，以及效法乾天自强不息的精神。其三，坤卦彖辞所记载评定的坤地自然正常功能和异常功能与万物化生的密切关系，以及效法坤地柔顺之德和厚德载物的精神。

②《周易》记载评定了二皇五帝创造中华民族功业的历史文化；《周易》记载评定了大禹平治水患而建立夏朝的夏文化，使没有文字记载的传说变为有文字记载的历史文化。

③《周易》记载评定了商汤灭夏桀而建立商朝和周武王灭商纣王而建立周朝的革命文化；土地制度变迁文化，以及对中华民族历史发展的必然趋势所作的革命的历史的预言。

④《周易》记载了殷商历史中三次中兴和几次小兴盛的历史人物和功德；以及商族从其先祖契、简秋、王亥等在商族历史发展中的意义，以及商纣王亡殷商的文化记载。使被商纣王遗失了的商文化，变为有文字记载的历史文化。

⑤《周易》记载评定了周族的先祖后稷、公刘、古公、王季、周文王、周武王为了周族的事业和天下人民的事业，而一代一代奋斗不息，文王以文治，武王以武治的历史文化。

⑥《周易》记载评定了周公、周成王、周康王以先祖之德治天下，而实现了天下大治，达到了天下文明至盛的一系列功德的历史文化。

⑦《周易》记载评定了西周的婚姻伦理文化，并引用了《周礼》、《礼记》、《乐书》、《礼书》、《诗经》中关于礼乐、婚姻伦理、祭祀等相关内容，也就是记载评定了西周时代的婚姻伦理、礼乐文化。

⑧《周易》记载评定了西周时代的刑法诉讼文化，并引用了《尚书》、《周礼》、《吕氏春秋》、《春秋左传》中相关内容作为依据，也就是记载评定了西周时代的刑罚，法典、制度等法治文化。

⑨《周易》记载评定了中华民族饮食的起源、发展及服饰文化，以及屋宇、车船、冶金、制陶、金银玉等工艺制造文化。

⑩《周易》记载评定了西周时代的教化文化。

⑪《周易》评定记载总结了自二皇五帝三王以来中华民族帝王的治国之道，以天命论升华为道德论的治国文化。

⑫《周易》开创了中华民族关于天文、文明、人文、文化的历史新纪元，以及由此演化出的种种文化。

⑬《周易》记载评定了中华民族热爱和平的历史文化，由《周易》所评定的中华民族的先祖为中华民族开创的以天命、道德治天下，为人民谋利益，以能否为人民谋利益，作为更换朝代，变更国都的依据，以及为达到天下通达安泰，人人和乐，天下太平实现大同社会目标的和谐文化。

⑭《周易》记载总结了历史上那些违背道德治天下而亡国亡己，使天下混乱人民遭殃的历史文化。

⑮《周易》对老子之道德，孔子之仁义道德的记载评定，就是对老子之道德孔子之仁义道德的肯定和传承。

⑯《周易》记载评定总结了自然哲学文化、治国之道的哲学文化、君子之德的哲学文化，伦理文明的哲学文化。

⑰《周易》对《孙子兵法》之兵法的应用，有关于孙武之后代孙膑重大功德的记载。

三、关于传统文化

1. 国学与传统文化

传统文化包括"传统"和"文化"两个概念。就"传统"本身而言，传，是指从事物的创立开始，一直世代相传至今而流传不衰；统，从字面上可以有纲纪、纲领、总括、统帅、统领、统一等含义，那么统就是对事物起着统率、统领、统一作用的那种纲领、思想精神或者宗旨，是谓"统"。那么"传统"就是指从某个时间定位开始，一直统领着世代相传不息的那种一统的宗旨。正如毛泽东早年文献对国学意义的定论："国学者，统道与文也。"

谈到传统文化，就不得不说国学，国学原本是指西周时代诸侯和天子开办的小学及大学而言。正如《礼记·王制》曰："天子命之教，然后为之学。小学在公宫南之左，大学在郊。天子曰辟雍，诸侯曰泮宫。"《礼记·学记》曰："古之教者，家有塾，党有庠，术有序，国有学。"而"国学"一辞，出于《周礼·春官》，乐师曰："掌国学之政，以教国子小舞。"

毛泽东所说的"国学者，统道与文也"，其中所谓"统道"，是指国学的宗旨，也就是国学的总纲领。正如《礼记·大学》曰："大学之道，在明明德，在亲民，在止于至善。知止而后有定，定而后能静，静而后能安，安而后能虑，虑而后能得。物有本末，事有终始，知所先后，则近道矣。"所谓"文"，应该是指小学、大学教育学习的内容。

古之小学"学之以洒扫、应对、进退之节，礼乐、射御、书数之文"；古之大学教之以穷理、正心、修己、治人之道，主要内容有诗、书、礼、乐。正如《曲礼·王制》曰："乐正崇四术，立四教，顺先王《诗》、《书》、《礼》、《乐》以造士。春秋教以《礼》、《乐》，冬夏教以《诗》、《书》。王太子、王子、群后之大子，卿大夫、元士之适子，国之俊选，皆造焉。"《周礼》规定：师氏，以三德三行教国子，三德是至德、敏德、孝德；三行是孝行、友行、顺行。保氏，乃教之以六艺，一曰五礼、二曰六乐、三曰五射、四曰五驭、五曰六书、六曰九书，以及教之于六仪等。

国学进一步发展演化，其主要内容就是由孔子编撰的《易》、《春秋》、《诗》、《书》、《礼》、《乐》六经了。这里的易，就是指《周易》而言；春秋主要是指《春秋左传》；诗是指《诗经》；书是指《尚书》；礼是指《礼记》而言；乐，是指《乐经》而言，但是《乐经》据说已经遗失。所以，国学之文，就有了"四书五经"之称，四书是指《论语》、《大学》、《中庸》、《孟子》，五经就是指：《周易》、《春秋》、《尚书》、《诗经》、《礼记》。

国学之文就是指六经，就是指四书五经；国学是指中国的固有学术，或者最早的文字记载的各类学问，那么四书五经就是中国最早的学术之文。而《周易》本身就记载引用了其他五经如《春秋左传》、《尚书》、《乐经》、《礼记》、《诗经》的内容，《周易》是中华传统文化的源头。

国学之文具有统领中华民族文化发展的轨迹和方向的作用，那么国学就是中华民族传统文化的重要组成部分，所以统道，就是国学统领着中华民族传统文化发展的方向。

2. 传统文化的基本意义

因为《周易》开创了文化的意义，而且《周易》记载评定了西周时代、西周以前及春秋时代的经典历史文化，其目的就是为了使后人记住这些文化，并从这些文化中得到教化，尤其是道德文化，以及由此演化出来的颂扬真善美、贬斥遏制假丑恶的系列文化，如各种法典制度、礼法、文学艺术等都是在起着教化、感化、制约人的情感、精神、行为等。

所以传统文化的基本意义应该是：从《周易》创建了以文而化天下实现天下文明的意义，及《周易》记载评定的文化内容和核心思想，而由此演化引申出的各具特色各成系统的诸多历史文化，并且自古至今流传不衰，而对中华民族人民的思想、精神起到教化、影响和制约作用，以弘扬真善美、贬斥遏制假丑恶。其内容具体包括治国思想、民族精神、法律、礼乐、风土习俗、生活方式、道德观念、人的思维精神、行为模式、个人的人生观等等方面。

3. 传统文化所包含的大致内容

传统文化所包含的大致内容主要是指《周易》六十四卦所记载传承的内容和国学的内容，及其他相关内容。具体包括教化文化、道德文化、礼仪文化、法典文化、伦理婚姻文化，以及以道德为基础的治国文化、外交文化、阴阳文化、医药文化、革命文化、军事文化、和平泰平和谐文化、天文学文化、饮食服饰文化、冶金制陶金银玉器、车船屋宇建造文化、术数文化、商贸文化、农业耕作文化、家禽畜养文化、道家文化、儒家文化等。不仅涉及各种手工艺品文化、祭祀文化，还有《黄帝内经》关于传统医学的内容，《孙子兵法》的关于兵法的内容等，以及所演化出的历史的、文学的、哲学的、军事的、医药的、艺术的、技艺的、商业的、道教文化、儒教文化等等文化。

以上是关于传统文化所包含的大致内容，当然其他内容，还有待于继续研究讨论。

四、传统文化的经典著作包括哪些

依据以上思想，笔者将传统文化的经典著作归纳如下：

第一，依据以上思想，笔者首先将《道德经》列为传统经典著作之一，因为《道德经》就是传统道德的起源，《道德经》首先是对治理国家者治理国家的方法提出了最高模式的治国之学，还是对人的道德思想行为模式的概括。

第二，就是《周易》。因为《周易》本身就是对人类文明的起源、教化、刑罚、婚姻伦理、天人合一、治国之道、阴阳五行、中庸、道德、老子、孔子之思想以及自修其德等方面的至理名言哲理的集中记载和评价。

第三，是传统中医学的经典之作《黄帝内经》，这部传统医学文献可以说是生命科学、医学科学、生命哲学等合而为一的有重要哲学意义的医学巨著，也是关于阴阳学说理论的应用和对其意义阐述得最为全面的著作。

第四，记载孔子诸多思想言论的四书《论语》、《大学》、《中庸》、《孟子》，以及以及五经中的其他四经：《诗经》、《春秋左传》、《礼记》、《周礼》等。

第五,《孙子兵法》。

第六,传统文化的其他著作,当然还包括由这些经典著作所演化出的一切文化和著作。中华民族传统文化源远流长,经久不衰。由此而衍生的门派和众多文化产物和著作多不盛举,如《庄子》、《荀子》等,以及后世的其他相关著作等等。

五、传统文化的精华思想与核心思想

(一)传统文化的精华思想

传统文化的精华思想,一般认为主要包括了以下方面。

①以无为之道治理天下的自然无为思想。

②中华民族传统的革命思想。

③自强不息的奋斗精神,厚德载物的民族精神。

④中庸和谐、和平、太平、天下大同的和谐思想。

⑤以为民谋利益为治国纲领的民本思想。

⑥仁爱、仁善、忠、孝、仁、义、信、礼、智、谦恭、克己、礼让等思想。

⑦法自然而形成的天人合一,阴阳五行哲学思想、唯物辩证思想。

⑧以道德为宗旨的颂扬真善美、贬斥假丑恶的审美思想。

⑨以圣人君子的德行表现为模式的自然教化思想。

⑩与时谐行、与时共进的日新其德思想。

(二)传统文化的核心思想是什么

传统文化源于《周易》,传统文化首先是指《周易》这一中华民族传统文化的源头和奠基石。《周易》是中华民族传统文化取之不尽、用之不竭的文化宝库,而《周易》的主要内容则是以老子之道德治国的治国之学;以及孔子的仁义道德的治人之学,所以,传统文化的核心思想就是道德文明文化,这是中华民族特有的文化。

当然道德文化源于法自然,正如老子曰:"人法地,地法天,天法道,道法自然。"所以法自然文化也是中华民族特有的文化。其实以上所列举的传统文化的精华思想,都是中华民族特有的精华文化,是具有重大传承意义的传统文化。

中华民族传统文化以传统道德为根本,而演化出取之不尽、用之不竭的各种表现真善美,贬斥遏制识辨假丑恶的文化形式,如天文学、哲学、文学艺术、各种技艺、饮食服饰文化、治国文化、革命文化等。无论是文字的、图画的、雕塑的、木刻的、剪纸的、建筑的文化,还是口头流传的、民俗民风的等,无不是展现真善美、遏制假丑恶的文化。

所以说,中华民族的传统文化的核心思想就是道德文化,就是以道德为根本的展现真善美、贬斥与遏制假丑恶而演化出来的各门各派文化形式。中华民族的传统思想就是仁义道德的传承。

所以说传统文化就包含了传统文明的意义在内,而传统文明的意义,又包含了传统道德的意义在内,因此真善美是分辨精华与糟粕的基本依据。

那么为什么要将真善美作为中华民族传统文化的基础呢?这是因为:其一,从《周易》所记载的文化内容分析，这些内容其实就是对真善美和假丑恶的展示和认知。其内容包括：①法自然文化；②对治国之道来源及其意义的记载评定；③对有功德于社会和人民之历史人物功德的记载评定；④对危害国家社会、危害人民的历史人物之功过是非的记载评定；⑤对具有典型意义的具体的法典、礼乐制度的记载评定。

其二，中华民族的传统文化本身就是对真善美和文明的传播，就是对假丑恶的遏制批判，从来都是起着教化中华民族子孙后代的作用。真善美是区分精华与糟粕的唯一标准，别无其他。正如《周易·系辞》曰："故君子之道鲜矣。显诸仁，臧诸用，鼓万物而不与圣人同忧，圣德大业至也哉。"其意思是："所以说君子的方法很独特，只显示诸多仁善美好之事，而隐藏诸多庸俗不美好之事。鼓动成就辅助万物而不愿意万物与君子一同担忧。圣人君子的盛德大业就达到了啊。"

也正如老子曰："是以圣人去甚，去奢，去泰。"老子说："所以圣人总是去掉极大的和极小的，去掉奢侈糜烂的，去掉极为过分的，而居其中。"老子所论的是，圣人依照无为之道而作为："总是去掉极大的和极小的，去掉奢侈糜烂的，去掉极为过分的，而居其中。"这也正是孔子中庸之道的基本观点，正如孔子所言："舜其大知也与。舜好问而好察迩言，隐恶而扬善，执其两端，用其中于民，其斯以为舜乎。"孔子的这段话讲的是，舜帝遏制不美好的，而宣扬美善的，将那些过分不美好的和那些被宣扬得让人不可相信的事物隐蔽起来，而只是宣扬平和而美好的德行，使人民真正受到教化。这也是老子所说的圣人去掉极大和最小的而居中的理论是一致的。

又如《周易·大有卦》象辞曰："君子以遏恶扬善，顺天休命。"象辞说："君子将遏制、阻止邪恶、罪恶，惩处恶势力，发扬光大天之善德，发扬光大先帝先王先祖之美德，并且能称颂别人的美德，而且能顺应天之美善之德为天的命令。"这些都是中华民族真善美产生的思想基础，也是辨别是非曲直的标准。

其三，真善美是中华民族特有的传统道德创建和实行的前提，而传统道德首先是为治国者制定的治理国家天下的最高宗旨和方法，其方法是以自然无为之道自然自觉地为天下民众谋利益，实现天下太平安乐；其次才是规范民众的道德行为的大致标准，而且自古至今所流传的都是关于展现真善美和贬斥假丑恶的各种文化形式。中华民族的各类文化形式都是力求表现真善美的。

其四，中华民族的传统文化都是在真善美的基础上、在民众喜闻乐见和喜爱拥护的基础上实现和保持的。

其五，中华民族的文化起源于古人对天地日月自然变化规律的探究、感悟、认知和效仿，并由此感悟而效法为治国之道和各种应该效仿的精神。对天地自然规律的感悟体认，就是真实；天地自然而然地使万物得到益处，就是天地自然之善性；天地自然而然地使万物化生变化而呈现出五彩缤纷，光辉灿烂、变化无穷是自然之美。古人对天地自然之真善美的赞美、效法就是人性之真善美的体现。

其六，中华民族文化的起源中，是先有"文"，而后有"化"，就是说在文化起源中，文与化是两个概念，两个概念相合后，才是文化的全部意义，也就是说文化的基本意义，就是以文起到教化、感化，而使之变化以实现天下文明，是谓文化。

六、传统文化与传统道德

我们要是能将《道德经》的内涵，《周易》之易的意义、《黄帝内经》的阴阳学说原理，以及孔子思想的精华和实际意义研究清楚，那么我们的传统文化的精华就具备了与世界交流的重要意义。对传统文化的精华进行了合理解读，才能使我们区分出什么是精华，什么是糟粕了，从而也就能指导我们运用或者批判了。

笔者认为，传统道德是就老子的《道德经》而言，是就治理国家天下的宗旨而言。老子之道，就是对天地万物自然化生过程的真实描述，就是对道化生万物意义的真实描述，就是对圣人君子法自然之方法的真实描述；老子之德，就是对天地自然使万物得到益处，得到化生的美善之德的描述，就是对圣人君子法自然之德而使人民得到利益，得到和乐福气之仁善之德的描述。老子之道德就是对万物自然之美和圣人君子效法自然之美的褒扬与赞美。所以，老子之道德，就是对自然事物真善美的揭示，就是对人性真善美的揭示，那么描述、记载、传播、宣扬、传承传统道德的文化和弘扬真善美、贬斥遏制假丑恶的各类文化都属于传统文化。也就说传统道德和传统文化是密不可分的统一体；因为传统道德是区分真善美与假丑恶的依据；也是真善美产生和评定的依据，传统道德则是古圣人效仿天地自然变化规律所表现出来的自然善性而产生的；所以一切自古至今流传不衰的，表现真善美和贬斥遏制假丑恶的各类文化，都属于传统文化的范畴。

正如老子曰："天下皆知美之为美，斯恶已；皆知善之为善，斯不善已。"老子说："天下人都知道美好的是美好的，那么就停止和厌恶不美好的；天下人都知道仁善是美好的，那么就停止不美善的。"老子为什么将这个问题放在第二章来探讨呢？这足以说明这个问题的重要性。也就是说我们评判真善美和假丑恶的标准是什么，那是必须以道德来评判，否则，就失去了公平正义，正因为如此，老子才会不厌其烦地反复论证道德的起源，道德的意义，圣人创立道德的目的，如何才是有道德的君子，有道德的君子的具体表现等等，以教化我们成为有道德的君子。

七、关于传统文化的内容和大致定义

1. 传统文化的内容

传统文化的内容主要包括：以研究记载真善美和贬斥遏制假丑恶为基础的，道德的、四书五经等文化典籍的、婚姻伦理的，治理国家方式方法的、制度的、礼仪的、法典的、政治的、外交的，哲学的、文学的、历史的、医学的、军事的、武术体育的、文化艺术的、生活方式的、民风民俗的、饮食服饰的、手工工艺的等等自古至今流传不衰的物态的、文字态的、形式态的以及能对人的意识思维起到震撼、感动、教化、平和、启发、提高的文化，或者体现历史的、地域风貌的、民风民俗特色的文化，以及其他凡是表现中华民族真善美和贬斥遏制假丑恶的，而且自古至今传承不衰的文化，都属于传统文化的范畴。

2. 传统文化与社会和谐

中华传统文化是中华民族文明演化过程中所汇集成的一切反映民族精神、思维意识、生存方式和历史实际的民族文化，是各个民族在各个历史阶段各种物质文化、思想文化、观念形态、技艺形态的总体体现。因为传统道德是真善美与假恶丑的判断标准。所以传统文化必须要以传统道德为宗旨，才能对真善美有正确的判断。传统文化的思想，以真善美为基础，凡是表现了中华民族的真善美而且传承不衰的文化，就是传统文化的思想内涵。其实，毛泽东思想，就是继承传统文化的精华所在，毛泽东的全心全意为人民服务、人民战争、实事求是、一切依靠人民群众、一切从中国实际出发等等思想，就是中华民族传统文化与马列思想等世界先进文化相结合的光辉典范。

《中共中央关于构建社会主义和谐社会若干重大问题的决定》指出："建设和谐文化，是构建社会主义和谐社会的重要任务。社会主义核心价值体系是建设和谐文化的根本。必须坚持马克思主义在意识形态领域的指导地位，牢牢把握社会主义先进文化的前进方向，弘扬民族优秀文化传统，借鉴人类有益的文明成果，倡导和谐理念，培育和谐精神，进一步形成全社会共同的理想信念和道德规范，打牢全党全国各民族人民团结奋斗的思想道德基础。"这里笔者认为，只有将中华民族的传统文化的精华与中国社会主义先进文化的理念结合起来，才能建设好社会主义的和谐文化，因为毛泽东"全心全意为人民服务"的思想就是对中国传统道德的高度概括和升华，是与中国传统道德和传统文化相结合的光辉典范；中国共产党的政治是实施传统道德的政治，中国共产党是中华优秀传统文化的忠实传承者和弘扬者，中国共产党要引导文化工作者牢记为人民服务、为社会主义服务的神圣职责，坚持正确的文化立场，认真对待和积极追求文化产品的社会效果，弘扬真善美，贬斥假恶丑，把学术探索和艺术创作融入实现中华民族伟大复兴的事业之中。其中"弘扬真善美，贬斥假恶丑"就是社会主义文化的正确立场之一。所以，社会主义的和谐文化，离开传统道德，离开传统文化的精髓，离开毛泽东思想的精髓就不能实现，就只是一句空口号了。

我们讲和谐文化、和谐社会，那么怎样才能和谐呢？只有遏制假丑恶，使真善美得到弘扬，自然就实现了和谐文化与和谐社会，这是自然规律，也是必然规律。天地自然和谐，人与万物处在自然和谐之中，人与自然共和谐。

说到传统道德和传统文化，就不能不说文化教育，就不能不说老子和孔子。老子的《道德经》是为了教化出有道德的治国者；孔子一生推行道德仁义的一系列教化理论，也是为了教化出一批有仁义道德的治国者，教化出一批能够辅助君主君王治理国家天下的有道德的君子，有才能的贤者。这在《大学》的开篇就得到了验证："大学之道，在明明德，在亲民，在至于至善。"这是说："大学教育的目的，在于阐明并让学生明白道德的意义，在于教化学生爱民亲民，在于让受教化者达到最仁善，能以善待万物，以仁善之心为民众谋利益。"也正如《论语》子夏所言："仕而优则学，学而优则仕。"子夏说："做了官而要想做个优秀的好官，就得不断学习做一个好官的道理；学习优秀是为了做一个优秀的能为人民谋利益的好官。"

我们现代的大学教育要是能培养出成千上万的有道德、有知识、有才能的学子，成为中国特色社会主义建设的先锋军，成为中国特色社会主义建设的各级领导者、学者、科学家、技术人才以及各行各业的骨干力量，这就是中国人民的福气，这就是能使中国人民立于不败之地的最好保证。我们的社会主义建设需要这样德才兼备的的接班人，这也是使我们的教育事业走向成功的唯一途径。正如毛泽东主席所言："我们的教育方针，应该使受教育者，在德育、智育、体育几方面都得到发展，成为有社会主义觉悟、有文化的劳动者。"

3. 传统文化的大致定义

①关于传统文化的时间定位。《周易》首先创建了关于文化的意义，《周易》关于文化

的意义简而言之就是：以文字记载、传承事物，而起到教化、感化，使之变化，而实现天下文明，是谓文化。

《周易》对中华民族文化起着承上启下的历史作用，以《周易》为渊源，演化出中华民族的关于历史文化的、文学艺术、哲学的，军事的、革命的，衣食住行的、民风民俗的，技艺的、科学技术的等等文化形态。所以《周易》就被誉为中华民族群经之首，是中华民族传统文化的源头和精华；是中华民族传统文化的奠基石。易学是中华民族传统文化取之不尽、用之不竭的文化宝库，并对中华民族的的发展起到了巨大的历史作用。《周易》是中华民族传统文化中经典的经典。

正因为《周易》在中华民族传统文化的产生和发展中有着举足轻重的地位，有着奠基石、源头和宝库的地位，所以研究传统文化关于传统的时间定位，应该以《周易》对文化意义的创建、认定及其对各种历史文化的政治意义和学术意义、哲学意义的记载评定为参照，也就是说传统文化之应该以《周易》为时间界限，《周易》以及由其传承、演化下来而流传不衰的各类文化都属于传统文化。

比如西周时代民风民俗的流传。在古西周之地——现在的宝鸡地区，凡是居住在四合院内的民众，就是以敬奉天老爷、土地爷、灶神爷、仓神爷、祖宗这五种敬奉对象为节日习俗。这是《礼记》中规定的各种祭祀礼仪在民间经过取舍、综合、演变的流传。

又比如自古至今流传不衰的腊八节。神农氏创始了在农历十二月祭祀以及与农业相关的其他祭祀活动。《礼记·郊特牲》曰："天子大蜡八。伊耆氏始为蜡。蜡也者，索也，岁十二月，合聚万物而索飨之也。蜡之祭，主先啬而祭司啬也，祭百种以报啬也。飨农以邮表畷(zhuì)，禽兽，仁之至义之尽也，古之君子，使之必报之。"这里的蜡，是指寻求、探索的意思；八，是指天子在十二月之时，祭祀八种与农人稼穑相关的神灵，包括先啬、司啬、百种、农、邮表畷、禽兽、坊、水庸八种。以后演变为腊月初八为腊八，家家做腊八粥，以敬百神，所敬者就是对以往敬奉的神灵敬献腊八粥，对所有与人和农业有关者以腊八粥敬献，甚至树木花卉、磨子、碌碡、辘轳等等都要涂上腊八粥。

又比如《诗经·七月》中所描写记载的西周之时的民风民俗："十月蟋蟀入我床下。穹室熏鼠，塞向墐户。嗟我妇子，曰为改岁，入此室处。"因为周历的十月，就是黄历的腊月，就是一年将尽的最后一月，所以这个月就要堵塞老鼠洞，粉刷屋子，干干净净过新年。诗文的第五小节既真实地记载了知了和纺织娘、蛐蛐的生活规律，又真实地记载了西周地区，一直流传至今的腊月之时民间的风俗习惯，人们为了过年而忙碌的情景历历在目，使我们又好像回到了陕西宝鸡过去乡下的生活情景，腊月二十三以前，一定要将自家的屋子打扫干净，将老鼠洞用石头塞住，用泥将脱落的墙壁以及老鼠洞和院子里所有毁坏的墙壁修好，将屋子用白陶土粉刷一新，再贴上年画、窗花，准备好过年的新衣服，磨好面粉，准备好年货，杀猪宰羊，就等着过新年了。

又如《诗经·绵》曰："缩版以载，作庙翼翼。捄之陾陾，度之薨薨。筑之登登，削屡冯冯。百堵皆兴，鼛鼓弗胜。"诗文中生动真实地描写记载了古公亶父带领民众修建屋宇、打土墙的技艺，就一直流传到我的父辈，其技艺手法简直是一模一样，如亲临其境。

所以传统文化的流传就有了发源的时间性，传承流传的真实性、取舍性、综合性、变通性、变易性、延伸性、演化性、统领性等。

②关于传统文化的大致定义。应该是：以《周易》创建以文而化天下，实现天下文明的文化意义，及《周易》记载评定的文化的核心思想为起始，而演化出以弘扬真善美、贬斥遏制假丑恶为宗旨的道德文化，在流传过程中经过取舍、变通、演化、延伸、综合而至今流传不衰，具有制约、影响、统领上至治国者的道德情操、治国宗旨、民族精神、社会风范，下至民风民俗、人文宗旨、人的思维精神行为等意义的各类文化表现形式，都是传统文化。

当然关于笔者对传统文化的时间定位和定义是否恰当，还有待进一步研究，更希望广大读者和研究者批判指正。

第三节　自由、道德与社会和谐

一、自由与道德

道德总是与自由相对而言的，那么什么是自由？对于众人来说，各有各的说法。一般认为，自由是想干什么，就干什么！想吃就吃，想玩就玩，想怎样玩就怎样玩；想休息就休息，想说什么就说什么等。这是人们潜意识里最通俗的自由论。然而对生活在现实社会中的每个人而言，绝对的、无条件的自由是不存在的，所以说自由是有条件的，并不是无条件的。

现在很多人喜欢谈西方的民主、自由、平等、博爱，认为这是一个很好的价值观，但是西方的这种价值观难道是没有条件限制的吗？西方人的自由民主可以自由游行反对政府的某些主张，某些个人可以发表关于反对发动侵略战争的言论，或者游行示威，可以用各种方式评论讽刺政府要员，那么他们的言论自由和游行达到目的了吗？没有。美国的自由、民主是建立在美国自己国家利益的基础上，而不是建立在世界人民利益的基础上；是建立在美国的霸权主义和强权政治的基础上，美国想要什么，就依靠霸权，依靠战争，依靠掠夺，他们得到了，而被侵略、被掠夺国家的人民受到危害就不自由了，被侵略国家的人民失去了生存的自由，失去了享有安全的自由！那么民主吗？自由吗？用生物化学武器杀人，用飞机大炮空袭别国人民，是博爱吗？是平等吗？

所以自由是要受到条件限制的，没有无条件的自由，美国的强大，美国的战争自由给本国人民和世界人民带来的是越来越多的恐怖活动。美国其实是恐怖活动之所以产生的根源，美国以强大的武力，想向哪个国家发动进攻就随便发动战争的行为，将世界原本和谐自然的秩序搞乱了，美国现在来反对恐怖活动，就必须先彻底停止其战争活动，使世界秩序逐渐恢复自然和谐，这样才能有效果！而美国的自由战争行动，所带来的恐怖活动到处盛行的情况下，美国人民终日生活在恐怖气氛之中，那么他们的民主、自由、平等、博爱不也会受到限制吗？而这正是美国肆无忌惮的战争自由造成的。

所以说资本主义政治的民主自由只是少数人的民主和自由，只是为资产阶级政治服务的民主自由而已。

看过红楼梦的人，都知道林黛玉和贾宝玉以及薛宝钗，他们都是封建婚姻不自由的牺牲品。因为婚姻不自由，而使他们没有得到自己应该得到的幸福，这里不自由是造成不幸福的条件；那么我们如今是自由婚姻，自由恋爱，不是很自由吗？但是仍然还有许多不幸福的婚姻。当然这是两个不同的问题，一个是婚姻不自由而得不到幸福，这里不自由是限制婚姻幸福的条件；而自由婚姻也会形成不幸福的结果，这是因为各种不幸福的条件造成了不幸福的结果。也就是说，自由婚姻的自由也是有条件的，条件适合，自由才能成功，自由才能幸福。

看过《西游记》的人，可能认为齐天大圣孙悟空是自由的化身，能上天入地，能下海缚龙，能钻进铁扇公主的肚子里，能腾云驾雾，能变化虫鸟禽兽人草木云雨，孙悟空七十二变，想变什么就能变什么，可就是逃不出如来佛的手掌心，逃不出如来佛的五指山，那么为什么不让孙悟空再多几种变术，能够逃出如来佛的五指山呢？这是笔者幼时多次思考的问题，但是始终没有答案。而自从学习《周易》以来，对这个问题才略有感悟。那就是凡事均有规矩方圆，都有实现事物变化的条件，所以孙悟空是永远逃不出如来佛的五指山的。因为在西游记中，如来佛是宇宙的象征，观音菩萨是仁慈的象征，众神仙是人类智慧的象征（因为天上的多数神仙都是人类有聪明智慧而为人民做了好事的远祖的分封之位），玉皇大帝是天的象征；土地神是大地的象征，孙悟空是自由和正义的象征，唐僧、沙僧以及八戒是众生的象征（这里仅指《西游记》而言）。如来佛的五指山对孙悟空而言，就如同宇宙、星辰和气体，因为孙悟空变来变去还是在宇宙之间，离开气体就不能变他的筋斗云了。也就是说，孙悟空的自由也是受到条件限制的，而且他还受唐僧紧箍咒的限制，否则由于他太过于自由就会失去众人，也就失去了它发挥正义的空间。

所以说如来佛的五指山，就人类的生存而言，象征衣食住行；对于人生而言，则象征生、老、病、死等；对于人类社会而言，则象征国家、社会、家庭、众人；对于我们国家的社会制度而言，它象征道德、法律等；对于万事万物而言，是规矩方圆。总之，自由是有条件限制的。

我们常说"海阔凭鱼跃，天高任鸟飞"，就这个俗语本身而言，鸟只能在广大无垠的天空自由自在翩翩飞翔，鱼只能在深广的水中自由自在地跃游，仅此而已，因为鱼和鸟还是受到天空和水的限制，只能在它们各自的时空中作任意的自由运动；将它们调换了时空方位，它们不但没有了自由，生命也没有了，所以任何自由都是受到一定条件的制约，与他相适应的条件是相依相存的，相互为用的关系；自由、民主离开了我们的社会制度，就只能是空谈的自由和民主；假如我们的环境中充满了没有道德、没有法制观念、没有素质，没有公平正义感的人，我们还有自由吗？还有民主吗？因为我们的民主、自由被那些没有道德、没有法律意识、没有素质，没有正义感之人的自由、民主给剥夺了，他们自由了、民主了，就没有了其他人的自由和民主了。

所以说社会主义的自由民主只能是在社会主义道德、法律条件约束下的自由与民主，因为只有在道德和法律条件约束下的自由才不会伤害他人和社会，在这样的条件下，这样才能从根本上确保人人都是自由的。任何社会都没有绝对的自由存在，所有自由都是与国家、社会、众人、家庭、个人的利益息息相关。自由的原意是指从被束缚中解脱出来，我们每一个人都要承担一定的社会责任、家庭责任以及个人的生存责任。那么我们的自由能从这些关系中分离出来吗？当然不能了。

我们的自由是社会主义社会制度下的自由，只有道德、法律、自由、民主和集中这五者共同存在，我们的自由才会得到保障。

二、道德与社会和谐

社会道德是规范人与社会，人与家庭，人与人之间行为的关系准则；而传统道德是指治理国家者所一贯执行的治理国家的方法、宗旨；也是指《道德经》的意义和孔子一生所推行的仁义道德的意义而言。

古代圣王治理国家天下，以道德仁义治理国家，使人民得到利益，得到福气，得到安乐，而实现天下太平和谐；人民遵从有道德仁义，能为人民谋利益福气的治国者的治理，遵纪守法，人人相亲相爱，相互帮助，相互敬让，尊老爱幼，和睦相处，使社会呈现出人人为我、我为人人的社会风气，这是古代和谐美好的大同社会。

古代和谐的大同社会，正如孔子所论的三王时代："大道之行也，天下为公，选贤与能，讲信修睦。故人不独亲其亲，不独子其子，使老者有所终，壮者有所用，幼有所长，矜寡孤独废疾者，皆有所养……是谓大同。"孔子所论的大同社会，不但是物质非常丰富的社会，而且人的思想观念与社会素质都上升到了一定的水平，都具有了高度的道德文明品质，否则这样美好的社会制度就不会实现，所以说和谐社会的物质生活与人的道德文明程度的上升是不可分割的。

实现政通人和、天下大治的和乐社会景象，是道德治国所要达到的最终目标。实现天下太平安乐，既要物质水平达到一定的高度，也就是达到了各取所需的条件，达到要什么有什么的条件，这个条件是要依靠所有人自己的劳动和创造力逐渐累积而实现的。正如《周易·泰卦》卦辞所言："小往大来，吉亨。"通过一点一滴不断累积各种财富，累积各种知识，累积治理国家的经验，累积治理土地的经验，累积治理人民的经验，累积自然科学知识经验，不断聚集各类德才贤能之人，而逐渐由小到大，由少到多，由低到高，终于实现政通人和、天下大治的和乐社会景象。也正如老子所言："合抱之木，生于毫末；九层之台，起于累土；千里之行，始于足下。"这是说，所有的大事物都是由少到多，由低到高，由小到大而一点一滴逐渐累积起来的，就如人走路，是一步一个脚印地走到目的地的，不是一气呵成的事情，同样实现天下太平的道理也是如此。

胡锦涛主席指出："到2020年，构建社会主义和谐社会的目标和主要任务是：社会主义民主法制更加完善，依法治国的基本方略得到全面落实，人民的权益得到切实尊重和保障……政府管理和服务水平有较大提高；全民族的思想道德素质、科学文化素质和健康素质明显提高，良好的道德风尚、和谐的人际关系进一步形成；全社会创造活力显著增强……"从胡主席的讲话中，可以看出，在提高各种社会福利和科学管理的同时，提高全民族的思想道德素质、科学文化素质对实现社会主义和谐社会有着至关重要的意义，而提高人民道德素质的基本原则，则是使人心向善，这才是实现道德仁义的关键。而达到人心向善的关键是进行循序渐进的道德教育，道德教育是一个长期的事情，也不是简单的事情，正因为如此，我们才要占领各种教育阵地，处处时时将道德教育放在议事日程上，才能起到应有的教育效果。只有全民的道德思想素质得到提高，我们的社会才会真正实现和谐。

人民思想道德素质提高了，人民就会自觉履行自己应该履行的义务和职责，自觉遵法守纪,也就有人人为我、我为人人的社会主义社会的氛围,就会有相互关爱、相互服务而真正实现公平正义的社会风气。我们在实现创造丰富的物质财富的同时,还要实现高度的科学文明和思想文明,使人的思想素质提高到与和谐社会相一致的水平,而这个任务的实现,所要依靠的仍然主要是长期而艰苦的道德教育,这不是依靠口号就能实现的事情。当然,道德教育离不开毛泽东“全心全意为人民服务”思想的教育,离不开对传统文化、传统道德的学习,离不开对传统文化经典著作特别是“为往圣继绝学”之作《道德经》、《周易》等的研究学习,离不开对毛泽东思想的学习和发扬光大。

第四节　道德与道德教育

一、道德的普遍教育意义

当今社会,中国共产党人对于道德仍然高度重视,中国共产党人将道德提到高度的议事日程,这是必要和必需的。特别是胡锦涛主席提出的以“八荣八耻”为具体内容的社会主义荣辱观,为我们社会主义公民的道德观设立了一个大致的标准。“八荣八耻”的具体内容是:以热爱祖国为荣,以危害祖国为耻;以服务人民为荣,以背离人民为耻;以崇尚科学为荣,以愚昧无知为耻;以辛勤劳动为荣,以好逸恶劳为耻;以团结互助为荣,以损人利己为耻;以诚实守信为荣,以见利忘义为耻;以遵纪守法为荣,以违法乱纪为耻;以艰苦奋斗为荣,以骄奢淫逸为耻。

可以说,胡主席的“八荣八耻”是每个公民的基本道德标准,其实我们每个人只要确实做到了这“八荣”,就应该是有道德的人了。社会主义荣辱观是塑造社会主义公民精神素养的指导思想,在丰富多彩又复杂多变的现代社会中,如何把握好自己的方向,不迷失自己的目标,“八荣八耻”便是基本准则。

传统道德的中心内涵是仁善。正如孔子所言:“能行五者于天下者,为仁矣”,“恭、宽、信、敏、惠。恭则不侮,宽则得众,信则人任焉,敏则有功,惠则足以使人。”孔子说能具备五种品德的人,就是有仁德的人了,这五种品德是:恭敬谦让,宽厚宽容、诚信忠实、机智勤勉,仁爱仁慈。君子的品德正如《乾・文言》指出的,仁善是君子最重要的品德,使一切美好的品德会聚于一身,以适宜的方式使万物和谐,使人与人和谐就有利于万物;以正当的才干和坚定不移的精神求取事业的成功,就是君子达到了如天一样美好的品德。古代虽然没有关于民众道德的专门规定,但是古人关于道德的论述以及教化方式多种多样,而使传统道德深深地印记在人民心中。人民的心中都有一把关于道德的尺度,都有自己对于道德的理解方式和自己的道德尺度。

《庄子・天地》曰:“无为为之之谓天,无为言之之谓德,爱人利物之谓仁,不同同之之谓大。”这里庄子对仁的解释是“爱人利物”,也是爱护人民,利于万物生长。

什么是善呢? 善,就是善良。《周易・系辞》子曰:“易,其至矣乎。夫易,圣人所以崇德而广业也。知崇礼卑,崇效天,卑法地。天地设位,而易行乎其中矣。成性存存,道义之门。”孔子说:“易学的意义真是大到极点了啊! 易学是圣人用来尊崇道德而发扬光大先祖伟大事业的;并使人知道崇尚高尚、礼遇卑微的道理,懂得崇尚天之道德,懂得地低下而顺承天的道理。天高地低贵贱之位确立之后，易学所阐述的道理就贯穿其中了。易学的目的是为了将天之固有善性深深地印记在人民心中，使人人有仁善之心，这才是实现道义的关键。"这里指出了天地的固有善性，什么是天地的固有善性呢？就是天地自然所表现出来的公正无私的使万物得到益处、得到生长化育的特性。对人而言，善就是无私地给别人以帮助，使别人得到好处，而不需要回报了。其实善，就是做到仁义、中正无私、诚信。善，就是要有一颗善良的心。我们做人，就是要以良心、善意的标准，也是品行端正，公正无私，不偏不斜，为人处事以仁义为先。但是仁义不是指平时所言的江湖义气，而是指仁、孝、义务、责任等。正如《周易·系辞》所言："立人之道。曰仁与义。"只要做到了仁善，做到自己应该尽到的各种职责与义务，就是善良有德之人。

仁善是实现道德的关键，人没有仁善之心，就意味着没有真正的正义公平可言。但是现代的道德教育中，很少看到关于仁善、仁义这些词语，这倒给那些教化人心向善的宗教提供了发挥仁善的机会，这也是中国共产党关于道德教育的不完善所造成的。不过部分宗教团体教化人心向善的严密组织结构和相互关爱的无微不至，却是我们需要借鉴的，来改进我们居民的思想教育，起到教化人人相互无微不至地无私关爱的作用，这无疑有利于社会主义和谐社会的构建。

可见，在强调依法治国的同时，还要同依德治国紧密结合起来。中国共产党将道德作为党的建设和提高人民素质的重要手段，也就要求道德应有统一全面完整的理论基础，使人民有道可遵，有章可依，这也是道德建设中的重要问题。道德教育是保证人人有道德的手段，而适宜的教育方法是不可缺少的。胡锦涛主席指出："一个社会是否和谐，一个国家是否能实现长治久安，很大程度上取决于全体社会公民的素质。没有共同的理想信念，没有良好的道德规范，是无法实现社会和谐的。要不断增强人们的精神力量，不断丰富人们的精神世界。"胡主席指出，全体社会公民的素体决定着国家能否实现太平安乐，能否实现社会和谐的问题，就是说，人民的素质决定了实现社会和谐的快慢和结果。

其实素质的本意是人的善良的本性，提高人的素质，是要通过有效的教化，使人恢复原本的善良本性，人人都有善良之心，那么人民的素质就会得到提高，社会才能和谐。

这里必须明确的是：关于道德教育，不单是指公民的道德教育，更重要的是对共产党人和国家各级领导干部关于传统道德的教育问题，一方面因为我们现代的人容易混淆传统道德和一般社会道德的内涵；另一方面，也是重要的问题，中国共产党是人民的领导者，是毛泽东思想指导下的执政党，共产党人首先必须要求自己有道德，才能领导人民，才能为人民谋利益，才能实现和谐社会等。

二、《道德经》与道德教育

笔者认为，《道德经》的思想内涵首先是为执政者规定的治理国家天下的最高宗旨，也就是说，执政者必须以公正无私、正大光明、诚信等为人民谋利益，使人民得到利益、得到安乐和谐，天下才会太平，所以说传统道德首先是执政者的道德。而共产主义道德的要求是："大公无私、一心为公、正确处理国家、集体和个人之间的关系；要毫不利己，要全心全意为人民服务……"可见，传统道德的内涵与共产主义道德的内涵是一致的，传统道德的要求对执政者而言，是必须要执行的，只有以传统道德的宗旨去治理国家，才能得到人民的拥护，才能实现国强民富，天下太平；否则就会受到人民的反对，而使其政治失败。

老子《道德经》中的无为之道、君子之德的表现，实际上对于我们每一个人来说是实现自我检束道德的标准。如关于无为之道的"善行，无辙迹；善言，无瑕谪；善数，不用筹策；善闭，无关楗而不可开；善结，无绳约而不可解。"这对于我们每个人而言，我们就可以将其看做是为了学习某一种知识或技能而必须认真刻苦练习，达到熟能生巧的程度，才能应用自如而且有创造性。又比如：以德报怨；"天之道，损有余而补不足；人之道，则不然，损不足以奉有余"；"信言不美，美言不信。善者不辩，辩者不善。智者不博，博者不知。圣人不积……人之道，为而不争"等。这些都是教化我们进行思想修养的至理名言，当然我们一定要将老子、孔子的至理名言，结合社会现实，深刻学习领会，一定会对提高我们的思想素质有重要的意义。

自古以来，中华民族的先祖，就为我们制定了真善美仁义道德的标准、方法，创立了治理国家天下的方法及必由之路；而只有依照先祖所创立的"道德"去作为，自觉自愿、无私无悔、诚心诚意地成就美善之德，才能使天下人民安乐太平。这也就是我们的目的，也是治理国家天下者所要实现的目标。

自古以来，顺应道德而作为者昌，违背道德而作为者亡；自古以来，天下的真理就是如此，我们只有顺应真理而为，别无选择，因为违背真理者，只有灭亡。

而《道德经》的每一个观点，都是我们学习道德，提高自身素质与修养的至理名言。相信读者在阅读笔者对《道德经》的解译及评析后，定将有助于正确理解老子的思想特别是老子关于道德的观点，并客观理解当时的社会历史状况。

三、《周易》与道德教育

《周易》六十四卦的文辞中对君子品德的评定和记载，即每一卦的卦象辞的含义，是我们每一个人提高思想品德修养特别值得深刻学习和领会的。我们只要认真研读《周易》的内容，就能有所启发。如《周易·困卦》象曰："君子以致命遂志。"又如《周易·益卦》象曰："君子以见善则迁，有过则改。"又如《周易·损卦》象曰："君子以惩忿窒欲。"又如升卦象曰："君子以顺德，积小以高大。"如《周易·蹇卦》象曰："君子以反身修德。"如《周易·晋卦》象曰："君子以自昭明德。"又如《周易·家人卦》象曰："君子以言有物而行有恒。"

又如《周易·系辞》下传曰："善不积不足以成名，恶不积不足以灭身。小人以小善为无益，而弗为也；以小恶为无伤，而弗去也；故恶积而不可掩，罪大而不可解。"

《周易》的这些内容都是古人从几千年的社会经验中总结而来，这些都是我们保有仁善之心和道德的基本原则，所以《周易》的思想精华不可不学；而《道德经》是阐述传统道德的基本内容和教化治理国家天下者如何治理国家天下的经典之作，也是教我们为人处世之方法的圣贤之书，所以《道德经》也是不可不学的。老子曰："是以圣人后其身而身先，外其身而身存。非以其无私邪？故能成其私。"诸如此类都是教化我们成为有道德之人的至理名言，所以我们必须正确理解和学习《道德经》，以提高我们的道德水平。

下篇

《道德经》原文解译

第一章

原文

道[①],可道,非常道;名[②],可名,非常名。

无,名天地之始;有,名万物之母。

故常无,欲以观其妙;常有,欲以观其徼[③]。

此两者,同出而异名,同谓之玄[④]。玄之又玄,众妙之门。

注释

①道:规律,方法。②名:名称、概念;命名。③徼(jiǎo):缠绕,纠缠不清。④玄:神奇,玄妙。

译文

规律,可以说是有的,但并不是普通事物的规律。名称,可以说是有的,但并不是普通事物的名称。

"无",是对没有天地之前,生成天地的原始物质的称名。"有",是对生成万物的万物之母——天地的称名。

所以说,天地之母生成天地之后就看不见、摸不着了,正因为如此,就想要观察它的奥妙;常存的是生成万物的万物之母——天地,因为天地长存,可以看得见,就更想观察、探究那些能看得见,却摸不清头绪又纠缠不清的事由。

这里的"无"与"有"二者,其实同出于那个"道",只是名称不一样罢了;它们同属于玄而未解之谜。天地之母生成天地的玄妙和天地生成万物的玄妙都玄而未解,所以,研究天地之母生成天地,以及研究天地化生万物的规律、过程,就是研究万物化生的关键方法。

评析

这一章老子对生成天地的物质和生成万物的物质做了命名。老子将生成天地的原始物质命名为无;将生成万物的物质命名为有。老子所讲的"道",就是指生成天地和生成万物的物质生成天地和生成万物的自然过程。“无”是指没有天地之前，自然而然生成天地的那个物质，老子将其命名为“无”。这里的“无”，一方面是指是在没有天地之前而存在的没有名称的物质，它自然存在，自然变化，自然生成了天地；另一方面是指这个物质生成天地之后，就看不到，感知不到它的具体存在了，所以，称之为“无”。“无”是指生成天地的原始物质，那一团混沌之物变化到极大，称之为太极，它一分为二变成天和地了，所以就看不见了。那么这个物质又是如何生成天地的呢？这是我们需要研究探讨的问题。“有”，是指有了天地之后，由于天地阴阳之气的变化，而逐渐生成了万物。天地是始终存在的，可是天地又是如何生成万物的呢？万物又是如何变化的呢？这也是我们需要研究探讨的问题。只要我们能够研究清楚天地之母生成天地的规律和过程，研究清楚天地生成万物的过程，就等于揭开了万物化生的基本规律。

老子所讲的“道”，是指万物生成的方式、过程，也是事物发展变化的规律。所谓事物发展变化的规律，其实就是对事物发展变化过程的高度抽象和概括，所以老子之道，就是指天地万物生成的过程、规律。这个规律，就是自然而然，一切都是自然存在、自然变化、自然发生的，因为老子在第二十五章就已明确指出了什么是道，即天地生成之道，正如原文所言：“有物混成，先天地生。寂兮寥兮，独立而不改，周行而不殆，可以为天地母。吾不知其名，强字之曰‘道’，强为之名曰‘大’。大曰逝，逝曰远，远曰反。”老子在此所论述的是天地自然而然的生成过程。老子指出，在没有天地之前，已经有一团混沌之物自然生成、自然存在，自然朝着一个方向旋转运动不止，并且逐渐变化到极大，这个极大的物质最终分离开来，分离开来以后仍然各自旋转不止，就逐渐远离，分为天和地。老子就将生成天地的这个混沌之物称之为天地之母，那个混沌之物，变化到极大之后，一分为二，变成了天和地，而原来那个混沌之物就消失了，只有天和地存在，老子就将自然存在、自然运动变化的混沌之物和混沌之物生成天地的这个自然过程命名为“道”或“大道”。所以说，老子在这一章所论述的“道”，是指天地自然生成的过程。老子所论述的不是一般事物的名称，而是“无”与“有”：所论述的“无”，是对天地之母——那一团混沌之物的命名；所论述的“有”，是对生成万物的万物之母而且能看得见的天地的命名。

老子在第四十二章已经明确告诉我们：“天下万物生于有，有生于无。”那个自然生成的混沌之物，变化到极大，一分为二生成了天和地；天之阳与地之阴相合适中为三，是谓阴阳；也就是天地阴阳之气化生了万物。而且老子在第四十章已经明确告诉我们：“天下万物生于有，有生于无。”这里的“有”，是指万物生成之母——天地；“无”，是指没有天地以前的那一团混沌之物，那一团混沌之物运动变化到极大，分化为天和地之后就不存在了，就是“无”。我们将老子关于天地万物生成过程的论述，综合在一起，就能明白老子所论述的“道”，就是自然，就是自然变化规律。

我们再来看看孔子对“道”的解释，我们就更能明白老子之道的真正含义了。《礼记》哀公曰：“敢问君子何贵乎天道？”孔子对曰：“贵其‘不已’。如日月东西相从而不已也，是天道也；不闭其久，是天道也；无为而物成，是天道也；已成而明，是天道也。”哀公问道：“请问君子为什么那么崇尚天道呢？”“孔子说：“尊崇天道是尊崇它的永恒、没有止境。比如日月东升西落永远不停息，这是天道。不闭塞而畅通无阻，天长地久，这是天道。自然而然地成就了万物，这是天道。天成就万物的方式又是那么高明，这也是天道。”孔子所说的天道，是指日月自然运行变化，永不停息，万物依天地自然变化规律自然而然生长化育也永不停息，但何以如此呢？这当然是自然变化规律使然了。这与老子所言的天地之母自然生成天地，万物依天地阴阳之气的变化自然而然的生成过程是一致的，因为他们所论的都是自然。正如《周易·恒卦》彖辞曰：“天地之道，恒久而不已也。利有攸往，终则有始也。日月得天，而能久照，四时变化，而能久成。”可见，孔子和易学所讲的是，天道是天地自然的运行规律。老子所论的道是天地万物自然而然的生成过程，也是对这个自然过程及其规律的命名。

《周易·乾卦》彖辞曰：“大哉乾元，万物资始，乃统天。云行雨施，品物流形，大明始终，六位时成，时乘六龙以御天。乾道变化，各正性命，保合太和，乃利贞。”意思是说，广大无垠的乾天，是万物生成的原始动力，统御着乾天的各种变化。这些变化包括：适时适中地布云施雨，资助万物的生长化育；日月星辰始终照耀温暖万物；日夜、四季不同的变化，就如六条色彩各异的巨龙统御着乾天的变化一样。这就是乾天的自然变化现象，也是乾天的自然变化规律。乾天的这些变化都是自然变化现象，是没有思维没有谋虑的，这也是乾天的正常变化。所以彖辞最后指出，乾天的各种自然变化，包括风云、雷电、雨雪、昼夜、四时，各自以其正常变化为本性为命令，保证阴阳之气相交相合、平和、太和而天下太平，才会有利于万物长久生长化育。易学在这里所论的“乾道变化”，是指乾天的各种自然变化现象，也是乾天的基本功能。这些基本功能都是自然变化，自然变化就是乾道，就是自然规律。

天地之母是一团自然生成自然变化的混沌物质，这个混沌物质不断变化到极大而逐渐生成了天和地，这是老子的宇宙生成论。老子的宇宙生成论是关于宇宙生成的明确论述，不是假设。因此可以说，老子关于宇宙生成的论述是中华民族，甚至是全世界关于宇宙生成的最古老的唯物论。这应该是中华民族的“天下第一”之一。

恩格斯在《自然辩证法》中指出：“自然界不是存在着，而是生成着和消逝着。”“这是物质赖以运动的一个永恒的循环，这个循环完成其轨道所经历的时间用我们的地球年是无法度量的，在这个循环中，最高发展的时间，有机生命的时间，尤其是具有自我意识和自然界意识的人的生命时间，如同生命和自我意识赖以发生作用的空间一样，是极为有限的；在这个循环圈中，物质的每一个有限的存在方式，不论是太阳或星云，个别动物或动物种属，化学的化合物或分解，都同样是暂时的，而且除了永恒变化着的、永恒运动着的物质及其运动和变化的规律以外，再没有什么永恒的东西了。”恩格斯指出，自然界的物质，包括人类，都是在不断生成和不断消亡着，万物的存在都是暂时的，但是运动着的物质及其运动变化的自然规律却是永远存在的。

老子在这一章首先阐述的道，就是自然规律，就是看不见摸不着，但却确实存在的天地万物自然生成、自然变化的规律。老子之道，就是自然，就是自然变化规律，它不受任何外在力量左右，自然存在，自然变化，自然生成万物和自然消亡万物，而没有思维和意志地永远存在着。老子时代还没有“规律”的概念，他用“道”这个词语来来表示宇宙中万物的变化就是自然，自然而然。

正如《庄子·天地》篇曰:“泰初有无,无有无名;一之所起,有一而未形。”这是庄子对老子之“无”与“有”的解释。庄子说:“太极之初,是无,也就是还没有生成天地之时,称之为‘无’,无也是没有名称之无;太极形成之后,就称之为‘太一’,太,是极大,太一之时还是没有形成天地之形状的太一,或者是运动变化着的没有形状的太极。”其实庄子这一段话也可以视作是对老子之道的具体解释。

第二章

原文

天下皆知美之为美，斯恶已[①]；皆知善之为善，斯不善已。

有无相生，难易相成，长短相形，高下相盈[②]，音声相和，前后相随，恒[③]也。

是以圣人处无为之事，行不言之教，万物作而弗[④]始，生而弗有，为[⑤]而弗恃[⑥]，功成而弗居。夫唯弗居，是以不去。

注释

①已：已经，停止。②盈：满，增长。③恒：固定不变。恒常。④弗：不。⑤为：作为，替，给。⑥恃：依赖，凭借。

译文

天下人都知道美好的是美好的，那么就停止和厌恶不美好的；天下人都知道仁善是美好的，那么就停止不仁善的。

无生有，有生万物；困难与容易相辅相成；长与短相行相比；高是由低逐渐增长而来；音和声是相互融和在一起的；前与后是相互跟随的。这些都是亘古不变的平常道理。

所以圣人依照自然无为之道处事，不用说教而以自己的美好行为使民众得到教化；万物依自然变化规律而兴盛衰败不止，自然变化规律化生万物而不占有万物；造就万物而不依赖万物；成就万物的生长化育而不居功自傲；只有不居功自傲，因此才会永远存在。

评析

这一章老子用事物的相对性，事物变化的相辅相成性，事物的相生、相互依存性来说明自然变化规律的特点。因为第一章所阐述的是天地万物生成是自然变化规律的体现，天地是自然生成的，万物也是自然生成的，万物自然而然的生成是自然变化规律的体现，那么自然变化规律有什么特点呢？这就是这一章所要阐述的问题。

事物的存在和发展变化都有着相对性，相辅相成性，相生相克性，相互依从性，相互比较性，以及融会贯通性，前后连贯性，这些都是事物原本就存在的自然变化规律的基本特点。

圣人处事总是以自然变化规律的自然无为的特性来处事，因为天下人都知道美好的是美好的，所以就停止和厌恶不美好的，停止厌恶不美好的，当然就会学习效仿美好的。所以圣人不用说教，而用自己的美好品德来教化人民，这就体现了前与后的自然规律。

万物的生长变化是依照自然变化规律自然生成，自然成长兴盛，自然衰败，就好像没有开始一样永不停息；自然变化规律化生了万物，而不占有万物；自然变化规律造就了万物而看不到自然变化规律的形式表现；自然变化规律成就了万物，而不自以为有功；只有不自以为有功，所以才会永远存在。这里的"不去"，是不离开，不离开当然就会永远存在了。因为自然变化规律是没有思谋，没有灵性的自然，它只是依照自然而然的本性运行。其自然运行的过程，为万物带来益处、好处而成就了万物的生长化育，所以就不会占有万物，更不会自以为有功，而只是无终无始的自然运行。这就是自然，也是自然变化规律，自然变化规律是永远存在的。

恩格斯在《自然辩证法》中指出："自然界中的普遍性的形式就是规律，而关于自然规律的永恒性，谁也没有自然研究家谈得多。"恩格斯明确指出，无论事物如何生生灭灭地发展变化，但其变化都是遵循着自然变化规律，这一规律是永远存在的。恩格斯认为关于自然规律的永恒性，只有自然研究家研究、谈论得最多，而我们的圣人老子不但早就指出自然变化规律的永恒性，还指出我们的先祖圣人为人处事的原则是依照自然而然的自然变化规律的特点来作为，而不是依照自己的异想天开随心所欲地为人处事。当然更重要的是依照自然变化规律的特点来治理国家天下。

老子所谈的自然变化规律，圣人依照自然变化规律处事的原则，以及老子关于以自然无为之道治理国家天下的理论，说明老子对自然变化规律的研究，足以比得上恩格斯所说的自然研究家了。可惜我们这些后人对老子的研究太少且太不及时了。

恩格斯指出自然界万物生生灭灭都存在着时间空间性，但是自然变化规律是永恒存在的。老子说万物都是依照道的变化而自然生生灭灭，道化生了万物而不占有万物。因为生生灭灭本身就是自然变化规律的体现，万物的生存和消亡，体现了恩格斯所说的："除了永恒变化着的，永恒运动着的物质及其运动和变化规律外，再没有什么永恒的东西了。"万物不断地生成和消逝着，万物的存在不是永恒的，所以也就不能永远占有它，不占有它，是自然变化规律不容许它永恒存在。

两千多年前老子关于自然变化规律的理论，实在是奇妙不可言，所以从这个意义而言，老子不但是自然研究家，而且还是哲学家，因为他从万物的变化过程中，抽象出了自然变化规律，并指出了我们的先祖依照自然变化规律为人处事的原则，以及治理国家天下的方法等。其实这就是我们先祖一切创造发明的依据，我们的先祖依照自然现象及其变化规律而创造发明了包括文字、日用器具、典章制度等文明。这应该是中华民族的"天下第一"之二。

老子关于圣人的不言之教，正如《庄子·在宥》所言："大人之教，若形之于影，声之于响。有问而应之，尽其所怀，为天下配。"庄子说："圣人的教化形式，就如自己的形状与影子一样不可分离；就如有声就能有响动一样；就如有问必然就会有回应一样，使其印记在心中，使天下人民认为圣人是与天德最为匹配之人。"这就是不言之教，不言之教是用自己的实际行动，用自己的美德，使人民受到教化，而自觉自愿地学习圣人的美好品德。

第三章

原文

不尚[1]贤，使民不争；不贵难得之货，使民不为盗；不见可欲[2]，使民心不乱。

是以圣人之治，虚其心[3]，实其腹[4]，弱其志[5]，强其骨[6]。常使民无知[7]无欲，使夫知者不敢为也。为无为，则无不治。

注释

①尚：崇尚。②不见可欲：不要显现可以引起欲望的事物。③虚其心：使心中无私、无过分的欲望。④实其腹：胸腹中充满为人民做有益之事的愿望。⑤弱其志：弱是减少；志：追求的目标。减少自己追求的目标。⑥强其骨：骨是骨气。品德高尚之人有骨气。强其骨，是增强道德品质而有骨气。⑦无知：知，智慧。无知，象征淳朴善良。

译文

若是不提倡崇尚贤者，就会使人民不争抢功名；不以高价收买很难得到的货物，就能使人民不为得到难得之货而去盗窃；不要显现可以引起欲望的事物，就能使人民心思不被扰乱。

这是因为圣人治理天下时，要使自己心中空虚无私无欲，但胸中却充满为人民做有益之事的愿望；减少自己追求的目标，增强自己的美好品德而有骨气。只有以这样无私无欲无言之教，才会使人民淳朴善良而无须产生更多的欲望；使人民和谐而不敢胡作非为。圣人以无为之道行事，行不言之教，则天下没有得不到治理的。

评析

这一章里老子阐述的是自然变化规律的另一特点，那就是无为之道。什么是无为之道呢？这个问题包括很多内容，老子指出："虚其心，实其腹，弱其志，强其骨。"这是无为之道的基本内容，也就是无私无欲，无私心杂念，以美好品德心怀为人民做益事的目的去作为；因为天地自然就是自然而然地为万物来带了益处，使万物得到生长、壮大、衰败的。

也就是说依照天地自然所体现出来的美善之德去作为；天自然而然无私地照耀温暖万物，地自然而然无私地承载孕育万物而不言其功劳，那么圣人效仿天地美善之德，自然而然地去治理国家人民，其目的不是为了给自己谋私利，而是为了给人民谋利益。天地有益于万物，而不言自己的功劳；圣人为人民谋利益也不标榜自己的贤能，不标榜自己的功德，也就是不提倡人民向自己学习，人民也就不会争抢功劳；圣人不为自己谋私利，也就不会看重那些难得的货物，人民也就不会为了得到难得之货而去冒险盗窃；圣人为了人民的利益，无私无欲，不争不抢，圣人的美好品德是人民效仿的榜样，人民就不会胡作非为。无为之道，就是效仿天地的美善之德，自然而然地去为人民做好事，而不是依照自己的想象或私欲任意作为，依照天地的美善之德，自然而然，就如天地有益于万物一样自然无私，天下的人民怎么会得不到治理呢？

这一章中，有一个需要注意的问题，那就是关于“虚其心，实其腹，弱其志，强其骨”的解释。老子在这里用了两个对比，虚心与实腹，弱志与强骨。“虚”，在这里是空虚、没有的意思；“实”，是充满；“腹”，是胸腹。“虚”，是心中没有私心杂念，没有为自己谋取私利的欲望；“实”，是胸腹之中充满了为人民谋利益的伟大愿望。“弱”，是减少；“强”，是增强，尽力；“志”，是心意，追求的目标；“骨”，是骨气，人的品质、气概。减少自己的私心杂念，增强自己的美好品德，这是说圣人治理国家天下，以无为之道，自觉自愿，公正无私地为人民谋求利益，而不是为了自己的私欲，为了自己的目的去作为，圣人以自己美好的品德为人民谋利益，使人民得到利益，而教化了人民，天下就会得到治理。

这里不能将“虚其心，实其腹”解释为圣人治理天下，是为了使人民填饱肚子，而应该是指圣人美好品德的表现，圣人心中充满了为人民做益事的信念，心中全都是人民的事情。圣人以自己的美好品德感化人民，而使天下得到治理，这是无为之道的表现形式，只有以自然无为之道去作为，国家人民才会得到治理，天下才会太平。

老子关于“不尚贤，使民不争”的论述，是为执政者的执政思想所论；也是对上古圣人治理天下时，圣人和人民淳朴敦厚的品质和当时大治时代社会实际状况的综述。正如《庄子·天地》曰：“至德之世，不尚贤，不使能，上如标枝，民如野鹿，端正而不知以为义，相爱而不知以为仁，实而不知以为忠，当而不知以为信，蠢动而相使，不以为赐。是故行而无迹，事而无传。”庄子说：“圣人治天下的圣德时代，不提倡崇尚贤者，不提倡贤能者被人学习，在上位的人就如民众的榜样，民众就如自由自在的野鹿，自然端正而不知道什么是义，人相互爱护而不知道什么是仁，诚实实在而不知道什么是忠，做应当做的事情而不知道这是诚信。自然地行动而相互役使，不认为这是恩赐。所以有行动而没有刻意的痕迹，有事迹而没有传播。”庄子在这里所说的是上古之时，人民因为淳朴敦厚，也因为圣人榜样的教化作用，对于仁义、忠信、孝顺等的观念还没有形成，也就还没有这样的概念，人民却能自然地表现出他们的端正、公正，相互爱护，说到就做到，遇到事情大家都会相互帮助，而不以为这是谁对谁的恩赐。因为人人都是这样淳朴善良，所以就不存在谁好谁不好这种观念，所以上古时期的人，就好治理，也就没有崇尚贤者、使用有德能之人的政令。正因为如此，那时才是真正和谐的社会，没有你我、上下之分的社会，是人人淳朴善良仁义孝顺忠爱的社会。

也就是说，无论是执政者还是人民，都能达到自然的淳朴善良，才是社会和谐的根本。后世之人，由于社会的变化，人的思维意识的进化，对事物认识能力的提高，思想就不会如上古之人那样自然的淳朴敦厚。所以要达到自然的淳朴善良，这就需要教化，需要学习，需要反复练习到习惯成自然，而达到自然淳朴敦厚的状态。也正如《周易·系辞》孔子曰："易，其至矣乎。夫易，圣人所以崇德而广业也。知崇礼卑，崇效天，卑法地。天地设位，而易行乎其中矣。成性存存，道义之门。"孔子指出，易学的目的是为了实现将天之固有善性，深刻地印记在人民心中，使人人有仁善之心，这才是实现道义的关键，这也是需要反复学习的缘由。

所以说，老子这一章也是对上古时代天下达到大治之原因的论述，也是老子对当时治国者的期望，期望当时的治国者学习上古时代治理国家天下的方法，期望当时的治国者能像上古圣人一样淳朴善良，而不要仅仅为了自己的私利去发动战争，危害人民。

第四章

原文

道冲①,而用之或不盈②。

渊③兮,似万物之宗④。挫其锐,解其纷⑤,和其光⑥,同其尘⑦。

湛⑧兮,似或存。吾不知谁子,象帝之先。

注释

①冲:冲击,冲撞。②盈:盈满,充满。③渊:深渊,深。④宗:本,根本;宗旨。⑤纷:纷乱,杂乱。⑥和其光:与日月一样光明。和:与;其:道。光:日月;光明。⑦尘:尘世。⑧湛:清澈;深,精湛。

译文

道虽然有很大的冲撞力,但是使用起来或许感到不充盈。

道渊深啊!似乎是万物化生的本源。挫败它的锐气,解析它纷乱的头绪,使其与日月一样光明,同尘世一起沉浮。

深沉啊,道!能与道相似,或者与道一起长存。我不知哪位君子,能像先帝一样使道明晰而长存。

评析

这一章老子对道的特点又做了一些说明。道的冲击力很大,但是使用起来却好像显得不明显;道博大深邃,是万物化生的本源;道精湛深沉。这些都是道的特点。老子对道的特点做了这么多的论述,他提出来,要我们挫败道的锐气,解析关于道的各种纷乱的头绪,使道变得明晰清楚,使道与日月一样光明,同尘世一起沉浮。那么有哪位君子能像先帝一样,能挫败道的锐气,解析道纷乱的头绪,使道能与日月一样光明,使道与尘世长存呢?这是老子对后世之人提出的问题。

老子生活于春秋末期,是比孔子年长的同一时代的人。老子时代,道德沦丧,天下混乱,古圣人创建的以天命治理国家天下的最高宗旨已经开始模糊,已经被治国者遗忘,所以老子才会用道德来概括升华天命的意义，所以老子才会怀着满腔期望提出来，希望有朝一日有哪位君子能够用圣人创建的无为之道治理国家天下，将道德的内涵清楚地揭示出来，将道德的意义发扬光大。

古代哲学家老子所看重的是，效仿道所显现出来的自然善性，效仿道的自然善性而作为，以有利于人民为目的。而之所以能够效仿道的自然美德，是因为对道有深刻的研究和领悟。老子之所以提出，有哪位君子能够以先帝所创建的无为之道来治理国家天下，使道明晰地显示出来呢？这是因为老子生活的时代，是春秋末期战国初期，那时东周的政势衰弱，诸侯之间的战争不断，其目的是为了称霸争王，先帝先王所创建的以天命治理国家天下的宗旨已经不能显示，所以老子才大声呐喊、号召，希望有一位君子能够像先帝先王一样，能以无为之道，自然自觉公正无私地去为天下人民的利益着想，不要为了自己争霸争王而不顾人民的死活。有谁能像先帝一样，使无为之道重见光明？老子的呐喊，并不是杞人忧天，而是对当时社会政治感到不安，深感天下混乱很可能使周朝衰弱的政治消亡，使人民饱受战争之苦，更有可能使先帝创建的治理天下的天命论丧亡，所以才会发出哀叹，发出呐喊，才写出《道德经》来记载、升华先帝的天命论，将先帝创建的天命论，升华概括为道德论，使其易懂而明了，期望能教化出一位真正的有道者；希望有道者能够出来治理天下这种混乱的局面，使人民得到安定的环境，安宁的生活，从战争的阴影中解脱出来，使古圣人创造的大道大放光明，使我们先祖已经实现过的太平盛世重新得到实现。

其实在老子时代，除老子自己以外，哪位君子都未能使道清晰地显示出来，虽然孔子用尽一生的精力实行教化，也没有教化出一位有道德的明君天子而使道德明晰起来。

纵观中华民族的历史，继西周之后，最早遵道德而治理国家天下的是汉文帝和汉景帝，他们取得了“文景之治”；继“文景之治”后，到唐朝的唐太宗李世民以道德仁义诚信治国而实现了“贞观之治”，唐太宗实现了孔子所说的三王时代的“天下为公的大同社会”的政治。但是中华民族在以后的几千年中，却再也没有出现就如“贞观之治”一样的真正的“大同社会”。人民在战乱和困苦中生活挣扎了几千年。

直到公元 1921 年以后，中华民族的历史上出现了中国共产党，出现了人民领袖毛泽东，出现了将马列主义与中国革命的实际相结合而创立的“全心全意为人民服务”的毛泽东思想。有了全心全意领导中国人民建设富强强盛的国家的中国共产党，有了如今的“小康和谐社会”的奋斗目标和光辉成果，才使我们的先帝先祖所创立的无为之道明晰地显现出来。毛泽东“全心全意为人民服务”的思想则是对“老子道德理论”的高度升华。中国共产党以毛泽东“全心全意为人民服务”的思想作为治理国家的最高宗旨，毛泽东“全心全意为人民服务”的精辟理论是与先帝所创建的无为之道的理论相一致的治国理论。正是中国共产党几十年的应用，使无为之道得以明晰并长存于当今之世，毛泽东就是老子所期望的那位解析道纷乱的头绪、应用无为之道治理国家天下的真君子！毛泽东的“全心全意为人民服务”的精辟理论明晰和应用了中华民族的传统道德并使之发扬光大，真正使中华民族重新屹立于世界民族之林，真正体现了传统道德的意义。

也正是因为中国共产党全心全意为人民服务的治国宗旨，全心全意强国富民、为人民谋求太平和谐的小康社会的实际行动和具体效果,才使笔者明晰了传统道德的真正含义,以及有了解析《周易》和《道德经》内涵的理论依据。只有中国共产党的政治和毛泽东"全心全意为人民服务"的思想才真正实现了老子的愿望。

第五章

原文

天地不仁，以万物为刍狗[①]。圣人不仁，以百姓为刍狗，

天地之间，其犹橐籥[②]乎！虚而不屈[③]，动而愈[④]出。

多言数穷，不如守中。

注释

①刍(chú)狗：草扎的狗，象征没有生命，象征死亡。②橐籥(tuó yuè)：风箱。③虚：空无，象征无为之道。屈：竭，尽。④愈：越，更加。

译文

天地若是不仁善时，就会把万物当做草扎的没有生命的狗一样；圣人若是不仁善时，不也就如天地一样，也会将百姓当做没有生命的草扎的狗。

天地之间，就如鼓风用的风箱，中间虽然空虚，但风却用之不竭；越是拉动风箱，风就更加层出不穷。

说话过多就会屡次出现言不由衷而无法穷究之语，所以还不如始终坚守自然无为的中正之道。

评析

在这一章，老子指出了事物的两面性，天地虽然有仁善、美好的一面，以光明温暖自然而然地照耀万物为常性，但也有不美善的一面，也就是不仁善的一面。老子用天地不仁善的一面，也就是说若是天地发生严重的自然灾害，如发生恶风暴雨，或者干旱无雨时，或者发生地动山摇的地震时，万物就会受到天地自然灾害的任意欺凌，使万物毁于一旦，而变成没有生命的东西；所以圣人就是圣人，圣人不效仿天地不仁善的一面，而是效仿天地仁善的一面，以仁善之心为百姓谋利益，来治理人类不仁善之处。假如圣人效仿天地不仁善的德行，也就会如天地的自然灾害一样，就使百姓时时处处遭受灾难，无法生存甚至死亡。所以说这一章里，老子主要是用假设、比喻，也就是用“象”这种文学表现手

法告诉我们，什么事物都有其两面性，不能用固定不变的眼光看待事物。我们既要看到天地自然变化对人类有益有利的一面，也要看到天地自然变化对人类对万物不利的一面，因为自然变化对人民不利的一面，是会对人类和万物带来灾难的，是人类极为厌恶而惧怕的，所以圣人就效法天地自然变化对万物对人类有利有益的一面，效仿天地自然所表现出来的仁善之德来为天下人民谋利益，使人民和万物得到益处，使人民生活得到安乐幸福。

那么如何做到以仁善之德为百姓谋利益，不使百姓遭受灾难呢？那就要效仿天地自然无为的道理，坚守无为而为的自然无为之道，不要说得多，说得好，而只要自然而然地效仿天地的仁善之德去作为就可以了。以自己为百姓谋求更多利益的美好德行，使人民得到更多的实际利益，就如用虚空的风箱鼓风一样，风箱之中虽然虚空，但是鼓风不绝。"虚空"在这里象征的是心中没有私心杂念，象征的是无为之道，而以自然无为之道为人民谋求更多的利益为得道。无为之道的表现特征是，没有自己的私心杂念或私利，有忘我的精神。心中所装所想的是顺应效仿天地自然之善德中正无私，以无为之道去作为，除此之外，没有别的，就是虚无。虚无便是自然无为之道，这是圣人效仿无为之道而作为的具体表现。这里不能将"虚无"理解为什么理想也没有，而要理解为没有私心杂念的无为之道，一心一意为人民利益着想。

第六章

原文

谷神[①]不死[②]，是谓玄牝[③]。玄牝之门[④]，是谓天地根[⑤]。绵绵若存，用之不勤[⑥]。

注释

①谷神：易学认为谷神是指阴阳之气，谷神在这里也是指老子所言的二生三之三。②不死：不灭绝，不消亡。③玄：天。牝（pìn）：万物之母。④门：关键。⑤根：根本，根源。⑥勤：忧虑；经常不断。

译文

天地阴阳之气不消亡，就叫做天地为化生万物之母。天地是化生万物的关键之物，也因此而知道了天地生成的根源。天地生成的根源与万物生成的关系连续不断或似明似隐，它的作用常存。

评析

老子在这一章对化生万物的天地阴阳之气的重要性进行了阐述。老子指出，只要天地阴阳之气不消亡，那么万物之母化生万物的功能就会源源不断。天地阴阳之气，其实是指太阳的光热和地球之水及万物之气的交会化合物。只要天地不消亡、不毁灭，天地永远存在，万物就会源源不断地化生。

万物化生的关键是天地阴阳之气的交合、适中。“谷神”，在这里是指老子所言的二生三之三，三是指天地阴阳之气的混合物。天之阳化生光明温暖，地之阴气与天之阳相交合，而变化出风云雨雪，滋润变化万物，使万物得到化生。天地阴阳之气是万物化生的根源，而天地化生万物的过程和途径也是天地之母化生天地的过程和途径，也就是说天地和万物都是自然生成，自然存在，自然变化的；天地阴阳之气也是自然而然地变化生成的。这也就更明确地指出，只要天地不消亡，天地永远存在，那么万物就会因为天地的长存而源源不断地化生。

正如《周易·系辞》曰："乾坤其易之缊邪。乾坤成列而易立乎其中矣。乾坤毁则无以见易。易不可见，则乾坤或几乎息矣。"易学指出，只要天地不消亡，易学所阐述的道理就会永远存在，而若是天地毁灭了，易学所阐述的道理也就不存在了。同样，只要天地不消亡，那么天地化生万物的过程就会永远持续，万物也就会不断化生，不断消亡，自然变化规律也就永远体现在其中了。

老子和易学所论述的是天地阴阳之气对于化生万物的重要性，只要有天地长存，万物就会源源不断地化生。因为我们人类所能感知的是宇宙存在期间万物变化的过程和结果，但是乾坤毁灭了，宇宙万物又是如何形成的问题，这不是老子所要论述的问题。老子所论述的是宇宙存在时的自然变化规律，是宇宙万物化生的过程。这也正是第七章所要论述的问题。易学之论，也是对老子之论的肯定和传承。

第七章

原文

天长地久，天地所以能长且久者，以其不自生[①]，故能长生。

是以圣人后其身[②]而身先[③]，外其身[④]而身存。非以其无私[⑤]邪？故能成其私。

注释

①不自生：指自然生存。②后其身：将自己的利益放在后面。③身先：身先士卒。④外其身：将自身的利益放在人民利益之外或者置生死于其外。⑤私：自己。

译文

天地长久存在，天地之所以能长久存在，是因为天地不就是自然生存的吗？所以才能长久生存。

所以圣人为人民做事情，总是以自然无为之道自然而然地将自己的利益放在人民利益之后，所以就能身先士卒；自然而然地能将自身的利益放在人民的利益之外，所以就能使其声名长存。之所以能声名长存，无非是他们没有私心而已，所以就能成就自己的声名。

评析

这一章，老子论述了天地长久存在的原因，就是天地的自然变化规律使天地自然长存，天地的各种变化、各种美善之德都是没有思维、没有目的，都是自然变化规律的表现。天地是自然生成自然存在的，所以才能长久；这也是在说明自然无为之道的重要性。正如《礼记·哀公问》曰："敢问君子何贵乎天道也？"孔子曰："贵其'不已'。如日月东西相从而不已也，是天道也。不闭其久，是天道也。无为而物成，是天道也。已成而明，是天道也。"哀公问孔子："君子为什么要重视尊奉天道呢？"孔子说："这是尊奉它的永恒不止。比如日月东升西落永远不停止，这是天道。畅通无阻，天长地久，这是天道。天道自然无为而成就了万物的化育，这是天道。天道无休止地成就万物而且非常显明，这是天道。"

这是孔子对天道的认识,孔子认为天道是自然而然地天长地久,是自然而然地成就万物的化育,成就万物化育的功能永无休止而且明显。这也是孔子对什么是天道的论述,也是对老子关于"天道"的具体解释。

天地是自然生成自然存在的,所以天地就能长久。因此圣人就效仿天地自然变化规律所显示出来的使万物自然而然地得到益处,得到生长化育的自然无为的美德,为人民做益事,圣人为人处事总是能自然而然地将自己的利益放在人民利益之后,身先士卒率先去作为,而真正使人民得到了益处,得到了利益;正因为如此,就如天地一样,因为自然而然地表现出来的善德,使人民得到益处,人民就不会忘记那些为人民谋利益的君子,那些为人民谋利益的君子,就能永远活在人民心中,所以就能如天地一样永世长存。所以说,老子在这一章所论述的是君子如何效仿自然无为之道而作为的方式之一,那就是自然而然地公正无私地将自己的利益放在人民利益之后,率先去为人民谋利益,使人民真正得到了利益而不居功自傲,不自以为是,这样才能感化人民,人民就会永远不忘记这些为人民谋利益的人,而使这些为人民谋利益的人永远活在人民心中。比如自古以来为人民谋利益的神农、大禹、周文王,后世的岳飞以及近代的革命英雄刘胡兰、黄继光、董存瑞,还有新中国的不图名不图利的雷锋,以及那些舍己为人的各位英雄等,这些为了人民利益而不辞辛劳甚至不惜牺牲自己性命的古今之人将永远活在我们的心中,不就是天长地久吗?

第八章

原文

上[①]善若水。水善利万物而不争，处众人之所恶，故几[②]于道。

居[③]善地，心善渊[④]，与[⑤]善仁，言善信，政[⑥]善治，事善能[⑦]，动[⑧]善时。

夫唯不争，故无尤[⑨]。

注释

①上：最上的，上等的。②几：几乎，将近。③居：处在，位于。④渊：深，深邃。⑤与：给予，这里是施行之意。⑥政：政令。善，仁善，好。治：治理。⑦事：事情，做事。能：亲善、和睦、顺从。⑧动：行动、感动、感化。⑨尤：罪过，过错。

译文

最仁善者就如水一样。水善于滋润万物而不与万物争先后，水总是从众人所不喜欢的山谷、石涧、河谷流向低处，所以水的特性几乎与道的特性相近了。

处于仁善之地，心底的仁善深远悠长，善于施行仁德，说话交往和善、坚守诚信，政令善则国家好治理，做善事就能亲善，常常行善，随时行善。

所以只有与世无争，因此才不会有过失。

评析

这一章，老子用水的特性来说明无为之道的特点，说明君子以无为之道而作为就能做到与世无争的道理。水善于滋润万物，而水的自然本性总是从高出向低处流，不与万物争高低，所以水的品德是与世无争、柔顺而有利于万物。

君子时时处处以无为之道行事，就如水的品德一样，居于仁善之地，心底的仁善之德就如水一样源远流长，时时处处施行仁善之德，给民众谋求利益，说话做事坚守诚信，善于以公正无私的无为之道治理国家，以德能处事，做善事就能亲善和睦，而且时时处处行善积德，善于以自己的美好行动感化人民，为人民做了益事，从不显示自己的功德，就如水的本性一样，对万物有益却从来只会从高处向低处流，不与万物、与人民争高低，只有这样才能做到与世无争，因为君子施行的是仁德，做的是仁善之事，坚守的是诚信，把握的是时时处处不忘施行仁德，时时不忘无为之道，所以就能做到与世人无争，也只有与世人无争，才不会有过失。老子所说的与世人无争，是要以自己美好的品德为人处事，别人就没有理由与他相争，也就没有人与他相争；君子处处施行善德，而处处又像水向低处流一样，不显示自己的仁善之德，当然就能做到不与世人争上下先后、争利益了。所以这里一定要明白与世无争的条件，是以自己的美善之德为人处事；以自己的美德使别人信服；以自己的美德使人民得到益处。假如一个人时时处处以自己的利益为先，不顾他人的死活，不顾人民的利益，不顾国家的利益，他能做到与世无争吗？当然不能了，他所做的只是与世相争，而使自己陷入是非之中不能自拔而已。

正如《庄子·天道》曰："静而圣，动而王，无为也而尊，朴素而天下莫能与之争美。夫明白于天地之德者，此之谓大本大宗。"庄子说："清静无为者是圣人，无为而为者王天下，无为者却受到尊敬，朴素淳朴敦厚仁善至极而天下没有人能与之争夺美德。若是明白了这是天地之德，就是明白大根本大宗旨了。"庄子所言的圣人之静，是指其心不被外物扰乱，就是虚无的无为之道；所言的"动而王"之动，是静中有动，是以无为之道而作为，圣人以无为之道而作为，为人民做益事，就会受到人民的尊敬爱戴，而为天下王，因为圣人为人民利益而作为，不是为了自己而作为，就如水利万物而不争一样，圣人不与人民相争，所以天下就没有人与之争，也没有忧患。庄子同时指出，若是明白了清静无为而为的道理就是有天地之德的人，就是明白了这是无为之道的大根本大宗旨了。庄子之言，正是对老子这一章的解释，因为圣人君子有极大的就如天地一样的自然美德，而又如无为之道一样不刻意显示自己，所以就没有人能与他相争，而圣人的自然美德，是无为而为的自然之道成就的，所以说，老子和庄子仍然是在阐述自然无为之道的特征。

第九章

原文

持[1]而盈[2]之，不如其已[3]。
揣[4]而锐[5]之，不可长保。
金玉满堂，莫之能守。
富贵而骄，自遗[6]其咎[7]。
功遂[8]身退，天之道也。

注释

①持：持身，立身处世。②盈：自满。③已：停止。④揣：怀藏。⑤锐：急速。⑥遗：遗留。⑦咎：祸患，灾祸，过失。⑧遂：成就，于是。

译文

要立身处世但却自我满足，不如停止自我满足。
怀中揣着很多财物但却急速地耗费这些财货，是不可以长久保持财货的。
虽然金玉满屋，但是没有谁能够守得住。
富贵而骄横无德，这是自己给自己遗留祸患。
功成名就于是就及时隐退，这是天道之自然。

评析

这一章，老子用对比的形式，说明自然无为之道的另一特征。那就是满而不盈，藏而不露，富贵不骄，成就万物而不自我显现，功成名就及时隐退。

天道总是自然而然地尽量给万物以光明温暖，给万物以适时适量的雨露；地之道，总是自然而然地藏纳负载万物；天地辅助成就万物的化育及成长衰败，而从来不显露自己的功德。这就是天地之道。所以老子指出，如果一个人要立身处世于社会，但又自满自傲，这是不可以的；如果一个人有很多财物，却又想要急速地将其耗费掉，那是不能长久保存财物的。因为自古以来，金玉满堂的人家，没有谁能将它守住而不遗失的。所以就要做到天道之自然无为，就要满而不盈，藏而不露，富贵而不骄横奢侈，不自我显耀，就不会给自己遗留祸患；成就功业后，就及时隐退，也就是功成名就而不居才能长久的道理。

老子这一段文辞，其实是告诉我们做人的道理，无论是什么人，什么时候，都应该要有满而不盈、谦虚谨慎的品德，不要骄横自满，不要自私自利；要以自然无为之道作为我们为人处事的基本原则。若是违背自然无为之道而作为，那就是自己给自己遗留祸患，自取灭亡。功成名就及时隐退，这是符合天道之自然的作为。

老子之教，对于我们每一个人都是为人处事的金玉良言。

第十章

原文

载营魄[①]抱一[②]，能无离乎？

专气致柔[③]，能如婴儿乎？

涤除[④]玄览[⑤]，能无疵[⑥]乎？

爱民治国，能无为乎？

天门[⑦]开阖，能无雌[⑧]乎？

明白四达，能无知[⑨]乎？

生之，畜[⑩]之，生而不有，为而不恃[⑪]，长而不宰[⑫]，是谓玄德[⑬]。

注释

①载：装满，充满，承受。营：是指人体内的精气、血液、液体。魄：体魄，身体，组成人体的肌肉、骨骼等组织。②抱一：合在一起。③专气致柔：集中所有的气息，达到柔软。专：专门，集中。气：元气，营气，精气。④涤除：洗涤，去掉。⑤玄：黑色。览：古代用来照影子的镜子。览，这里是审查，照见。⑥疵：缺点，过失，瑕疵。⑦天门开阖：是指四时昼夜的变化，就如乾天打开或关闭了门户一样。也是说白天的到来，就如乾天打开了门户一样，使天地间一片光明；黑夜的到来，就如乾天关闭了门户一样，使天地间一片黑暗。天门在这里只是一个太阳自身变化规律的比喻辞而已。阖：是关闭的意思。⑧雌：母性，这里象征天地化生万物的过程。⑨知：智慧。⑩畜：养育；蓄养。⑪恃：依靠，依赖。⑫宰：主宰。⑬玄德：天德。玄：在这里是指天、天空。

译文

人体的营卫、精气血与魂魄是自然而然地装载在一起，它们能分离开吗？显然是不能的。

集中所有精气血而达到柔软，那么能达到像婴儿一样柔软吗？显然是不能的，因为婴儿是自然生成的柔软。

将黑色不干净的镜子洗涤干净来查看，还能发现镜子上的瑕疵污点吗？当然不能。

爱护国家治理人民，能不用自然无为之道来治理吗？当然是非用不可了。

只有天之阳的运动变化，而无地之阴的运动变化相合，天地能成为化生万物的万物之母吗？当然不能。

明白通达天下四方的道理，能不用智慧吗？当然不能。

所以道化生万物，养育万物，但是化生万物而不自以为有功；资助万物生长化育而不依赖万物，使万物成长而不主宰万物，这就是天德。

评析

老子在这一章仍然用对比的方法，来说明自然无为之道的独特意义，无为就是自然而然显示出来的特征。比如人的体魄与营卫、精气血、骨骼肌肉皮肤总是自然而然地配置在一起的自然人体，也就是说，人天生就是这样组合的，它们是不能任意分离的自然物质，将人体这些物质分离开来，就不是有生命的人了。

一个人无论怎样努力，使自己达到柔软，可是仍然达不到婴儿一样的柔软，因为婴儿的柔软是自生以来就自然存在的柔软，人为达到的柔软，是不能与婴儿的柔软相比的。

将镜子洗涤干净，再来察看镜子的瑕疵，还能看见镜子上有污点吗？当然不能。作为治理国家人民的君主，要想做到爱护国家人民，治理好国家人民，就必须以自然无为之道，公正无私、自然自觉地去为人民谋利益，使人民安乐幸福，这才是爱护国家人民的表现；如果治国者不能够如此，而是骄横自大，只为自己的私利而坑害人民，这能算是爱国安民吗？当然不是了。

只有天阳自身的变化而无地阴的变化，天地能成为化生万物的万物之母吗？当然不能，只有天地阴阳之气自然交和，氤氲在一起，才能化生万物，天地阴阳之气相合化生万物，天地才能成为万物之母。如果是一个愚笨的人，能通达天地万物天下四方变化的道理吗？当然不能，所以通达明了天地万物四方变化之理的人，必然是有高度聪明智慧的人。有高度聪明智慧的人，当然是指圣人了。圣人依照天地万物和人的常理而为人处事，依照天道所表现出来的常德而治理国家天下。

老子在这里用天门独自开合，不能化生万物的道理；用明白通达天下的道理，需要智慧的道理，说明了道与德的关联性。地之阴得到天阳的资助才能发生变化；天之阳得到地之阴的资助，才能变化风云雨雪，天地阴阳之气的共同资助，才能使万物得到化生，发展壮大；天地阴阳之气相合，才能成为化生万物的万物之母。所以圣人效仿自然无为的天道去作为而不恃功自傲，这就是圣人之德，也是天德。这就是说，要想有德必须要遵循自然无为之道去作为，离开自然无为之道而作为者，就不会有仁德，也不会有功德。

通过这一章的分析，就更充分说明仁德的蓄积，离不开自然无为之道。也是说，道与德是相辅相成，相依相从，不可分离的。因为无为之道的基本点是公正无私，一个公正无私的人，处处时时以人民的利益为最高宗旨，他的美德能不越积越高大、越积越深厚吗？正如《周易》坤卦象辞曰："君子以厚德载物。"君子要像坤地自然而然毫无怨言地承载藏纳万物一样累积自己的美善之德，累积到就如坤地一样深厚广大，便是施行了天地之德。

第十一章

原文

三十辐[①],共一毂[②],当其无,有车之用。

埏埴[③]以为器,当其无,有器之用。

凿户牖[④]以为室,当其无,有室之用。

故有之以为利,无之以为用。

注释

①辐:车轮的辐条。②毂(gū):车轮中间连接辐条的装置。③埏埴(shān zhí):用水揉和黏土。这里是指制造陶器的模具。④户牖(yǒu):门窗。

译文

三十条车辐,共同汇聚装置在一根车毂上组成了车轮,但当车轮飞快运转时就好像没有车辐一样,其实是因为有了车轮、车辐、车毂的共同作用才使车有了用处。

将陶泥放在事先制好的模具中制成陶器,而使用陶器时却不显示模具的功能,所以才有了陶器的功用。

修建房屋时开凿门窗,而人居住时,却要关闭门窗就好像没有门窗一样,这才有了房屋的用处。

所以说,有是指有利有用的具体物质,无是指对有利有用的物质形成的功能而言,无和有是相互依存相互化生的作用。

评析

这一章,老子通过极为普通的自然常识来说明自然无为之道更深层的道理。无,是指自然无为本身的作用,也是指道的存在作用;有,是指自然无为使万物得到了益处而有了万物的存在,也就是说由于有了道的存在,才有了万物的存在。正如老子所指的车与车辐、陶器与陶模、房屋与门窗一样,人在使用这些器物时,所使用的是这些器物的功用;而成就了这些器物功用的车辐、模具、门窗,在使用时却好像不存在一样。

这就是有与无的相互关系。发挥作用的虽然是“有”——具体的器物，但若是没有成就这些具体器物之器物的功能，就不会有具体的器物。车辐是车轮的组成部分，门窗是房屋的组成部分，而陶模则是陶器的生成之母。这就充分说明，有与无，无与有二者是相互依存而不可分离的。

这也更进一步说明道与德的关系，道就如车辐，就如模具，就如门窗，是使万物得到益处，使人民得到利益，使君子累积德行，使国家天下得到治理的必经之路、必然途径和方法；没有道，没有为人民谋求利益的方法，就不会使万物得到益处，就不会使人民得到利益，君子就不能累积仁德，国家天下就不能得到治理。道，是实现德的基本方法，只有通过道的功能，才能实现德，才能使万物得到益处，人民得到利益，道与德二者是相依相从，互为其根，不可分离的。

通过这一章的研究，就能更清楚地理解老子之道是什么，老子之德是什么了，道是实现德的具体方法、过程、途径，德是依照道去作为而得到的必然结果，就是使人民得到具体的益处、利益，得到安乐。

第十二章

原文

五色[①]，令人目盲；五音[②]，令人耳聋；五味[③]，令人口爽[④]；驰骋畋猎[⑤]，令人心发狂；难得之货，令人行妨[⑥]。

是以圣人为腹[⑦]不为目，故去[⑧]彼取[⑨]此。

注释

①五色：五种色彩，赤、青、黄、白、黑。②五音：五种音律，按照五音长短的顺序为：宫、商、角、徵、羽。③五味：五种味道，酸、苦、甘、辛、咸。④爽：败坏。⑤畋（tián）猎：打猎。⑥妨：妨碍，损害。⑦为：为了……目的。腹：肚子，比喻中心部分，怀抱。⑧去：去除，去掉。⑨取：取来，拿来，选取。

译文

五色缤纷色彩繁多，令人目眩而昏暗；五音嘈杂使人听觉混乱而分辨不清；五味混杂使人口味败坏；纵马疾驰打猎，令人心气狂乱；不容易得到的稀有之物，会对人的行为带来伤害。

所以圣人胸腹中充满了为天下人民安定的生活而作为的目的，不是为了满足耳目之欲去作为。这是去掉无用的不利于人民的事物，而取其有益的有利于人民的事物去作为的道理。

评析

这一章，老子用对比的方法，说明无为之道的自然特性，五色自然平和而悦目，五音自然平和悦耳动听，五味自然平和而使味道纯美；可是人为地将五色混乱，五音混杂，五味混合在一起，就会起到相反的作用。所以，还是以自然平和为好。正因为如此，圣人胸腹中充满了为人民谋利益而作为的目的，就是为了安定天下人民，使人民有安定舒适自然的生活环境，而不受外因的干扰，使人民的心气不紊乱，不使人民的生命受到伤害，而得到安乐太平的生活。

这里老子用杂乱的五色、纷乱的五音、飞马狂纵追逐猎物以及猎奇稀奇之物和少见之器对人所引起的伤害，说明自然平和的意义，因为自然界的一切变化，包括天道，地道的变化，均以保证平和为正常，为本性。正如《周易·乾·彖辞》曰："乾道变化，各正性命，保和大和，乃利贞。"又如坤卦卦辞曰："安贞，吉。"乾卦彖辞指出，乾天的变化包括风云雷电雨雪、昼夜、四时，各自以正常为本性为命令，保证阴阳之气相交相合平和、太和、天下太平，就有利于万物正常化育。

坤卦卦辞指出，坤地的变化，以坤地安稳安静、顺应天时，永远不要做剧烈运动为常，对人类对万物都吉祥如意。天地交泰，风调雨顺，万物和谐，天下就会太平安乐。天道地道的变化太过或不及，均会有灾难发生。那么人道也理应如此，以平和、中和为基本原则，正如《中庸》曰："中也者，天下之大本也；和也者，天下之达道也。致中和，天地位焉，万物育焉。"

所以老子特别指出："难得之货，令人行妨。"假如为了得到稀有的很难得到的货物，因为稀少难得，就容易发生争夺、偷盗而害人害己，不但使自己受到伤害，也使别人受到伤害，经常争夺混乱，破坏了中正平和的原则。所以圣人君子以自然无为之道去作为，去为人民谋利益，而要实现这些，最好是去掉无益无用的，不利于人民的安静平和与天下太平的事物，然后作为，使其不对人民造成伤害。

正如《庄子·天地》所言："夫失性有五：一曰五色乱目，使目不明；二曰五声乱耳，使耳不聪；三曰五臭熏鼻，困惾（zōng）中颡；四曰五味浊口，使口厉爽；五曰趣舍滑心，使性飞扬。此五者，皆生之害也。"庄子指出，以上五者太过，失去原来的本性，就会对人民的生存造成危害，所以凡事物应以平和为要，也就是以保持其自然本性为原则。这也是庄子对老子之言的具体解释，庄子对五色、五声、五臭、五味、五趣的危害做了解释。其中的"趣舍滑心"，趣舍，是取舍之意，就是随心所欲取得自己喜欢的东西，以及随意舍弃自己不喜欢的事物，那样会扰乱人的心性。其实庄子之言，应该是对老子所言的进一步解释，如凭着自己的兴趣爱好纵马打猎和贵难得之货，对人的心情和行为有妨害。

所以圣人以自然无为之道为人民谋利益的目的，是为了使人民不受到伤害。为了达到这个目的，就得去除对人民无益无用的成分，取其有益有用的努力去发展作为。其实对人民有益有用的事物当然主要是衣食住行的问题，使人民的衣食住行达到一定的水平，使人民的衣食住行不受到阻碍而能得到相应的满足，这是自古以来的圣明君王治国所力求解决的问题。而真正能够做到使人民衣食住行安定和乐者，只有那些能以自然无为之道为人民谋利益的执政者，这从中国古代的二皇五帝三王治天下的经验，以及所达到的天下太平安乐的美好社会的历史记载就能看到。因此这也是以自然无为之道治理国家天下的伟大意义。它是关乎人民能否安定和乐生活的重大问题，所以治理国家天下者，必须要以公正无私的自然无为之道去作为，才能实现天下太平安乐的目的。

这也是"是以圣人为腹不为目，故去彼取此"的重要意义，也是圣人治理国家天下的目的。因为圣人胸中充满了为了人民的安乐幸福而作为的目的，而不是为了满足自己的耳目鼻口之欲，也不是为了自己而作为，所以才能治理好天下。这也是老子反复论述自然无为之道的目的。

第十三章

原文

宠辱若惊[1],贵[2]大患若身。

何谓宠辱若惊?宠为上[3],辱为下[4],得之若惊,失之若惊,是谓宠辱若惊。

何谓贵大患若身?吾所以有大患者,为吾有身[5]。及吾无身[6],吾有何患?

故贵以身为天下,若可寄天下;爱以身为天下,若可托天下。

注释

①宠辱若惊:受到宠爱或屈辱都会惊慌失措。宠:宠爱。辱:屈辱,侮辱。②贵:重视,看重。在这里形容惧怕。③上:高上,上位,上等。这里是形容得到宠爱的荣耀。④下:差,低下;下贱,下流。这里是指受到的侮辱、屈辱就如低下低贱一样。下,其实是对“辱”本身含义的形容。⑤吾有身:我心中只有我自己。身:自己。⑥吾无身:我心中没有我自己。

译文

人受到宠爱或屈辱都会惊慌失措,这是因为很惧怕大祸临及自身。

什么叫受到宠爱或屈辱都会惊慌失措呢?宠,就是受到宠爱而荣耀高贵;辱就是受到侮辱而低贱,也就是受到宠爱或屈辱都会惊慌失措;失去宠爱或屈辱同样还会惊慌失措,这就是宠辱若惊的含义。

为什么会那么重视大祸临及自身呢?我之所以惧怕有大祸患临及自身,这是因为我心中只有我自己。到我心中没有我自己时,我还会害怕什么祸患临及自身吗?

所以,以重视天下人民的利益为自己利益的人,或许可以将治理天下的愿望寄托于他;以爱护天下人民的生命如自己生命一样的人,或许可以将治理天下的重任托付于他。

评析

这一章,老子对宠辱若惊的原因做了分析,为什么得到宠爱和屈辱时,都会感到惊慌失措呢?这是因为自己心中有私心,想到的只是自己的得失,并不是以公正公平的原则衡量受到宠爱和屈辱的问题。如果以自然无为之道为人处事，自己做到公正公平无私，那么无论是得到上级的喜爱、升职还是得到上级的贬斥而降职，又有什么惊慌失措呢？因为自己问心无愧，就如《论语》子张所言："令尹子文三仕为令尹，无喜色；三已之，无愠色。旧令尹之政，必以告新令尹。"子张说："令尹子文三次做令尹，没有兴高采烈，三次罢官没有怨言，而且还将自己做令尹所制定的政令全部告诉新令尹。"这是因为子文心中无愧又有什么害怕担心的呢？《论语·微子》曰："柳下惠为师，三黜。人曰：'子未可以去乎？''直道而事人，焉往而不三黜？枉道而事人，何必去父母之邦？'"《论语》说："柳下惠做法官，三次被罢官。有人对他说，你就不能离开鲁国吗？柳下惠说：'以正直无私处事为人，在当今社会中，到哪里去能不被罢官呢？若是要想歪曲真理，混淆是非处事，何必离开自己的故乡呢？'"子文和柳下惠，心中无私，正大光明，升官与罢官，荣耀与屈辱对他们都是无所谓的事情，他们心中所想的是正直无私以对自己的事业，所以他们心中不惧怕就不会惊慌失措。

所以老子指出：只有那些没有私心，而能以天下人民的利益为己任，以爱护天下人民的生命为自己生命一样的人，才可以将治理天下的重任托付给他。这里也是老子在进一步说明天道的特征，那就是公正无私。乾天无私地照耀温暖万物，覆盖万物，其变化的风云雨雪滋润资助万物的生长化育；坤地无私承载孕育万物，化育万物；圣人效仿天地自然公正无私的无为之道，而作为治理国家天下的最高纲领：奉行公正无私自然无为之道，使人民得到利益，得到安乐和谐的生活，是谓"道德"。所以说只有有道德者，才能担负起治理天下的重任，才可以将治理天下的重任托付给他。

正如《庄子·在宥篇·二》所言："故君子不得已而临莅天下，莫若无为。无为也而后安其性命之情。故贵以身于天下，则可以托天下；爱以身于天下，则可以寄天下。"庄子的这段话，其实是对老子这段经文的解释。庄子说："君子万不得已而君临天下时，不如就以无为之道君临天下。以无为之道君临天下而将自己的身家性命置之于度外。所以，以贵重自己的生命一样为天下人民的人，就可以将治理天下的重任托付于他；以爱护自己的生命一样为天下人民的人，就可以将治理天下的愿望寄托于他。"这就是说只有公正无私者，人民才会将治理天下的重任托付给他。

其实中华民族自古至今，只有我们伟大的中国共产党人，才真正做到了以爱护人民的生命胜过自己的生命，以人民的利益高于一切，以全心全意为人民服务为最高宗旨，所以人民才会将治理国家天下的重任寄托在中国共产党人的肩上，而在毛泽东思想指导下的中国共产党才是老子所期望的真正担当统领和治理中华民族的治国者，"故贵以身为天下，若可寄天下；爱以身为天下，若可托天下。"老子所期望的终于实现了，可是如何完成这个艰巨和重大的责任，这是需要中国共产党和全国人民共同努力的事情，而且更加说明传统道德的重要意义。

正如毛泽东所言："我们的责任，是向人民负责。每句话，每个行动，每项政策，都要适合人民的利益，如果有了错误，定要改正，这就叫向人民负责。同志们，人民要解放，就把权利委托给能够代表他们的、能够忠实为他们办事的人，这就是我们共产党人。我们当了人民的代表，必须代表好。"

第十四章

原文

视之不见，名曰夷[①]；听之不闻，名曰希[②]；搏[③]之不得，名曰微[④]。此三者，不可致诘[⑤]，故混而为一[⑥]。其上不皦[⑦]，其下不昧[⑧]，绳绳[⑨]兮不可名，复归于无物。是谓无状之状，无物之象，是谓惚恍[⑩]。迎之不见其首，随之不见其后。

执古之道，以御[⑪]今之有。能知古始，是谓道纪[⑫]。

注释

①夷：无形。②希：无声。③搏：捕捉，击打。④微：微小，无形状。⑤致：穷尽，竭尽。诘：追问，追究。⑥一：道，道生一，也可以指太极生成的自然过程。⑦皦(jiǎo)：明亮。⑧昧：昏暗，没有影子。⑨绳绳：度量、衡量。⑩惚恍：似有似无，时现时隐。⑪御：驾驭，御驾。⑫道纪：准则，纲领。

译文

看又看不见的事物，就叫做无形；听又听不到的事物就叫做无声；捕而捉不到的事物，就叫做无状。如此三种无形、无声、无状的事物，是不可以无穷尽地追究它的，所以就将其混在一起称之为“道”吧。由于它上面不明亮，所以下面也就没有影子，无形无影，无法度量也无法称名，最终还是归于无物状态。这就是无形、无状、无物所表现出来的现象，这就是似有似无，时现时隐，确实看不清楚但又确实存在的现象。说它确实存在而且感到它迎面扑来，却又看不见它的头；追随而去，却有看不见它后面的形状，这就是道所表现出来的形象。

持古圣人所创建的大道，以为现今拥有国家天下者，驾驭治理国家天下的常道。能知晓古圣人创建应用道治理天下的始末，就是知道了治理天下的基本纲领。

评析

老子在前几章对道所具备的特征做了揭示后，在这一章对道的基本形象做了揭示。老子所揭示的道的形象，就是自然变化规律的表现形式和特点。无论是古代人，还是现代人，尤其是现代自然科学家，经常谈论自然变化规律，而自然变化规律是什么样子，什么形象呢？即使是现代自然科学家，也未见对自然变化规律的形象有过如此逼真形象的描述。

恩格斯在《自然辩证法》中指出："自然界中的普遍性的形式就是规律，而关于自然规律的永恒性，谁也没有自然研究家谈得多。"恩格斯说，关于自然变化规律的永恒性，谁也没有自然研究家谈得多，可是这些谈论自然变化规律的永恒性最多的自然研究家，却没有人能够指出自然变化规律的基本形象或者样子是什么；更别说自然变化规律的研究者对自然变化规律的形象做出如此具体生动的描述。而中华民族两千多年以前的老子却做到了，老子不但是对天地万物生成过程的第一个描述者，而且是对自然变化规律的具体形象的描述者。而在老子的笔下，那个无形、无声、无状、无影、无法度量的自然变化规律的形象就呼之欲出。老子所描述的道就是自然变化规律。自然变化规律在无形无声，无状无影的情况下，化生了万物。这也应该是中华民族的"天下第一"之三了。

这就是说，自然变化规律只能领悟到而不能看到。所以道，也就是老子对自然变化规律的领悟和效仿。道既然是自然变化规律变化万物的过程，那么治理国家天下者，也就要如可以领悟到，而看不见、摸不着的道一样，自然、自觉、公正无私，毫无怨言地以道作为治理国家天下的最高纲领，去为人民谋利益，使人民得到安乐太平，这是老子论道的目的。不过老子不是一个专门研究自然的自然科学者，他是一个时刻关心国家民族命运的哲学家，所以，他论道的目的是在传授道，是在教化、启发那些无道者，或者希望有无为之道的仁者，能够继承并发扬光大先帝先祖创建的无为之道，并应用道来治理拯救已经饱受战乱、还没有明主出现的春秋时代的国家人民。

老子特别指出："执古之道，以御今只有。"就是在呼吁治国者，持古圣人创建的自然无为的治国之道，来驾驭治理当时混乱的国家天下，以实现先王已经实现了的太平安乐的和谐社会。可是在老子时代，老子的期望、老子的教化，都没有实现，这是老子的心病。老子时代和老子之后的长期战乱，使得人民饱受了战争之苦，这是中华民族的不幸。

老子在这里指出："是谓无状之状，无物之象。"他所描述的这个事物现象，不是指某一个具体事物的形状，也不是某一个具体事物的现象，而是指所有事物变化过程所体现出来的现象；这个现象，就是我们所说的自然变化规律所表现出来的自然现象。从老子的描述中，我们就更能具体地看出老子之道就是自然变化规律，是自然变化规律所体现出来的自然善性，而不是别的什么事物，这一点我们应该搞清楚。老子论道的目的，是为了教化我们学习领悟无为之道，懂得推行无为之道，并不是为了研究探讨自然科学知识。老子利用自然科学知识，只是他论述问题的一种方法而已；也是通过对自然无为之道的论述，期望能有有道者实行先帝所创建的自然无为之道治理国家天下，拯救人民于水深火热之中。

第十五章

原文

古之善为士者，微妙玄通，深不可识。夫唯不可识，故强为之容。

豫[1]兮，若冬涉川[2]；

犹[3]兮，若畏四邻；

俨[4]兮，其若客；

涣[5]兮，若冰之将释；

敦[6]兮，其若朴[7]；

旷[8]兮，其若谷[9]；

混[10]兮，其若浊[11]；

澹[12]兮，其若海；

飂[13]兮，若无止；

孰能浊以静之徐[14]清？孰能安以动之徐生？

保此道者，不欲盈[15]。夫唯不盈，故能蔽[16]而新成[17]

注释

①豫：事先准备；犹豫不决。②涉川：涉水过河。③犹：特别担忧。④俨：恭敬、庄敬。⑤涣：涣散，流动。⑥敦：敦厚，厚道，勤勉。⑦朴：淳朴，朴实。⑧旷：明朗，开朗，广阔。⑨谷：美好，善；山谷。⑩混：混沌。⑪浊：浑浊。⑫澹(dàn)：安定，静。⑬飂(liáo)：疾风。⑭徐：缓慢。在这里应该是一个象征词，因为缓慢的过程，需要时间，所以是“徐”，也可解释为“时时”。⑮欲：想要，希望；图，求。盈：满，自满。⑯：蔽：通“敝”，破旧，衰败。⑰成：成就新事物。

译文

古时善于运用施行道的有道之士，因为对道的理解认识深刻明了，对道的应用微妙而通达，他总是深藏不露不易让人认识到有道者的特征。因为有道者深藏不可认识，所以只能勉强对其形容描述如下：

犹豫不决啊！就如寒冬涉水过河一样小心谨慎；

担忧啊！就好像畏惧四邻随时会发动进攻似的；

庄重恭敬啊！就好像时时处处都在做客待客一样；

涣散啊！就好像冰块随时要融化的样子；

敦厚勤勉啊！就好像从未修饰过一样质朴无华；

明朗开阔啊！就如美好的深谷一样开阔宽广；

混沌啊！就如浑浊不清的水一样看不见底；

宁静啊！就如大海一样静谧安闲；

急速啊！就如疾风不止一样快速；

谁能做到混浊之中有安静而又时时清晰；谁能做到静中有动而又能时时显出勃勃生机？

这就是有道者的特征，要保持此道者，就要满而不盈。只有不自满，才能革除衰败的事物而成就新事物。

评析

这一章，老子对得道而善于施行道的有道之人的风格与形象做了描述：有道者对道的理解认识深刻透彻，而且应用得玄妙通达，所以关于有道者的特征就深藏而不显露，正因为如此，老子认为自己对有道者特征的描述只是勉为其难而已。

老子认为，有道者为人处事严肃谨慎，小心备至，从不做无备而为的事情；凡事有备无患；心中时时担忧国家的安危，担心道德的沦丧失落；时时恭敬严谨，从不懈怠。但有时也不急不慌不忙，好像无所事事的样子；敦厚质朴，心胸宽广性格明朗仁善美好；但有时却也表现出混沌不清的样子；有时却又宁静得如大海一样静谧；有时又如急风暴雨一样快速，这就是有道之人的特征。只有有道者才能在浑浊中显示沉静，而又时时清晰明亮，静中有动而动静不失其常时时显示出旺盛的生命力。这就是有道者满而不盈不自满的特征，只有有道者，才能不断革除旧事物，成就新事物。这是老子对有道者的高度评价，也是老子对自己形象的生动写照。老子指出：能够做到这样的人，是不愿意自傲盈满的人，而且只有不自傲盈满的人，才能革除旧事物，而创造出新事物；而这个能够革除旧事物，创造新事物的人，就是有道者。

第十六章

原文

致虚极，守静笃[①]。

万物并作，吾以观复[②]。

夫物芸芸[③]，各复归其根[④]。归根曰静，静曰复命[⑤]，复命曰常[⑥]，知常曰明[⑦]。不知常，妄[⑧]作凶。

知常容，容[⑨]乃公[⑩]，公乃全[⑪]，全乃天，天乃道，道乃久，没身不殆[⑫]。

注释

①笃：忠实，诚信。②复：往复循环。③芸芸：众多。④根：根本，本源。⑤复：恢复。命：生命，性命，比喻固有的本性。⑥常：常规，常德。⑦明：明白，明德。⑧妄：胡作非为。⑨容：宽容，容纳。⑩公：公正无私。⑪全：完全，彻底。⑫怠：懈怠，怠慢。

译文

虚无缥缈至极，又能始终坚守清静诚信。

万物一起生存生长而不相互伤害；我因此观察到了万物往复循环不息的变化规律。

那芸芸众生的万物，虽然各不相同各有不同的变化规律，但是回归到它们的本源，其本源却是相同的。其本源就叫做清静无为之道。回归到清静无为之道，就叫做恢复了乾天的固有本性，恢复了乾天的固有本性就叫做恢复了天之常道，懂得了天之常道就是明智。不懂得或不以天之常道作为，反而胡作非为就会有凶险灾难发生。

懂得了天之常道就能宽容，能宽容才能公正无私，能公正无私才能完全彻底包容善待万物，能完全彻底包容善待万物的是天，所谓天就是天道，所谓天道就是永远公正无私地善待万物，自始至终不懈怠。

评析

这一章，老子通过推理的方式，对天道的基本内容做了阐述。天道的基本内涵是清静无为，诚信诚实，公正无私，以善待万物。这是天道的基本内涵。老子通过对万物往复循环变化不息的自然规律的观察领悟，研究万物并生并存而不相害，万物各不相同，各自都有自己的变化特点，发现万物化生的本源却是相同的，老子所说的本源其实是指万物化生生存所依赖的根本，那就是天道。万物生长靠太阳，没有日月的光辉，没有天地阴阳之气的变化，就不会有万物，日月安静无声而自始至终地照耀温暖万物，变化阴阳之气，变化风云雨雪滋润万物，日月无物不照，无物不覆，对万物一视同仁、不偏不倚，这是日月的诚信；公正无私和清静无为，对万物一视同仁，是天的诚信；天公正无私，诚信清静无为是天之常规，是天之常德。一个人只有懂得天之常德，并效仿、依照天之常德而作为，就不会有过失，而不懂得或不依照天之常德作为，反而妄作非为，这就是自己为自己制造灾难，自寻灭亡之路。

所以只有懂得认识天之常德而以天之常德而为人处事的人，才会有宽容之心；有了宽容之心，才会公正无私；能公正无私的人，就会善待万物，善待人民；只有永远以天道公正无私清静无为之心去作为，就是有道之人。正如《周易·无妄卦》彖辞曰："动而健，刚中而应，大亨以正，天之命也。其非正有眚，不利有攸往。"从彖辞的含义分析，无妄卦明确告诉我们，什么是天命？不依照天命公正无私、正大光明去作为，就会有灾难降临，就不利于反复行动。老子所说的是不以天之常德作为，反而胡作非为，就是自己为自己制造灾难，这和无妄卦彖辞的意义是一致的。也就是说天之常德，就是古圣人所认知和实施的天命，也可以认为老子的这一段言论是对天命论内涵的论述，也就是说老子的道德论来源于对古圣人关于天命论的高度概括和升华，因为它们的内涵和意义是一致的，历史使命也是相同的。

万物化生的本源是天道，天道就是自然无为之道；也是万物化生的本源，万物是依赖天地阴阳之气自然化生，自然兴盛自然衰亡，不是依靠其他什么意志而存亡，因为坤地柔顺地顺从乾天的变化，也就是坤地的变化规律，基本上是由天的变化规律决定的，所以将坤地与乾天之德合称之为天道、天德。

万物的本源是指万物化生的过程中，所依赖的本源是相同的，其本源就是均依赖天地阴阳之气自然而然地化生；也就是万物生成之母同是天地，万物都是依照自然变化规律自然变化自然生成，自然生长壮大也自然衰老死亡的。所以圣人效法自然无为之道以善待万物，辅助万物的生长化育，就是依照天之常道常德而作为，只有这样，才不会有凶险灾难发生，才不会为万物带来灾难。这一章的重点是天道的基本内涵，就是公正无私，诚信清静无为，以善待万物。

正如《庄子·在宥》曰："万物云云，各复其根，各复其根而不知；混混沌沌，终身不离；若彼知之，乃是离之。无问其名，无窥其情，物固自生。"庄子之言，是对老子之论的说明，那么庄子所言的是什么呢？就是自然无为之道，就是能自动自然成就万物化育生长衰败的自然变化规律；万物各自依照大本源化生而不知道；自然无为之道混混沌沌，看不见摸不着，也看不见它是怎样变化万物的，但是却永远不背离万物的生长化育；假如无为之道这个大本源被万物知道它是如何变化万物的，那万物就会背离无为之道了；所以无须问它的名称，无须窥探其变化的情节，万物依旧自然而然化生。

第十七章

原文

太上[①],不知有之;其次,亲而誉[②]之;其次,畏之[③];其次,侮之[④]。信[⑤]不足焉,有不信焉。

悠[⑦]兮其贵言。

功成事遂[⑧],百姓皆谓我自然。

注释

①太上:是指夏、商以上的圣王明君。②誉:赞美。③畏之:害怕,违背。④侮之:侮辱,轻慢。⑤信:相信;实在,确实。⑥悠兮:遥远,长久,思念。⑦遂:成就,达到。

译文

太往上的朝代如商朝、夏朝以上的圣王及其治国之道,因为没有文字记载而且年代久远,不知道他们有没有具体的治国之道;其次,到了周朝的圣王,如周文王,因为年代比较近而且又有文字记载了他们的治国之道,所以就亲近而且赞美他们的治国之道;再次到了周武王、周公、周成王、周康王时代,因为害怕违背先帝先祖的治国之道,就努力遵循继承先帝先祖的治国之道;最后,到了周幽王以至于春秋时期,却无视轻慢先王先祖的治国之道,违背了先王先祖的治国之道;没有确实证据的不能相信,有确实证据的却仍然有人不相信啊!

无限深切地思念先王的治国之道啊!思念先王珍贵的言行。

若能像先王一样功成名就,百姓都会认为我自然无为。

评析

这一章,老子结合他所处时代的历史特征,对当时的社会政治做了评论。因为老子所处的时代是东周政治衰弱的时代,是诸侯称霸的时代,所以老子就对当时诸侯混战,社会动荡不安的原因做了分析,为什么会发生这种社会状况呢?那就是那些作为周族后代的君主以及那些忙着争王称霸的诸侯们,他们多数已经对先王的治国之道模糊不清,所以就会轻慢、不重视先王的治国之道，而是依照自己的意志任意作为，也就违背了自然无为之道的原则。所以，老子最后指出，假如能够像先王一样使国家得到治理，人民安定，天下太平，那么就是施行了自然无为之道。

这里要特别指出的是，笔者看到对这一章进行解释的许多观点，笔者以为大多数观点都是脱离老子生活时代的空谈，因为老子生活的社会是一个动荡不安的社会，老子作为一个有道的哲人，他怎么可能脱离社会实际而空谈他的所谓哲学呢？况且老子所有关于道德的观点的来源，都是来源于对自然现象和社会历史现状的研究观察，而且老子的隐退，也是因为对当时社会现状的不满，对国家民族命运的担忧而又无能为力，所以才会隐退。因此对老子理论的研究，一定不能脱离老子生活的时代，不能脱离老子忧国忧民的思想而空谈理论。

关于对老子这一章内容的解译，也可以参照孔子的相关理论，来研究老子之言的含义。《中庸》曰："王天下有三重焉，其寡过矣乎。上焉者，虽善无征，无征不信，不信民弗从。"这一段是说："君王治理国家天下，必须要做好三件事情（包括制定礼乐、制度、文字），能做好这三件事就会很少犯过错了。推溯到夏商二代，他们的礼制虽然很好，但是年代久远，无法证明；无法证明也没有确实的文字记载，没有确实的证明人民就不会遵从。"那么《中庸》的这一段话与老子"太上，不知有之"的含义是相同的了。因为夏朝的年代过于久远，又没有文字记载，难以考证；又因为商朝末期的商纣王无道失德，将自己先祖的文化典籍，全部遗失，唯一能证明商朝先王之德的就只有现在《诗经》中遗留的仅有的五篇诗篇了。其次是从哲人的文章和其他流传中得到的证明。关于这一点在《周易》水火既济卦中就有专门记载及评论。正如既济卦六二爻曰："妇丧其茀，勿逐，七曰得。"

商朝距离西周的年代最近，商朝都没有更多的文献资料遗留，那么夏朝的文献资料就更不用说了。关于这个问题，在孔子的其他言论中也能得到证明："吾说夏礼，杞不足征也。吾学殷礼，有宋存焉。吾学周礼，今用之，吾从周。"《论语》孔子曰："夏礼，吾能言之，杞不足征也；殷礼，吾能言之，宋不足征也。文献不足故也。足，则吾能征之矣。"孔子说："我说夏礼，杞国不能足以证明；我学商礼，有宋国存在啊。而只有学周礼，周礼既有确实的文献资料证明，又是距离我们不久远的事情，而且周代的礼仪制度因为有周文王、周公时代的大治，具有深远的影响力，所以我就要宣扬、推广周礼。"孔子又说："夏礼，我还能说明白它，但是现在夏朝的分封国杞国却没有足够的证据证明它：商礼，我也说明白，但是现在商朝的分封国宋国，仍然没有足够的证据证明它：这是因为没有足够的文献资料来求证之故，就不能证明；要是文献充足，于是我就能求证它。"孔子的这两段话，就是对老子之言"太上，不知有之；信不足焉，有不信焉"的具体说明。

而孔子的"吾学周礼，今用之，吾从周"就是对老子"其次，亲而誉之"的具体说明，孔子一生都在研究推广宣扬周礼。

《中庸》孔子曰："愚而好自用，贱而好自专。生乎今之世，反古之道。如此者，灾及其身者也。"孔子的这段论述，是对老子"其次，侮之"的具体说明，孔子说："那些愚昧而且不懂得先王治国之道的人又喜欢刚愎自用，轻视先王的治国之道而又喜欢独断专行。他们生活在现今社会，却违反古圣人创建的治国之道。如此，灾难必然会降临到他身上。"这是孔子与老子对他们的生活时代，那些不遵循先帝先祖治国之道的人，胡作非为之结果的评论，比如夏桀、商纣王、周幽王，以及在老子、孔子之前的如第一位称霸的诸侯齐桓公，在管仲、鲍叔牙死后所任用的三公，即易牙、竖貂、开方。因为老子大约生活在公元前580—前500年，孔子大约生活在公元前551—前479年，他们生活的时期，是在周简王到周敬王之间，那时正是诸侯混战之时，那些混战的诸侯，尤其是楚国，他们发动战争的目的就是为了称霸称王，根本不顾人民的死活，哪里还能顾及先王的治国之道呢，哪里还能顾及治国平天下呢，所以，这也是老子和孔子对那些一心只想称霸称王而不顾人民死活之诸侯，以及某些只知道为自己谋取私利之人德行的评论，也是对这些称王争霸者，对社会所产生的后果的批判！

但是周朝先王的治国之道，距离那时的年代虽然很近，又有文字记载，又有老子、孔子的大力宣扬，可是，那些只顾争王称霸的人，却全然不顾先王的治国之道，不为天下人民的利益着想，轻慢先王的治国之道，那么老子、孔子能不为国家人民的命运前途担忧吗？

因此，笔者认为对古代先哲言论的理解，一定要结合当时的历史实际去理解，不能依靠自己的主观臆断去理解，否则就会偏离古圣人的思想。所以说老子是对先圣所创建的自然无为之道因为没有人实施而逐渐迷失感到痛心，总是期望能有有道者出来治理当时混乱无序的天下，他号召那些终日为争霸而战的人，不要忙于战争，要以先王的治国之道来治国国家，要像先王一样，成就功业而不恃功自傲，不争不夺不自以为是，要使百姓重新得到自然和谐安乐的生活，若是能够回归到先王治理国家的和乐时代，这就是施行了先圣们创立的自然无为之道。也正如孔子所言："克己复礼为仁。一日克己复礼，天下归仁焉。"孔子说："克制自己的欲望而恢复周礼就是仁人志士；只要哪一日做到克己复礼了，天下就归于这些仁人志士了，还用得争夺吗？"

第十八章

原文

大道废[1],有仁义;
智慧出,有大伪[2];
六亲不和,有孝慈;
国家昏乱[3],有忠臣。

注释

①废:废弃,不用。②伪:虚假,伪造,非法。③昏乱:混乱,君主昏庸无能,国家混乱。

译文

当执政者轻慢、废弃先王的无为而为的治国之道,使国家混乱不安时,就会有仁德有道者以义不容辞的责任来拯救处于危难中的人民,使先王的治国之道重新回归。

当执政者废弃无为而为的大道不用,而是任凭自己的聪明才智随意发出政令,以治理国家时,就会有许多虚假无道无德的事情出现,人民也会效仿而制造出一些非法的伪造之物。

当一个家庭出现六亲不和而使家庭不和睦时,或者使父母受到不孝慈的待遇时,就会有孝慈的子孙出现,以自己的孝慈方式,和谐这个不和谐的家庭。

当国家君主昏庸不明,而使国家混乱时,就会有忠臣出现,竭力维护国家民族的利益。

评析

这一章,老子对大道、仁义、智慧、伪诈、孝慈、和谐、混乱与忠臣的意义做了概括性论述。

老子通过对历史经验的研究总结指出:当一个国家的君主失道无德,使国家混乱时,就会有忠臣极力劝谏君王,极力为保护国家而不顾自己的生命;当一个国家的君主昏庸无道失德到极点,使国家人民混乱时,就会有有道德仁义者及时出现,号召率领不愿忍受灾难的人民起来，用武力将无道失德的君主推翻，由有道者登上历史舞台，以道德治理国家。这是中华民族自商汤以后历史发展的必然趋势，也是中华民族的历史发展已经证明了的历史事实。关于这一点，在《周易》六十四卦的内容中，也得到了肯定，如夬卦卦辞曰："扬于王庭，孚号，有厉，自告邑，不利即戎。利有攸往。"夬卦卦辞说："当君王昏庸不明时，就会有有道者、忠臣在王庭进谏君王，向君王宣扬先王的治国之道，昏庸不明的君王如果能够相信，真诚地听从忠臣的劝谏，而真心实意地悔过自新，则好；否则，那些有道者在忍无可忍的情况下，就会向城邑的人民发出号召，说君王危害先祖的事业，危害人民，不利于国家人民，要立即用武力推翻他。推翻了无道者，由有道者来治理国家，就对国家人民有利了。"

又如比卦卦辞曰："原筮原永贞无咎。不宁方来，后夫凶。"比卦卦辞说："凡是能用武力推翻无道者而建立国家的第一位有道的君主，不用卜筮，都是永远正确吉祥而无过失的。但是到了后期，其子孙就不能继续继承先祖的治国之道，而使天下不安宁，所以，当天下再度不安宁时，就会有有道者，在恰当的时机出现，而推翻无道者。"从这里我们可以看出，老子、孔子的言论与易学是相互印证的。

春秋末期诸侯混战，生灵涂炭，大道不明，大道废弃之时，有老子《道德经》来宣扬大道，宣扬道德仁义，以期望教化出一位有道德的君子，来治理天下；后有孔子以各种方式，尤其是以教学的方式，宣扬道德仁义，同样期望教化出有道德仁义的君子来治理天下。虽然他们的愿望没有实现，但是，这不正好验证了老子"大道废，有仁义"的正确意义了吗？

关于老子所言的忠臣，我们也应该有一个明确的认识。老子指出，当国家混乱，君主昏庸无道无德时，才会有忠臣出现。那么国家政治清明时，难道就没有忠臣吗？因为在国家政治清明时，能与君主共同治理国家的臣子，个个都是忠臣，因为他们是在清平时代从政，人人只要力争将自己所负的责任与事情做到最好，就是尽到了自己的责任，因为在清平明君时代，无须担心君主不明、国家丧亡的问题，在清平明君时代就是有奸臣存在，他不敢也不会露出狐狸尾巴，因为正义、中正是那个时代的主流；而当君主不明昏庸无道无德，使国家混乱，人民生活在水深火热之中生命毫无保障时，这是关乎人民利益、国家存亡的问题，这时候所显现的忠臣，并不是忠于无道的君王、忠于某一个人，而是忠于国家和人民的利益、忠于先王所创立的治国之道，而坚决地与无道的君王斗争到底的问题。如商纣王时的臣子比干，为了劝谏纣王，被纣王剖心而死，箕子为了与纣王斗争，以装疯来隐蔽自己，以便不为纣王效力；不为无道的君王效力，自然就不会危害人民。所以忠臣，是指忠于国家，忠于人民利益，忠于先帝先祖所创建的治国之道的那些有道者，而不是指忠于某一个君王或某个个人的人。对这一点必须有明确的认识，老子这一篇经文是对自古以来的真实历史和社会实际经验的总结，这也就是说，因为有忠于国家和人民的忠臣存在，所以当执政者废弃大道不用时，忠臣就会冒死劝谏，以维护国家和人民的利益。

比如从商朝的历史来分析，商汤任用的臣子伊尹，他辅佐商汤灭夏桀而建立了商朝，使天下得到大治；辅佐第二代帝王太甲，使商朝再度中兴，历史上记载他是贤臣，而不称他忠臣;武丁帝任用贤臣“傅说”,使商朝得到中兴。而周文王、周武王、周成王、周康王时代,均未有忠臣的记载,而只有商纣王时代有忠臣的记载,那就是王子比干、箕子、商容、微子等人,这些忠臣千方百计劝谏商纣王无效,有些因此亡身或丢官,而商纣王最终还是因为无道失德而灭亡了商朝。正如《论语·微子》曰:“微子去之,箕子为之奴,比干谏而死。孔子曰:‘殷有三仁也。’”

所以说忠臣、仁人志士是以卫护国家人民的利益为标准,忠于国家人民利益的人,为了国家人民利益而不顾自身安危的人都是忠臣,而不能认为忠于某一个人,是为忠臣。所以老子说:“国家昏乱,有忠臣。”

第十九章

原文

绝[1]圣[2]弃智，民利百倍；

绝仁弃义，民复孝慈；

绝巧弃利，盗贼无有。

此三者以为文，不足。

故令[3]有所属：见素[4]抱朴[5]，少私寡欲。绝学[6]无忧。

注释

①绝：断绝，隔绝。②圣：圣智，圣明，神圣。③令：另外。④见素：显示朴素，显示真情。⑤抱朴：怀着淳朴、质朴。⑥绝学：就是断绝歪理邪说。绝：超出，超越；极、非常；断绝。

译文

断绝神圣之念，放弃机巧伪智，人民就会得到百倍的利益。

断绝放弃那些仁义与不仁义的观念，人民反而会孝慈。

断绝放弃那些以奇巧赢利为目的的事情，盗贼就会消失。

以上三点，当做文献虽然还不足以为戒。所以使他们另有所归属。总之是为了显示淳朴的真情，减少私心，少一些欲望，才会自然无为。而且还要断绝那些歪理邪说，就不会有忧患了。

评析

这一章，老子用的是假设语，假设没有那些神明神圣的理论，没有什么仁义道德的理论，没有机巧聪明智慧的概念，使人民仍然生活在淳朴、无欲望的大公时代，人民也就不会有那么多欲望产生了，也就不会因为不孝慈、不仁义而混乱了。这也是老子对上古圣人治天下时，那时政令和人民简约质朴之性的赞美。老子期望他所处时代的政令和人民都能如上古时代一样，可是这是不可能的事情，因为社会在发展变化，人类本身也在不断进化，人的聪明才智也在不断增长，人民的物质生活也正在不断发生改变。尤其是老子生活的时代，因为诸侯争霸的战乱，因为国家人民贫穷，发生的不仁义、不道德、投机取巧、伪诈、盗窃等现象太多了，老子对这些无人治理的社会混乱现象发出感慨，假如人民不是生活在当时的战乱社会，而是生活在古代淳朴无杂念的大公时代，人民也就不会经历那么多苦难的生活了，也就不会发生这些不仁义、不道德、伪诈、投机取巧的事情了，可是在当时条件下是不可能的事情，所以老子就以这种方式提醒那些忙于混战争霸者，要断绝那些私心杂念，少一些私欲，要断绝那些歪理邪说，不要无故发动战争，人民就不会遭受各种苦难了。

正如庄子《胠箧》篇所言："上诚好知而无道，则天下大乱矣。何以知其然邪？夫弓弩毕戈机变之知多，则鸟乱于上矣；钩饵网罟笱之知多，则鱼乱于水矣……故天下每每大乱，罪在于好知。故天下皆知求其所不知而莫知求其所已知者，皆知非其所不善而莫知非其所已善者，是以大乱。"

老子作为哲学家，他时时处处担忧的是人民的疾苦，人民的忧患，人民生活在战争时代，没有安定的生活环境，得不到温饱，只有作为战争的牺牲品，死在战刀之下，死在荒野之中，哪里还有机会尽孝道；老子虽然对那些社会状况无能为力，但是他时时都在用自己的思想影响着社会，关心着社会的发展变化，时刻关心着人民的疾苦。他感叹，生活在他那个时代的人民有那么多苦难，还不如生活在无私无欲淳朴安乐的古代为好。笔者认为，其实老子的"古代"很可能就是周文王、周武王、周公以及成康之治使天下得到大治的历史时代，那时候人民生活无忧无虑，衣食无忧，天下太平安乐，成康时代，连刑法都没有了用处，那么那时就是人民最淳朴、最孝慈、最仁义，没有盗贼，没有歪理邪说，人人平等，壮有所用，老有所终，幼有所长，男有分，女有归，人人有职事，鳏寡孤独废疾者皆有所养，童叟无欺的大同时代了。老子所留恋的是西周的大治时代，而不是茹毛饮血的远古时代。

老子所说的三者之绝，是无可奈何的呐喊，战争时代，人民居无定所，食无饱，饥寒交迫，无利益可言，无力赡养亲人，更不能言孝顺，为了生活，盗窃抢夺而无人治理。对此老子只有如是说而已。

其次关于"绝学无忧"，笔者认为绝学，是要断绝那些歪理邪说，断绝那些违背先圣所创立的无为之道的歪理邪说。违背无为之道，任意作为的学说就是歪理邪说；而不能理解为，断绝学问、学说。因为只有断绝那些歪理邪说，人民的思想才不会受到干扰，执政者清静无为，公正公平，教化人民清静无为，公正无私，使人民那淳朴敦厚、善良诚信的本性才不会受到扰乱，人民才会淳朴自然；人民淳朴自然，国家才会容易得到治理，天下才会得到治理而安定太平。这是老子对他生活时代的社会状况的评论。他希望的是国家天下回归到太平安乐，也是期望能够回归到周礼治理国家天下的大治时代。

第二十章

原文

唯[1]之与阿[2]，相去几何[3]？善之与恶，相去若何[4]？人之所畏，不可不畏。
荒[5]兮，其未央[6]哉！
众人熙熙[7]，如享太牢[8]，如春登台[9]。
我独泊[10]兮，其未兆[11]；沌沌兮[12]，如婴儿之未孩；儽儽[13]兮，若无所归。
众人皆有余[14]，而我独若遗[15]。我愚人[16]之心也哉！
俗人昭昭[17]，我独昏昏[18]。
俗人察察[19]，我独闷闷[20]。
澹[21]兮其若海，飂[22]兮若无止。
众人皆有以[23]，我独顽且鄙[24]。
我独异[25]于人，而贵食母[26]。

注释

①唯：唯唯诺诺，唯命是从。②阿：阿谀奉承，迎合，屈从。③几何：多少。④若何：若干。⑤荒：荒废，迷乱，淫乐过度。⑥未央：未完，未尽。没有彰显。⑦熙熙：盛多，众多，熙熙攘攘。⑧太牢：天子祭祀宗庙时所敬献的牛羊猪三牲，为太牢。⑨春登台：春天登上高处，观看美景。⑩泊：恬淡静默，淡泊名利，恬淡无欲。⑪兆：预兆，开始。⑬儽儽(lěi)：颓废沮丧。⑭余：剩余，多余；余生。⑮遗：遗失，抛弃。⑯愚人：愚笨无知。⑫沌沌：混沌未知。⑰昭昭：明白清楚。⑱昏昏：糊涂不明。⑲察察：分辨明晰。⑳闷闷：混沌不辨。㉑澹：静止，恬静。㉒飂(liáo)：疾风。㉓有以：有用，有作为。㉔顽且鄙：顽劣鄙陋。㉕异：不同，奇异。㉖贵食母：贵：重视，崇尚。食母：依靠无为之道为养分。

译文

唯命是从与阿谀奉承相差多少？美善与丑恶又相差多少？人们所敬畏的，不可不敬畏。

迷乱荒诞啊！其后患还未完全央显啊！

众人熙熙攘攘，就如祭祀先祖进献太牢，就如春天登高台观赏美景。

只有我恬淡无欲啊！还没有欲望的征兆；混沌未知啊！就如初生还未长大的小孩；颓废沮丧啊！就如无处归依。

众人都有多余的欢乐，唯有我孤独就如被众人遗弃。我这愚笨无知之人的心啊！

世俗之人都明白清楚，只有我糊涂不明。

世俗人都能辨别清晰，只有我混沌不辨。

恬静淡泊啊，就如大海；急速啊，就如疾风不停。

众人都有作为，只有我顽劣鄙陋无知。

唯独只有我与别人不同，而我所崇尚依靠的是从生成万物的无为之道中得到养分。

评析

这一章，老子终于将自己内心的思念道了出来，老子在内心无限思念的是先王创建的自然无为的治国之道。在前一章，老子思念的是先王时代淳朴的民风民情，思念的是先王时代太平安乐的生活环境，思念的是先王之道治理国家所达到的安乐和谐的美好境界。既然先王之道治理下的天下如此美好，那么何不将自己对先王治国之道的思念直接讲述出来呢？

老子笔下的人民，即春秋时代的人民，他们一个个都是匆匆忙忙，急急切切地为了生活忙碌着。每个人的忙碌都是有目的的，大多数都是为了生存而奔忙，因为当时社会的人民，生命生活毫无保障，他们只有奔忙，才能生存。而那些为战争而忙碌的人，是为了自己的权势、利益而忙碌，还要役使人民为他们的利益而奔忙。老子之所以要说"唯命是从与阿谀奉承相差不了多少，善与恶也相差不了多少"，是因为当时的社会风气所造成的：当时的诸侯们弱肉强食，你争我夺，就如不被《春秋左传》所承认的称王争霸的楚国一样，一个个楚王为了称王称霸，杀戮无度，人民的生命没有保障，人民就没有安全可言，人民的生活没有保障，时刻为了衣食而忙碌，那么那些称王争霸者是善是恶呢？是仁义还是道德呢？什么也不是，只是为了私利而已；而人民为了生存，为了得到衣食，也被迫不择手段，有些甚至沦为盗贼，那么那些为了生存而为盗贼者是善还是恶呢？唯命是从与阿谀奉承只是在外在表现形式上不同，其目的和结果并没有多大的区别；而善与恶也只是一念之差的不同，所得到的却是截然不同的结果。

在老子生活的社会条件下，井田制已经危机四伏，新兴的地主阶级正在将原先井田制下的国有土地占为私有，大片土地都归新兴的地主阶级所有，人民逐渐失了在井田里劳作的权利，逐渐失去了赖以生存的生产资料，生活无着落，又因为战争，使人民的生活动荡不安；他们为了生存，为了养活父母妻子，就得四处奔波劳作，可是没有人能够关心他们的生存状况，没有人为他们失去土地而痛心，没有执政者为人民的生存而考虑；只有老子对这些感到痛心，他将自己的心情与那些忙碌奔波的人民的心情相比，就更加显示了老子之所以念念不忘先王先祖治国之道的深刻意义！可惜啊！老子指出，那些争王称霸者，没有一个是真正的有道者，没有谁能将动荡不安的社会局面改变，没有谁能使人民的生存状况得到改善，这是老子深感痛心和遗憾沮丧之处。老子虽然心中担忧着急，但是又无能为力，只能将自己称为孤独而无所作为、混沌不清的愚人。但是老子坚持无为之道，并宣扬、传承先王所创建的无为之道。所以老子说："我独异于人，而贵食母。"这里的"母"，就是万物生成之道，万物生成之母——天地。天地是天地之母自然生成的，万物也是由天地自然生成的，所以这里的"母"，其实就是自然无为之道。

第二十一章

原文

孔[①]德之容[②]，惟道是从。

道之为物，惟恍惟惚[③]。惚兮恍兮，其中有象[④]；恍兮惚兮，其中有物；窈兮冥兮[⑤]，其中有精[⑥]；其精甚真，其中有信。

自今及古，其名不去，以阅[⑦]众甫[⑧]。吾何以知众甫之状哉？以此。

注释

①孔：很大。②容：尊容；这里比喻道德的表现形式。③惟恍惟惚：只有恍惚不清。④象：象征，相象。⑤窈（yǎo）：幽深，深远。冥：昏暗，深远。⑥精：精深，精髓。⑦阅：察看，经历。⑧甫（fǔ）：大，刚刚，开始。

译文

大德的尊容，只有顺从大道才能体现出来。

大道这个东西，只有恍惚不清的轮廓；虽然恍惚不清，但其中有万千的变化现象；虽然恍惚不清，但其中却有可考察的事物；幽深啊！昏暗啊！但其中有精深的道理；其精深的道理很真切，那就是其中所体现的诚信。

自古至今，道的名称没有去除，是为了考察万物变化自始至终的过程。我之所以知道万物变化的过程，是因为来自于对古圣人所创建的无为之道的考察。

评析

这一章，老子对自然无为之道又做了明确的论述。老子首先指出，一个人要想自己有大德显现，就必须以自然无为之道去作为，必须顺应自然无为之道，去为人民的利益而作为，才能有大德可以显现；否则，违背自然无为之道去作为，就只有很大的恶德。老子接着指出，虽然他在第十四章对道的表现形式做了论述，道无形、无声、无状、无影、无法度量，时隐时显，模糊不清，但是道却隐含着变化万千的各种自然现象，从这些自然现象中就可以考察万物开始生成时的道理。从万物开始生成和变化的过程中，圣人领悟出无为之道，老子领悟出道德，领悟出道德的基本内涵诚信，所以说诚信是道德的基本内涵和主要内容之一。所以顺应道而作为的基本点，就是要有诚信，要诚心诚意对待人民，诚心诚意为人民的利益着想，不要为了自己的利益而整日使人民陷入动荡不安、流离失所的生活之中。这也是想要蓄积大德之人所应该做的事情；想蓄积大德，而又危害人民，使人民生活困苦不堪，这不但不会累积仁德，反而会使恶行越积越多。所以老子指出："孔德之容，惟道是从。"要想有大德，就必须依照自然无为之道而作为，遵循自然无为之道为人民谋求利益，只要实现了国家强盛，人民安乐，就是蓄积了大德；否则，就不会蓄积大德。这也是老子对那些称王称霸者的警告，无论称王也好，称霸也罢，只要对人民有利，能使人民太平安乐，使国家富强，就能蓄积大德，而蓄积大德，不是依靠争夺杀戮实现的，而是要依靠自然无为之道，自然自觉地为人民谋利益，使人民得到安乐和谐的生活、实现天下太平而实现的。那些为了自己的利益而争王称霸者，是不会给人民带来安乐的，在老子时代的社会状况下，战争就是生活，会有几个争王称霸者考虑到人民的利益，考虑到先王的治国之道呢？老子是在告诫那些争王称霸者，先王创建的无为而为的治国之道，其中最重要的就是诚信，无论你如何称王争霸，假如对人民没有诚信，就不能累积大德。

第二十二章

原文

曲[①]则全，枉[②]则直，洼[③]则盈，敝[④]则新，少则得，多则惑[⑤]。

是以圣人抱一[⑥]为天下式。不自见[⑦]，故明；不自是[⑧]，故彰[⑨]；不自伐[⑩]，故有功；不自矜[⑪]，故长。

夫唯不争，故天下莫能与之争。古之所谓"曲则全"者，岂虚言哉？诚全[⑫]而归[⑬]之。

注释

①曲：委曲。②枉：弯曲，屈身，降低身份。③洼：低洼。④敝：破旧。⑤惑：惑乱，迷惑。⑥抱一：怀抱自然无为之道。⑦自见：自我显扬。⑧自是：自以为是。⑨彰：彰显，显明。⑩自伐：自我夸耀功劳。⑪矜(jīn)：骄傲自满。⑫诚：真心，实意；确实，的确；诚信。全：全部，完全，这里用全来形容诚信所达到的深度和效果，也是说只有有无限的诚信，才能做到委曲求全。⑬归：返回，归属，归结。

译文

委曲则能求全，先弯曲才能伸直，因为低洼才能充满，因为破旧才能有新的出现，因为少才能得到多，过多就会惑乱。

所以圣人心怀自然无为之道为天下模式。不自我显扬，所以就明智；不自以为是，所以就能彰明显著；不自我夸耀功劳，所以就是有功；不骄傲自满，所以就能长久。

那么只有不争，所以天下没有谁能与他相争。古人所说的"委曲求全"之言，难道能是虚假之言吗？这些就是诚信完备而归结于无为之道啊！

评析

这一章，老子终于直接说出了自己对当时诸侯争霸的观点，那就是"不争"，不要将人民引入你争我夺的社会风气之中去。因为只有不争夺者，天下才没有人敢与他相争，这是为什么呢？老子先用事物的相对性，说明不争的道理。老子说，委屈自己是为了求得全局不受损伤；那些尺蠖之类的动物，先使身体弯曲然后才能伸直而前进；那些低洼的地方，自然就容易充满水；东西破旧了，自然就要用新的代替；因为少，自然就想得到多的；可是得到的过多，就会发生惑乱。事物都是相互对立、相辅相成的，有有利的一方面，就会有有害的另一面。就如那些为了自己的利益而争王称霸者，他们得到过多时，人民必然就会损伤或损失得越多；得到过多之人，生活就会奢侈惑乱；而损伤或损失过多者，无法生存而使人心惑乱，惑乱的结果，不是盗窃就是去烧杀抢掠，无恶不作。所以圣人就坚守自然无为之道，不与人民争夺，给人民谋利益，而不显扬自己的仁德，为人民立下了汗马功劳，却从来不夸耀自己的功劳，有功劳而不自满、不自以为是，这些都是不与人民争夺的具体表现，这也是无为之道及诚信的体现。正因为圣人不与人民争夺，所以人民才认为他们是真正有伟大功德的人。圣人的伟大功德永远活在人民心中，所以就没有人能与圣人相争。之所以没有人能与圣人相比相争，是因为圣人始终坚守自然无为之道的结果。

当然老子在第八章用“上善若水，水善利万物而不争……夫唯不争，故无尤”说明圣人为人处事而不争的道理，因为圣人是依照自然无为之道而为人处事，就如水利万物而不争一样自然，所以老子认为，只有不争，所以就不会有忧患。这与本章的意义是一致的。

关于“曲则全”与诚信的关系，正如《中庸》所言：“其次致曲。曲能有诚，诚则形，形则著，著则明，明则动，动则变，变则化。惟天下至诚为能化。”《中庸》所言的“致曲”，是以曲折的途径表达诚信，而曲折的途径本身就包括了委曲求全，委曲求全就需要诚信，若没有诚信，就不能做到委曲求全。而委曲求全所达到的这种诚信的表现，与之对比就特别显著，能显著就能光明正大，能光明正大就能感动外物，能感动外物就能引起外物变化，能使外物变化就能辅助万物的化育，所以说只有天下最有诚信者，才能辅助天地万物化育。只有诚信才能使万物得到化育，那么以诚信来“委曲求全”，便能感化人民，感化应该感化的人和事。所以，老子说：“诚全而归之。”是说只要确确实实有诚信，就能做到委曲求全，只要能做到委曲求全，就能做到不争，就能处处时时以人民的利益为己任，而使人民得到安定的生活，就是有诚信的有道者。有道者的诚信完全归结于对无为之道的深刻理解及应用施行，所以有道者就不会与人民争功德，只会为人民谋求利益，而受到人民的尊敬拥护，人民也不会与有道者争功德，因为这样的功德是争不来的，所以老子说：“夫唯不争，故天下莫能与之争。”这也是老子在告诫那些不顾人民死活而只顾称王争霸而发动战争者，你们这样你死我活、一味地用人民的生命和人民的利益去争夺，是没有用的，是得不到人民的拥护的；没有人民的拥护，则天下是不会归属于你的，还是不争为好。

第二十三章

原文

希言[①]自然。

故飘风[②]不终朝[③]，骤雨[④]不终日。孰为此者？天地。天地尚不能久，而况于人乎？

故从事于道者，同于道；德者[⑤]，同于德；失者，同于失[⑥]。同于道者，道亦乐得之；同于德者，德亦乐得之；同于失者，失亦乐得之。

信不足焉，有不信焉。

注释

②希言：观看论说。希：观看。言：说、谈论。②飘风：狂风。③终：终了，结束。全，尽。朝：日，一天，一整天。④骤雨：暴雨。⑤德者：他的德行。⑥失：过失。

译文

观察探究谈论自然现象。

所以发现狂风不会持续一整天，暴雨也不会持续一整天。谁能做到这些呢？只有天地之自然。天地自然的急剧恶变尚且不能持久，何况是人生人世的变化呢？

所以尊奉天道者，就要与天道的表现形式相同；有德者，其德行表现也要与天德相同；有过失者，也要与天道之过失的表现相同。所以与道相同者，道也会使有道者得到快乐；同于德者，德也会使有德者得到快乐；同于天道之过失者，很快纠正过失也会使有道者得到快乐。

没有事实可考证的，不足以相信；有事实可考证的仍然不相信，可是自然变化现象的自然真实存在，也不可相信吗？

评析

这一章，老子所论述的仍然是无为之道。老子通过对天地风雨的自然变化现象的考察研究，认为狂风暴雨的发生，只是天地自然变化的短暂的恶行，天地所发生的短暂恶行，是天地自然变化的过失，因为天地之大德曰生，天地之常德曰以正大光明、公正无私以及诚信的美善之德待万物。天地日月以其正大光明、公正无私、诚信来照耀温暖、滋生化育万物的时间最长久，而天气的突变，坤地突然的强烈运动，只是天地偶然表现出来的不正常现象，而这种不正常的现象，会给万物带来毁灭性的灾难，这只是天地偶尔出现的过失而已，天地偶尔出现的过失，很快就会纠正，仍然以天地之常德而有益于万物。

这就是说天地以美善之德为常，偶尔也会发生不美善的恶行；天地以美善之德为常，偶尔出现过错也会很快停止，那么我们人类呢？既然尊天道而为人民谋利益，就要与天道的表现形式相同；以美善之德使人民得到利益，如果发生了过错，就要像天地一样，使过错立即停止，立即纠正，不能使过错长久地危害人民。只要有诚信，就一定能做到这些，只要能像天地一样自然无为，就一定能使人民得到安乐，使自己得到快乐。

假如天地自然之过失，如狂风暴雨，或者久旱无雨，或者地震等自然灾害，就如那些有过失而不改正的人一样，迁延不断，那么万物还能生存吗，当然不能了。所以在这一章老子通过对天地偶然表现出来的过失危害万物，危害人类，但却能很快得到纠正，停止过失，来说明我们人应该如何对待自己的过失，有了过失，就要像天地自然犯了过失而很快纠正一样，不要使过失延续，如此，就不会危害人民，危害自己。

正如《论语》孔子所言："过而不改，是谓过矣。""择其善者而从之，其不善者而改之。""德之不修，学之不讲，闻义不能徙，不善不能改，是吾忧也。"从这些言论中，足以看出老子、孔子在道德观念上的一致性，他们都是在教化人民如何做人处事，有了过失、缺点、错误，只要立即改正，就不再是缺点、错误；有了过失而不承认，不改正，才是真正的缺点、错误。而且从这一章中也可以看出，老子是在告诫那些忙于战争而不顾人民利益的人，要他们立即停止自己的过错，不要再给人民带来灾难，应该以先王的治国之道来治理国家天下，才能最大限度地避免过失。

这里还要指出，老子再一次指出："信不足焉，有不信焉。"这与第十七章的意义是一致的，老子在这里用天地自然灾害偶尔发生、很快停止的现象来说明要相信事实的道理。

第二十四章

原文

企[①]者不立;跨[②]者不行;自见者不明;自是者不彰;自伐者无功;自矜者不长。

其在道也,曰:馀食[③]赘行[④]。物或恶之[⑤]。故有道者不处[⑥]。

注释

①企:踮起脚跟走路。②跨:跨大步走路。③馀食:多余的食物。④赘行:行走时的负担。⑤物或恶之:有些事物或许是丑恶的。⑥不处:不居于。

译文

踮起脚跟是站立不起来的;跨大步子走路反而是走不快的;自我显扬者是不明智的;自以为是者是不会彰显的;自我夸耀者是得不到功德的;自满骄傲者是不会长久的。

那些有道的人说,吃得过多反而会成为行走时的负担。有些事物或者是不美善的,所以有道者就不会居于不美善的一面。

评析

这一章,老子用生活中自然事物的相对性来说明自然无为之道的特点。也就是说明什么是自然无为之道,自然无为就是自然而然,不是故意或任意作为。

老子在这里所说的事物的相对性,就有自然无为与有意夸大而为的两个方面。也就是说自然无为和有意夸大而为是事物相对性的特点之一。老子用踮起脚跟不能直立,跨大步不能快走,说明站立和走路都是依靠自然行动的自然力量就能实现的;如果用过于夸大而违背自然的表现形式去作为,不但于事无补,反而还会使事物的发展得不到应有的效果,甚至适得其反。那么自我显扬功德,自以为是,骄傲自满都是与自然无为之道相背离的,是不符合无为之道的。这就如行走时,吃得太饱或背负过重,而不利行走,是一样的道理。

所以圣人总是以自然无为之道而为人处事,不使自己身上背负过多的于事无益无补的负担，不自我显扬功德，不自以为是，不自我夸耀，不骄傲自满，居于仁善之地，而不居于丑恶不美善之地，只要以自然无为之道处事，就不会使自己处于不利于事物发展的一面。正如《庄子·山木》曰："昔吾闻之大成之人曰：'自伐者无功，功成者堕，名成者亏。'孰能去功名而远与众人！道流而不明，居得行而不名处；纯纯常常，乃比于狂；削迹捐势，不为功名。"庄子指出，只有有道之人，才能在功成名就之后，做到平平常常，销声匿迹，而不为功名所累。

所谓无为之道是自然而然地去作为，而不是自以为是地去作为，自以为聪明地去作为，反而会背离无为之道，与事无益。这也就充分说明了无为之道。

无为之道就是自然而然地去作为，是效仿自然变化规律所表现出来的自然善性，有利于万物的美好善性去作为；而不是夸张、任意地去作为，更不是什么也不作为。什么也不作为，那么我们的社会如何进步发展，我们人类的智慧如何能得到进化，假如我们的先祖什么也不作为，那不是还停留在茹毛饮血，居住在野外的时代吗？所以，无为是自然而然地，就如大自然变化一样，以使万物自然得到益处，自然生长化育，生长壮盛和衰败的道理去作为。

第二十五章

原文

有物混成[1]，先天地生。寂[2]兮寥[3]兮，独立[4]而不改[5]，周行[6]而不殆[7]，可以为天地母。吾不知其名，强字之曰“道”，强为之名曰“大”。大曰逝[8]，逝曰远，远曰反[9]。

故道大，天大，地大，人亦大。域中[10]有四大，而王居其一焉。

人法[11]地，地法天，天法道，道法自然。

注释

①混成：混沌之物生成。②寂：寂静无声。③寥：寂静无形。④独立：独自。⑤不改：不改变方向。⑥周行：往复循环旋转。⑦不殆：不停止。⑧逝：离去，分离。⑩反：反复。⑩域中：疆界，一定的区域。这里是指邦国之中。⑪法：效法，法则。

译文

有一团混沌之物已经生成，这些混沌之物是在生成天地之前就已生成了。它无声无形，独自存在独自朝着一个方向运动而不改变，它往复循环旋转而不懈怠，它可以称为天地之母。我不知道它叫什么名字，勉强给它起个字就叫它“道”，勉强给它起个名就叫做“大”。因为它反复循环，旋转不止，变化到极大而终于分离开来，分离开来仍旧反复循环、旋转不止，就逐渐远离，远离之后仍然反复循环旋转不息。

所以说宇宙中道大，天大，地大，人也大。而邦国中也有四大，君王是四大之中的一大。

人效法的是坤地柔顺地顺承乾天的道理，坤地所效法的是乾天清静无为滋生化育万物而不显现自己功德的道理，乾天所表现出来的法则就是无为之道，无为之道的法则就是自然规律。

评析

这一章，老子终于明确论述了天地的生成过程。那么天地是如何生成的呢？老子指出，在没有天地之前，已经有一团混沌之物自然生成，这一团混沌之物自然生成、自然存在、自然运动不息；而且这个混沌之物的运动还很有特点，那就是独自朝一个方向反复旋转而不改变方向，它寂静无声，而且没有形状，它反复旋转运动变化到极大，因为极大最后终于一分为二，一分为二之后仍然反复旋转不止，因此就逐渐远离，二者远离后各居于一方，就是天和地，这是老子的宇宙生成论。老子将天地自然生成的这个过程命名为大道，大道就是大自然，宇宙间一切物质都是自然生成，自然存在，自然变化，自然生长、壮大和衰败。老子从这个过程中领悟到的就是自然，就是自然变化规律。

老子认为这个自然生成，自然存在，自然运动变化到极大的混沌之物，就是生成天地的天地之母。天地之母分离为天和地之后，这个混沌之物就不存在了。这也是老子在第一章中所论述的，"无，名天地之母；有，名万物之母。故常无，欲以观其妙；常有，欲以观其徼"。"无"，是指天地之母的名称，"有"，是指天地，也是万物生成之母的名称。天地之母生成天地之后，就不存在了，所以为常无，就是说天地之母永远不存在了。老子就将生成天地的自然过程命名为"大道"。所以老子认为宇宙之中有四大物质，那就是大道、天、地、人。其实人和天地宇宙相比，只不过是沧海之一粟而已，可是老子为什么要说人也大呢？因为宇宙之中，只有人能够认识宇宙，能够认识自然变化规律，能够改变自然环境，能够改变自然物质为人类生存所用，所以人也是宇宙之中的四大物质之一。

老子还指出，一个国家中也有四大，而君王是这四大之中的第一大。那么其余三大是什么呢？笔者认为，当然是人民、国家、君王的治国纲领。宇宙万物都是自然无为的过程生成的，那么作为国家的君王，难道能够不自然无为而作为吗？君王不能以自然无为之道治理国家，就会失去其余的三大，而且也会失去君王自己，这是老子论述天地之母的目的，只有以自然无为之道治理国家，国家之中的四大才会长久。所以老子指出，人效法的是坤地柔顺地顺承天的道理，坤地所效仿的是乾天清静无为滋生化育万物而不言其功的道理，而乾天的法则是自然无为之道，自然无为之道的法则就是自然变化规律。既然如此，城邑中的君王，就应该以自然无为之道作为治理国家天下的法则，就能永远成为受人民拥护的君王；就能使国运长久，而使四大长久存在。

老子关于宇宙生成的理论，产生于公元前580—前500年；而德国哲学家康德于公元1755年在他的《自然通史和天体论》一书中，提出关于宇宙生成的假设："太阳系产生于一个共同的弥漫星云。"法国数学家拉普拉斯在公元1796年同样提出，"太阳系是由一团弥漫的自转的气体星云逐渐凝聚收缩而来。"笔者认为，康德和拉普拉斯的宇宙生成论，也有可能是受到老子宇宙生成论的启发而产生的。

现代科学观点认为，恒星的前身是由氢、氦所组成的星云状气体云，在引力的作用下收缩，中心凝聚并发生热核反应而产生了恒星。当然也有学者认为，星云状气体云随着中心温度的升高，而发生大爆炸，分离出了太阳系。

总之，无论太阳系是如何生成的，但是生成天地的天地之母，就是那一团混沌的气体云这一点，是一致的。而老子对太阳系生成的理论要比康德、拉普拉斯最少要早两千年，而且老子对天地之母生成天地过程的描述，可以称得上世界之最。正如恩格斯在《自然辩证法》中说道："……第一次把自然界、社会和思维的发展的一个一般规律在其普遍适用的形式上表述出来，这毕竟是一项具有世界历史意义的勋业。”恩格斯虽然所指的不是我们中国古代哲学家老子，但是恩格斯的这段名言，却非常适合老子的伟大功德。只可惜我们中国人对自己先祖所遗留的哲学著作能够理解的太少了，难以理解老子将天地自然变化规律与治理国家天下的社会规律、治理国家天下的纲领——无为之道，用自己的聪明智慧表述出来的伟大意义。毕竟在世界上能将自然变化规律与治理国家天下的常道联系起来的，只有我们中华民族的先祖先圣以及老子了。恩格斯、康德、拉普拉斯并没有从这些规律中升华概括出治国之道，而我们的先祖先圣做到了，老子也做到了，并用文字阐述记载了下来。所以这应该是中华民族的“天下第一”之四了。

第二十六章

原文

重为轻根，静为躁君①。

是以君子终日行不离辎重②。虽有荣观③，燕处④超然⑤。奈何⑥万乘之主而以身轻天下⑦？

轻则失根，躁则失君。

注释

①静：清静。为：变为；是。躁：性急，急躁。君：君主；君子。②辎重：外出时所携带的包裹、箱笼、干粮，或者军用器械、粮草、营帐、服装等物。③荣观：华美的外观。④燕处：安闲，安逸。⑤超然：超脱的样子。⑥奈何：为什么，怎么。⑦以身轻天下：使自己轻率躁动以治行天下。

译文

重是轻的根基；清静使浮躁者变为君子。

所以君子整天在外面行走从来都不忘携带自己的装备。虽然有华美的外表，安闲超脱的行为。为什么作为万乘之国的君主不使自己轻身行走天下呢？

因为太轻身，就会失去根基，自己轻身就会增加人民的负担；太轻身就会产生浮躁，浮躁就会使君子失去清静无为之道。

评析

这一章，老子用轻和重的相对性，用清静无为与浮躁的相对性，来说明清静无为的重要意义。君子注重的是清静无为之道。清静能使浮躁者变为君子，只有清静才能制约浮躁之气。所以君子为了不使自己浮躁，就连外出行走天下时，虽然有华美的外观，安闲超脱的行为，却要使自己的车马装载着自己所需的基本物品，不使自己轻身。不使自己轻身的目的就在于用这种方式来警戒自己，不要失去根本，不要产生轻浮浮躁，不要因自己轻身而失去人民的拥戴。老子指出君子行走天下时，携带自己装备的目的，既是为了方

便自己使用，也是为了不增加人民的负担。假如君子所到之处，向人民索要这样或那样的物品，人民就要为君子的需要而操劳忙碌，这不就是增加了人民的负担吗？君子外出时不忘记携带自己的装备，不会因为所需要之物一时得不到而产生急躁情绪，也不会因为自己的需要而增加人民的负担，其实这也是为了警戒、制约自己不要产生轻浮、浮躁，因为浮躁的情绪会使人失去自然无为之道。

从这一章就可以看出，老子所论的自然无为之道的实质，是时时处处以人民的利益为出发点，尤其对于我们当今之人有极为重要的警示作用。当然，这也是在告诫我们的执政者，为官者不要到处向人民索要，以免给人民造成负担，这也是老子在第六十六章所言"是以圣人处上而民不重，处前而民不害"的原因所在。圣人君子居于上位而使人民没有沉重的负担，居于人民父母官之位而不妨害人民。圣人不给人民增加负担，当然他处于上位，而人民就不感觉有负担了，也就不会使人民为了承担负担而受到不应有的伤害了。

其实这一章里老子也是在于说明君子时时处处都以自然无为之道为自己行动的准则，也充分表现了君子以无为之道而作为所表现出来的超俗脱凡的品德。绝不能理解为君子终日在外行走，而不离自己的装备，是为了表现自己的富有，或者是轻浮的表现；恰恰相反，君子这样做的目的，是为了时时处处警示自己，不要忘记自己的根基——清静无为之道。不要轻浮，不要浮躁，不要给人民增加负担，不要伤害人民利益；否则就会失去君子风度，失去自然无为之道，而产生轻率浮躁的情绪，因而失去根基，失去人民的信任与拥护。

第二十七章

原文

善行[①]，无辙迹[②]；善言，无瑕谪[③]；善数，不用筹策[④]；善闭，无关楗[⑤]而不可开；善结[⑥]，无绳约[⑦]而不可解。

是以圣人常善救人，故无弃人；常善救物，故无弃物。是谓袭明[⑧]。

故善人者，不善人之师；不善人者，善人之资[⑨]。不贵其师，不爱其资，虽智大迷[⑩]，是谓要妙[⑪]。

注释

①善行：善于行走；行：行使。②辙迹：行车时车轮留下的印迹。③瑕谪（xiá zhé）：有缺点过失而受到谴责，责备。瑕：瑕疵，缺点，过失。谪：谴责，责备。④筹策：筹码，古代运算工具。引申谋划，筹划。⑤关楗（jiàn）：关闭门窗的木闩。⑥善结：善于打结。⑦绳约：用绳子捆绑打结。⑧袭明：沿用，继承，发扬光大光明。⑨资：财物，资助。⑩迷：迷惑不解。⑪要妙：重要而奥妙。

译文

善于驾车的人，行车就不会留下车痕；善于说话的人，说出的话没有毛病，而不会受到责备；善于计算的人，计算不用计算工具；善于研究关闭的人，没有什么不可以打开的门闩；善于研究打结的人，没有解不开的绳结。

所以圣人常常善于以仁善救人，所以就没有被遗弃的人；圣人常善于拯救万物，所以就没有资材被遗弃。这就叫做继承发扬光大了道的明德。

所以善于做人的人，不喜好为人之师；不善于做人者，常喜好别人的财物。不喜好为人之师，不爱别人的财物，虽然明智却令人迷惑不解，这就是无为之道的精要玄妙之处。

评析

这一章，老子所论述的是人如何才能达到自然而然地以无为之道处事的问题。老子用善于行车，善于说话，善于计算，善于关闭，善于打结，来说明无为之道的形成过程。平时人们常说习惯成自然，什么是习惯呢？现代词典里的解释是：常常接触某种新的情况而逐渐适应。那么习惯成自然，应该是经常使用相同的方式方法处理一些事情，逐渐就对这种方式方法熟视无睹，运用自如，甚至达到闭上眼睛都能操作的程度。这就是老子所说的：善于使用车的人，行车不会留下痕迹；善于说话的人，说出的话，让人挑不出毛病；善于计算的人，计算就不用计算工具；善于开关的人，没有什么开关不能打开；善于打结的人，就没有什么绳结不能打开。之所以会达到这种高深的程度，就是因为这些人对他们所做的事情，研究到非常熟练透彻，达到了出神入化的程度，他们对操作这些事物的方法非常熟悉，达到了闭上眼睛都能操作的程度，这就是习惯成自然的意思，也是熟能生巧的过程和作用。老子用这些道理是在说明习惯成自然的方法，也是在说明无为之道形成的原理。只要我们时时处处以无为之道处事待人，处处时时以公正无私、诚信、宽厚之心待人处事，久而久之我们就会养成习惯。可见，习惯就是这些原则、原理、方式方法已经深深地印记在我们心中，这些原则就是我们做人的习惯。在对待处理任何问题时，就会不假思索地依照我们这种美好的自然习惯而为，使人感觉不到虚假做作的成分，这就是人达到自然无为之道的方法。

《周易·系辞》孔子曰："易其至矣乎。夫易，圣人所以崇德而广业也。知崇效天，卑法地。天地设位，而易行乎其中矣。成性存存，道义之门。"孔子说："易学的意义真是大到极点了啊！易学，是圣人用来崇尚道德、成就发扬光大伟大事业的。并使人民知道崇尚高尚、礼遇卑微的道理。懂得崇尚天之道德，地低下而顺承天的道理。天地的高低贵贱之位确定之后，易学所阐述的道理就贯串于其中了。易学的目的是要实现，将天之固有善性深深地印记在人民心中，使人人有仁善之心，这才是实现道义的关键啊！"易学的目的，如同孔子一生辛劳奔波，以教学的方式，来推行道德仁义的目的一样，就是为了使人从小就开始接受仁义道德的教化，从一开始就用仁义道德礼仪知识来陶冶情性，而使仁义道德成为人民的习惯，使人人有仁善之心，人人知道崇尚高尚、礼遇卑微，使仁义道德深深地印记在人民心中。正如《周易·坤卦》初六爻象辞曰："驯致其道，至坚冰也。"

孔子一生都在为实现老子所论的无为之道而奋斗；老子和孔子，一个是道德理论的创建和完善者，一个是利用教化的方式推行道德仁义的实际行动者。老子是中华民族的哲学家，孔子则是用自己的实际行动推行发扬道德仁义的实践家、教育家，他们同是为了宣扬推行道德而奋斗终生的人。

老子在这一章的最后指出，无为之道的精要奥妙是不好为人之师，不喜爱别人的财物。为什么说这是无为之道的精要奥妙之处呢？因为无为而为的君子，他们本身的言论、行为、外表、礼仪、品德就是人民的榜样，他们原本就是用不言之教而达到教化人民的君子，是用自己的美好品德使人民受到感化，而不是用说教来教化人民。君子公正无私，诚信、宽厚；不爱他人的财物，是无私、诚信、宽厚仁义的体现，也是无为之道的基本表现。这里老子用"虽智而大迷"来引起我们的思索，因为迷惑，所以就会思考原因。

《庄子·养生主》曰："庖丁为文惠君解牛，手之所触，肩之所倚，足之所履，膝之所踦，砉(xū)然响然，奏刀騞(huō)然，莫不中音。合乎桑林之舞，乃中经首之会。文惠君曰：'嘻，善哉，技盖至此乎？'庖丁释刀对曰：'臣之所好者道也，进乎技也。始臣之解牛之时，所见无非全牛者。三年之后，未尝见全牛也。方今之时，臣以神遇而不以目视，官知止而神欲行。依乎天理，批郤(xì)，导大窾(kuǎn)，因其固然。技经肯綮(qǐ)之未尝，而况大軱(gū)乎！良庖岁更刀，割也；族庖月更刀，折也。今臣之刀十九年矣，所解数千牛矣，而刀刃若新发于硎(xíng)。彼节者有间，而刀者无厚；以无厚入有间，恢恢乎其于游刃必有余地矣，是以十九年而刃若新硎。虽然，每至于族，吾见其难为，怵然为戒，视为之，行为迟。动刀甚微，謋然已解，如土委地。提刀而立，为之四顾，为之踌躇满志，善刀而藏之。'"

庄子讲的这个故事，关键是在于说明，善于解剖牛的厨师，之所以善于解剖牛，是因为他通过多年的苦练，完全熟悉牛的解剖结构和筋膜的构造，大骨、小骨、骨节、筋膜之间的空隙所在及其大小，已经达到了熟视无睹、如入无物的境界，即使闭上眼睛，也能从他的双手感觉而使大脑的思维感到手所到之处，是属于牛的什么部位，解剖牛只要顺应牛的自然结构，顺势分离其间隙就可以了。所以就能以不厚的利刃进入到牛体有间隙的骨节筋膜，顺势解剖牛的组织就可以了，完全用不着用刀刃使劲砍，这就是习惯成自然的形成过程，也是熟能生巧的意义所在。

庖丁所言"臣之所好者道也"，这里的"道"，是指庖丁完全掌握了牛身体的结构特点及规律，而且经过多年的苦练，使其解剖牛的技能熟练而高超，终于能以不厚的刀刃在有间隙的牛体上游刃有余。这也是庄子对老子关于如何做到自然无为的具体方法的论述，这也是庄子对如何达到自然无为之道方法的最精辟的论述。通过庄子的这一论述，就可以认为达到自然无为之道的方法，就是反复学习，反复练习，熟悉技能，而逐渐达到习惯成自然的方法，就是我们每一个人成就事业的基本方法，也是我们学习各种知识、提高各种技能的基本方法。只有像庖丁解剖牛一样，经常自觉地学习、锻炼、研究，就能达到最高技艺的水平，就能达到庖丁解牛一般的最高境界。

第二十八章

原文

知其雄[①],守其雌[②],为天下溪[③]。为天下溪,常德不离,复归于婴儿。

知其白[④],守其黑[⑤],为天下式[⑥]。为天下式,常德不忒[⑦],复归于无极[⑧]。知其荣[⑨],守其辱[⑩],为天下谷[⑪]。为天下谷,常德乃足,复归于朴[⑫]。

朴[⑬]散则为器[⑭],圣人用之,则为官长,故大制[⑮]不割[⑯]。

注释

①雄:雄性动物,这里引申为刚健、阳刚之气。②雌:雌性动物,这里引申为柔顺、阴柔之气。③溪:溪流。④白:空无。⑤黑:昏暗。⑥式:模式,标准。⑦忒(tè):差错。⑧无极:天地之母太极的前期,一片混沌无物的状态。⑨荣:荣耀。⑩辱:屈辱,侮辱。⑪谷:山谷,引申为困境。⑫朴:淳朴,敦厚。⑬朴:没有经过砍削修饰的木材或竹子。⑭器:器具,器皿。⑮大制:美好的制度、法制,这里隐喻大治时代。⑯割:割裂,伤害。

译文

能明白刚健正直的道理,就能明白守护柔顺的道理,也就能成为天下最清澈的"溪流"。能成为天下最清澈的"溪流",就会使无为之道平常的德行不失去,而恢复到如婴儿一样的无私无欲的淳朴之性。

明白了空无虚静的道理,就能守护那昏昧恬淡的无为之道,以虚静恬淡的无为之道为天下人的模式。以恬淡虚静无为为天下模式,平常的德行就不会有差错,就又恢复到无极时代一样混沌无物的状态。明白荣耀华美的道理,就能居于被屈辱之地,能荣辱与共就能成为天下最深广的"山谷"。能成为天下最深广的"山谷",平常的德行就很深厚。平常有很深厚的德行,就是又恢复到淳朴敦厚的本性。

将原始森林树木砍伐切割制成各种器具,就使森林受到破坏,就不能蓄养鸟兽了,圣人利用这个道理,设立相应的官长,来治理民众,使民众安居乐业,而不流离失所;天下大治时,人民安居乐业,不流离失所,就不会受到伤害。

评析

这一章，老子用雌雄、黑白来象征自然无为之道的基本纲领，其基本纲领即刚柔、恬淡、虚无静谧。一个能刚柔相济，荣辱与共，无私无畏，淳朴敦厚，诚信而又恬淡虚无清静的无为者，是道德极为深厚的君子。所以就要以自然无为之道为天下人的模式。只有以自然无为之道为天下模式，才能使公正无私、淳朴敦厚、诚信、仁善的品德深深地印记在人民心中，人人都能以自然无为之道为模式，才能实现天下大治，人民才能太平安乐，而不会流离失所，就不会受到伤害。

所以也可以说，这一章老子所论述的是，治理国家人民的执政者其本身必须具备自然无为之道，必须以自然无为之道为治国的宗旨，才能治理好天下。也就是说，老子在这一章论述的是只有具有无为之道者，才能效法无为之道而治理天下的道理。

《庄子·天下》曰："老聃曰：'知其雄，守其雌，为天下溪；知其白，守其辱，为天下谷。'人皆取先，己独取后，曰守天下之垢；人皆取实，己独取虚，无藏也故有余，岿然而有余。其行身也，徐而不废，无为也而笑巧；人皆求福，己独曲全，曰苟免于咎。以深为根，以约为纪，曰坚则毁矣，锐则挫矣。常宽容于物，不削于人，可谓至极。"这是庄子对老子之言的理解，其实也是庄子对老子很多言论的归纳。庄子所言的"人皆取先，己独去后，曰守天下之垢……"都是对老子之言的归纳而已，庄子主要是在说明老子所论的是自然无为之道的基本内容，也是君子所遵循的自然无为之道的具体表现形式，也是君子异于常人的品德的具体表现。庄子特别指出：君子若是真正能做到如老子所言的这些异于常人的君子的具体表现，就是道德极深的人；道德极深极厚之人，就是圣人了，如古代先圣、先哲、二皇五帝三王，乃至老子、孔子等。从庄子之言，可以更深刻地理解老子之言了。

第二十九章

原文

将欲取天下而为之[①]，吾见其不得已。天下神器[②]，不可为也，不可执[③]也。为者败之，执者失之。是以圣人无为，故无败；无执，故无失。

夫物[④]或行或随[⑤]；或歔[⑥]或吹；或强或羸[⑦]，或载[⑧]或隳[⑨]。

是以圣人去甚[⑩]，去奢[⑪]，去泰[⑫]。

注释

①为之：治理天下。②神器：无为之道的原则，圣人贵无为之道，无为之道是谓神器。③执：拿，治理。或者是自己的某种主张。④物：事物，察看。⑤或行或随：或执行道或顺从道。⑥歔（xū）：嘘，轻轻吐气。⑦羸（léi）：瘦弱，羸弱。⑧载：开始。⑨隳（huī）：毁坏，废弃。⑩甚：很，厉害，严重。⑪奢：奢侈，过分浪费。⑫泰：骄纵，过分、过甚。

译文

将要或想要取得天下或治理天下，我的见解是这也是不得已而要做的事情。天下无为之道的原则是不可自以为是而为之，不可单凭自己的主张而治理天下。自以为是而治理天下就会失败，依靠自己的主张治理天下就会失去天下。所以圣人以无为之道治理天下，因此就不会失败；圣人不依照自己的主张治理天下，因此就不会失去天下。

察看天下的事物，或执行道或顺从道，或是急速或是舒缓；或是强大或是弱小，或是刚刚开始或是正在或已经毁灭。

所以圣人总是去掉很大的和很小的，去掉奢侈糜烂的，去掉极为过分的，而居其中。

评析

这一章，对圣人的治国之道做了论述，圣人治理国家，之所以能够实现天下太平安乐，是因为圣人以无为之道而作为。无为之道的关键是公正无私、诚信，以仁善之心为人民谋利益，而不向人民讨要功劳报酬，所以就能实现天下大治。

老子指出，如果治国者不是以无为之道，以广大人民的利益为目的，而是以自己的主张随心所欲地去作为，那他就一定会失败。所以治国者一定要依照圣人创建的自然无为之道去作为，才能成功。

这里特别注意的是，“是以圣人无为，故无败；无执，故无失”，“圣人无为”，是指圣人依照无为之道而治理国家天下，所以就不会失败，而不是说圣人什么也不做，不作为而不会失败。圣人什么也不作为，怎么会使天下得到治理呢？难道天下大治是什么也不用做就能得到的吗？当然不是。

关于“无执，故无失”，是指圣人不依照自己异想天开的主张治理天下，而是依照无为之道治理国家天下，使人民得到利益，得到安乐，深受人民的拥护爱戴，所以就不会失去天下。老子所讲的是无为之道的原则以及无为之道的表现形式，所以应当从无为之道去理解这些问题。

正如《庄子·在宥》曰：“故君子不得已而临莅天下，莫若无为。无为也而后安其性命之情。故贵以身为天下，则可以托天下；爱以身为天下，则可以寄天下。”庄子指出，君子不得已而君临天下，不如就以无为之道治理天下。以无为之道治天下的目标确立之后，而后顺应民心民情、安抚保护天下人的性命而治理天下不顺的事情。所以，以重视天下人民的利益如同自己利益的人，或许可以将治理天下的愿望寄托于他；以爱护天下人民的生命如自己生命的人，或许可以将治理天下的重任托付于他。因为只有以无为之道治理天下，才能使天下得到治理，才能使人民得到安乐，才能使天下人民的性命得到保护。

老子最后指出，天下的事物，都是以自然无为之道自然运行变化不息，尽管有些事物变化快，有些事物变化缓慢，有些强大，有些弱小，有些正在兴起，有些已经衰败，但是它们的变化都离不开自然变化规律。老子的这个观点，与恩格斯关于自然变化规律的变化性和永恒性的观点是极为相似的。恩格斯在《自然辩证法》中有言：“整个自然界，从最小的东西到最大的东西，从沙粒到太阳，从原生生物到人，都处于永恒的产生和消失中，处于不断的流动中，处于不息的运动变化中。”“在这个循环中，物质的每一有限的存在方式，不论是太阳或星云，个别动物或动物种属，化学的化合或分解，都同样是暂时的，而且除了永恒变化着的，永恒运动着的物质及其运动和变化的规律以外，再没有什么永恒的东西了。”恩格斯指出，无论自然界的物质如何运动变化，是生成还是消亡，无论是大物质还是小物质，都是在不断的运动变化之中，而且都依照永恒不变的自然变化规律而运动变化，而且从事物的永恒变化过程中，所体现出来的是永恒运动的物质和永恒存在的自然变化规律。

而我们的圣人老子早在两千多年前，就已经感悟到了自然变化规律的永恒存在，而且从这些自然变化规律中领悟出自然无为之道的内涵，其表现形式就是中正无私、诚信、仁厚。以自然无为之道治理国家天下，就不会失去天下。

老子所论的圣人依照无为之道而作为，“总是去掉很大的和很小的，去掉奢侈糜烂的，去掉极为过分的，而居其中”，这些观点也正与孔子中庸之道的基本观点相一致。中庸之道的基本点，如孔子所言：“舜其大知也与。舜好问而好察迩言，隐恶而扬善，执其两端，用其中于民，其斯以为舜乎。”孔子的这段话讲的是，舜帝遏制不美好的，而宣扬美善的，将那些过分不美好的和那些被宣扬得让人难以相信的事物隐蔽起来，而只是宣扬平和而美好的德行，使人民真正受到教化。这与老子所说的圣人去掉极大的和最小的而居中的观点是一致的。中庸，居中就是适中，就是中正，就是公正无私，不偏斜，只有公正无私，无偏斜，与人民同心同德，才能得到人民的拥护，得到人民的拥护才会长久地拥有天下的治理权。而我们现代之人，无论是影视，还是有些文学作品，或者广告，却是将某些事物的用途、功劳宣扬得无限美好，实在让人难以相信；或者为了表现某些人物的英雄事迹，而将那些罪恶者作恶的恶行极力渲染，简直是在教幼稚者习恶！这又怎么教化人心向善呢？怎么使我们的人民中正无私呢？

第三十章

原文

以道佐[①]人主者，不以兵强[②]天下，其事好还[③]。师之所处，荆棘生焉。大军之后，必有凶年。

善有果[④]而已，不敢以取强。果而勿矜[⑤]，果而勿伐[⑥]，果而勿骄，果而不得已[⑦]，是果而勿强。

物壮则老[⑧]，是谓不道，不道早已[⑨]。

注释

①佐：辅佐。②兵强：兵：军兵，武力。强：强大；强弓弩箭。③其事好还：这反而是好事情。其：这。还：反而。事好：好事。④善有果：好就有好的结果。善：好，美好。果：结果。⑤矜：骄傲自满。⑥伐：功劳。⑦已：过分。⑧老：衰老疲惫而衰弱。⑨早已：早早消亡。

译文

以无为之道辅佐君主的人，是不会用强弓弩箭等武力强行天下的，不以强弓弩箭强行天下，这反而是好事情。因为以众多军兵强行天下，军队所到之处，土地就会荒芜而长满荆棘啊！大军攻伐之后，必定是荒年。

这是施行仁善就会有好结果，不敢以强力谋取强盛。有好结果而不骄傲自满，有好结果而不自我夸耀，有好结果而不骄纵无礼，有好结果而不过分炫耀，这是为了好结果而不用强力取胜就能得到好结果。

事物过于强大就容易衰老衰弱，这是因为没有遵循无为之道的规律，不遵循无为之道规律的事物是会早早消亡的。

评析

这一章，老子用有道者的作为来说明战争的危害之一。老子首先指出，有道的君子是用自然无为之道的原则来辅佐君王，一切要从人民的利益为出发点，而不依赖强大的武力横行天下，欺凌人民，伤害人民。因为人民是生产者，是各种资材的创造者，是各种生活资源的生产者，不以武力在手无寸铁的人民赖以生存的土地上开战，就会得到好的回报。如果以强大的武力伤害人民，横行霸道，人民惧怕战争的伤害，大军来临，就会使人民流离失所，到处逃难而使农田荒芜。古代战争常在田野中进行，两军对阵，厮杀在田野之中，也会使农田遭到大量损害，所以战争过后必定是荒年，更使人民流离失所而遭受灾难。所以圣人拥有强大的武力，而不轻易使用武力，对于不顺服的邦国，以仁德感化而使其归服，不得已才进行征伐。就如《诗经》中所记载的，周文王奉纣王之命征伐不服，周文王拥有强大的武器车马，但只是对不服商朝的崇国进行围困，而不使用武力攻打，用仁德感化崇国的人民，最终使崇国人民归服。正如《周易·同人》九五爻所言："同人，先号咷而后笑，大师克相遇。"崇国被周文王强大的武力围困，崇国人民开始感到恐惧害怕而大声哭叫，但周文王并未用强大的武力攻打他们，而是处处遵守崇国人民的风俗习惯，不侵犯人民的利益，又用各种好言劝告，人民看到周文王如此仁义，能与人民同心同德，人民为遇到这样有仁义道德的君王感到高兴而开怀大笑。这就是周文王仁善而又善于施行仁善所得到的回报。当然仁善包括仁义，包括公正无私地保护人民的利益。以中正无为之道使人民信服而归服，不是以自己强大的武力使人民归服。

老子最后指出："物壮则老，是谓不道，不道早已。"无为之道的中心内容是公正，公正即中正、适中、不偏斜。正如老子在第二十九章所言的："是以圣人去甚，去奢，去泰。"圣人去掉过大及过小的，去掉奢侈糜烂的，去掉极为过分的，而居于中。中，是中正，不偏斜，就是公正。那么事物的发展没有依照中正的原则，而急速地发展到过于壮盛，就如人过了壮年时期，就逐渐步入老年时期一样。这是一个渐变的过程，而事物的发展超越了这个渐变的过程，就是不正常的表现，所以老子说，这是没有遵循无为之道的规律，也就是超越了中正的原则，过于亢盛就会使事物提早衰败而停止发展。中正的原则，也是儒学的中庸之道，中庸，就是中正、不偏斜。从这里我们可以看到老子中正之道与孔子中庸之道的一致性。

第三十一章

原文

夫兵者[①]，不祥之器，物或恶[②]之，故有道者不处。

君子居则贵左[③]，用兵则贵右。兵者不祥之器，非君子之器，不得已而用之，恬淡[④]为上。胜而不美[⑤]，而美之者，是乐[⑥]杀人。夫乐杀人者，则不可得志于天下矣。

吉事尚左，凶事尚右。偏将军居左，上将军居右，言以丧礼处之。杀人之众，以悲哀泣之，战胜以丧礼处之。

注释

①兵者：兵器，军队。②物或恶之：有些事物或者是不美好的。③贵左：以左侧为主。④恬淡：安静淡泊。⑤不美：不赞美颂扬。⑥乐：歌乐，音乐。

译文

各种兵器以及武力征伐，都是不吉祥的器物，有些事物或者是不美好的，所以有道的君子不居于不美好的一面。

君子闲居则以左则为主；用兵则以右则为主。用兵征伐是不吉祥的事情，不是君子所使用的手段，君子不得已而使用征伐时，则以淡泊对待为上策，不要以强力取胜。取得胜利时不要赞美颂扬，而赞美颂扬以武力取胜的人，就是用歌乐鼓励杀人的人。而那些乐意杀人和用歌乐鼓励杀人的人，是不可能实现得到治理天下的志向的。

吉庆之事以左边为尊贵，凶险之事以右边为主；作战时偏将军居于左边，上将军居于右边。这是说以丧礼的礼仪处理战争之事宜。杀人太多时，就以悲哀哭泣之礼对待；战胜敌国之时，以丧礼对待。

评析

这一章，老子阐述了有道的君子对待战争征伐的观点。有道的君子不主张随便使用武力征伐别国，因为发动战争，受到伤害的是广大人民，是作为武力主体的军人的生命。君子在万不得已而要征伐别国时，就要以天地固有的美好仁德来处理对待，绝不能以强力使人民受到伤害。

比如，周文王之所以要征伐不服之国，是因为商纣王失道无德，而使许多诸侯国反叛殷商，周文王作为商纣王的臣子，是奉纣王之命前去征伐那些对商朝不服的诸侯国的，周文王并没有以自己强大的武力攻打那些诸侯国，而是以自然无为之道，以自己美好的仁德来感化人民，周文王与被征伐国的人民同心同德，终于感化了那些国家的人民，使被征伐之国的人民终于归服了周文王，这些国家的人民归服的是周文王，而不是商纣王，就这样使周文王的国土和力量得到壮大，而使纣王的力量逐渐衰弱，最终周朝取代了商朝。

据史料记载，周文王在征伐崇国的过程中，对崇国围困了一个月，崇国还是不投降，周文王就将自己的军队又带回周邦的属地，对自己、对自己军队的品行、军纪进行了反思。整顿以后，又前去征伐围困崇国，以更好的仁德来感化崇国人民，最后终于感化了崇国人民，而使崇国人民终于归服了周文王。

关于"胜而不美，而美之者，是乐杀人。夫乐杀人者，则不可得志于天下矣"，这里的"胜而不美"，是指胜利了，不要用歌乐来歌颂赞美胜利。这里的"美"，是称赞，赞美，美化。"而美之者，是乐杀人"就是说，如果赞美颂扬胜利和胜利之人，就是用歌乐鼓励人去杀人，而用歌乐鼓励人去杀人的人，是不会实现得到天下、治理天下的志向的。这从《诗经》中的颂歌中可以看到古人的这一观点，《诗经》的颂歌颂扬的是君子的美好德行，以及君子如何为人民谋利益，而没有颂扬君子勇猛作战的颂歌。

这里就有一个为什么的问题，为什么说歌颂赞美胜利，是鼓励人去杀人呢，其实这是一个很深刻的问题，是一个关系到以仁义道德治理天下的问题。圣人治理天下的目的是为了使人民得到安乐，得到和乐的生活。所以圣人之论，这也是在于说明自古以来我们中华民族的传统美德之一，那就是不要战争，不到万不得已不使用武力。不得已使用武力而取得了胜利，歌颂赞美胜利，就如同歌颂赞美战争一样，就如同鼓励人民喜好战争一样，而使人民增长了好战、好胜、好大喜功的心志，所以圣人不提倡歌颂赞美以武力征伐而取得的胜利。而一个喜欢赞美用武力征伐取得胜利的人，就是崇尚战争、喜欢争夺的人。喜欢争夺的人，就是好大喜功，喜欢自我夸耀的人，就不是有道者，而是无道之人；无道者，就不会使人民得到安乐，得到福气，那么就不会得到人民的拥护，所以就不会得到天下。

对此，笔者认为老子的观点是正确的，是有利于教化人心向善的，是应该得到提倡和宣扬的道德观，可是老子的这个观点，好像与现代人的观点截然不同。我们现代的不少影视剧，为了歌颂某些英雄人物，有些剧目将那些小偷、流氓，甚至吸毒者、贩毒者的作案情节表现得过于细致，其目的是好的，但是用些手段来夸大这些英雄的功绩，却可能成为那些无知少年学习模仿坏人的教化课。可见，老子所讲的道理句句都是震撼我们灵魂的至理名言，我们每一个人都应该认真思考学习之！

关于"吉事尚左，凶事尚右。偏将军居左，上将军居右，言以丧礼处之。杀人之众，以悲哀泣之，战胜以丧礼处之"，这应该是礼法的规定，但是参看《周礼》、《礼记》，还没有找到这方面的礼仪规定。

第三十二章

原文

道常无名、朴[①]。虽小[②]，天下莫能臣[③]。侯王若能守之，万物将自宾[④]。

天地相合，以降甘露[⑤]，民莫之令而自均[⑥]。

始制[⑦]有名，名亦既有，夫亦将知止[⑧]，知之可以不殆[⑨]。

譬[⑩]道之在天下，犹[⑪]川谷之于江海。

注释

①朴：朴实，淳朴。②小：隐微。③臣：臣服，顺服。④自宾：自己服从，归服。⑤甘露：甘美的雨露。⑥自均：自己均匀分布。⑦始制：开始制定。⑧将知止：将：大概，或许，将要。止：停止。居处，引申为居于何处。⑨殆：危险，懈怠。⑩譬：譬如。⑪犹：犹如。

译文

道经常没有名称，而且质朴。道虽然隐微，但是天下没有谁能使道臣服于自己的意志。侯王若是能坚守无为之道，万民将会自己顺服侯王。

天地阴阳之气相合，变化甘露时雨从天而降，人没有谁能命令而雨露会自然均匀地普洒大地。

开始给道制定名称，名称也已经有了，那么或许也就知道应该居于何处了，知道居于无为之道而不可以懈怠。

就如大道存在，天下万物顺之；就如溪流河水必定要流归江海一样无所不容纳。

评析

这一章，老子指出，道虽然淳朴隐微，但是天下却没任何人能使道服从于自己的意志，所以道是万物变化的主宰。侯王若是能坚守无为之道，自觉自愿无私公正地去为人民谋利益，那么，不需要你用武力征伐，去号召，人民就会自动归服有道的君主。人民自动归服的现象，就如天地阴阳之气自然相合而变化甘露，自然洒满人间一样自然而然，使人民欢悦而归服，人民归服的是有道者。

老子给道制定了名称，对道的特点、性质、表形形式、表现过程都做了明确的论述，那么知道了道的名称、作用、威力，也就知道应该居于道的一面，以自然无为之道自觉自愿、公正无私、诚信仁善之心去作为而永不懈怠。以无为之道作为，就如万物自然遵循道而变化。就如溪流必定流入江海一样自然，也就是说治理天下国家的君主，以自然无为之道去治理国家，这是必然规律。如果治理国家天下的君主，违背了这个必然规律，违背了无为之道，而随自己的意愿妄作非为，必然就会遭到因违背必然规律而灭亡的结果。因为万物只顺服自然规律，万物是无法使自然规律顺服自己的。

这一章，老子将应用自然无为之道治理国家天下，提高到高度的思维水平，认为自然无为之道的本质就是自然而然地自始至终公正无私地以自己的光热照耀万物：天无物不照，无物不覆；地自然地自始至终地承载，孕育藏纳万物，而且是无物不载，无物不藏，无物不孕育。天地公正无私地使万物得到益处，而不向万物索要回报，不显耀自己的功劳；圣人从天地这种美好善德中，领悟出自然无为之道，并效仿无为之道自觉自愿、公正无私地来为天下广大人民谋利益，使广大人民得到益处、安乐而不言自己的功劳，这就是无为之道。自然无为之道，使万物得到了益处，使万物得到生长化育、壮大，而只有天地自然的变化规律永恒存在，所以治理国家天下者，只有依照无为之道去作为，自然就能使人民得到利益，否则人民当然就要反对无道者，无道者就必然遭到灭亡，这是中华民族历史自然发展的必然规律。这也就是“顺道者昌，逆道者亡”的真实含义。

其实，这也是老子对当时社会那些争王称霸者们提出的告诫，争王称霸的诸侯，若是能以无为之道治理自己的诸侯国，不用去争夺，人民自然就会归服于你；而不用无为之道治理国家，任凭如何争王称霸，人民也不会顺服你，所以还不如用仁德使人民归服为好。

第三十三章

原文

知[①]人者智[②]，自知者明[③]。

胜[④]人者有力，自胜者强[⑤]。

知足者富。

强行者有志。

不失其所[⑥]者久。

死而不亡者寿[⑦]。

注释

①知：知道，明白，了解。②智：智慧，聪明。③明：自知之明。④胜：超越，胜过、战胜。⑤强：意志坚强。⑥不失其所：为人民利益作为而牺牲自己生命者为死得其所；不是为人民利益即为私利而死亡者，是不得其所。不失其所者，是指为了不使人民的生命财产受损而失去自己生命的人。⑦寿：永远长存。

译文

能了解器重别人的人是智者。有自知之明者是明智。

能战胜别人的人有力量。能战胜自己的人是意志坚强的人。

知足常乐就是富有。

意志坚强而行动者是有志向的人。

为了不使人民的利益、生命、财产失去，而牺牲了自己生命的人，就能永远活在人民心中。

为了国家人民的利益而牺牲自己生命的人，他的精神品德永远常存。

评析

这一章，老子指出什么是智者，什么是明智，什么是有力量，什么是意志坚强，什么是富有，什么是有志向，什么是死得其所，什么是真正的长寿。老子指出，能正确认识并正确运用人的人，是智者，就是有智慧的人；有自知之明的人才是明智的人。试想一个连自己的长处短处都不了解的人，怎么能正确地了解评断别人呢？

其实老子主要是在告诉我们，一个人既要有智慧又要有自知之明，既要自强不息又要知足常乐，但是要将自己的聪明才智、强大的力量、富有、坚强的意志用得其所，用在自觉自愿无私地为人民谋利上。因为一个人只有生得其所，死得其所，为人民的利益而生，为人民的利益而死，才会永远活在人民心中。为了人民的利益，虽然牺牲了自己的生命，但是他却永远活在人民的心中，他的高贵品德将永远激励着人们。就如我们的革命先烈，那些为人民利益而牺牲性命的刘胡兰、黄继光等英雄永远活在我们的心中，他们的精神永远长存一样。

老子的这些言论，可以说是至理名言。正如毛泽东主席在《为人民服务》一文中所言："人总是要死的，但死的意义有不同。中国古时侯有个文学家叫司马迁的说过：'人固有一死，或重于泰山，或轻于鸿毛。'为人民利益而死，就比泰山还重，替法西斯买力，替剥削人民的人去死，就比鸿毛还轻。张思德同志是为人民利益而死的，他的死是比泰山还要重的。"为人民利益而死的人，是死得其所，就比泰山还要重，就能永远活在人民心中，永远是我们后世之人学习的光辉榜样，他们的伟大品德永远长存在人民心中，他们在人民心中永远是英雄，是伟人。而那些为了自己的利益，或者为了那些危害人民之人的利益而死的人，是死不得其所，就会受到人民的唾弃，他们在人民心中永远是罪人，得到的只是骂名而已。

中华民族的历史上，有着太多为了国家人民利益而死得其所和视死如归的人。正如文天祥所言："人生自古谁无死，留取丹心照汗青。"又如曹植在他的《白马篇》中说道："弃身锋刃端，性命安可怀！父母且不顾，何言子与妻！名在壮士籍，不得中顾私。捐躯赴国难，视死忽如归！"这便是中华民族对待国家民族人民利益的高尚美德。

第三十四章

原文

大道泛兮[①],其可左右。万物恃之[②]以生而不辞[③],功成不名有[④]。衣养[⑤]万物而不为主,常无欲,可名于小[⑥];万物归焉而不为主[⑦],可名为大。以其终不自为大,故能成其大。

注释

①泛:广泛。②恃:依靠,凭借。③辞:讲话,说话。④不名有:不要名利名声。⑤衣养:覆盖包容,养育。⑥小:隐微。⑦主:主人。

译文

大道广泛存在啊!谁也不可左右支配它。万物凭借道化生而道从不会言说自己的功劳,成就万物的化育而没有名声。覆盖包容万物而不自以为是主人,道常无私无欲,道可以说是隐微不显的;万物归服于道而道不自以为是主人,道可以说是伟大的。因为道始终不以为自己伟大,所以才能成就其伟大。

评析

这一章,老子对自然无为之道的特点又做了一些说明,道广泛存在于自然变化之中,万物都依照道而生长衰败,道就是自然变化规律,自然变化规律控制着万物的生长衰败,而没有任何力量或意志能够使其发生改变,更没有任何力量或意志使道顺服自己的意志;就如没有任何力量能使天地日月停止运转一样,因为天地日月的运转是自然现象,是自然变化规律的体现。道是隐微不显的,但是它却是万物化生的原始动力,道化生滋养万物而不以为自己有功,而不自以为是可以支配万物的主人,这是道的伟大之处。

这里,老子其实是在告诉我们"道"到底是什么。道普遍存在于自然变化之中,它决定着万物的生长化育过程,决定着万物的兴盛衰败,万物依赖它而生存,但是道却无声无息,而任何外在力量都无法左右它。道是自然存在的,主宰着万物的兴盛衰败,而不受任何外在力量或意志左右。那么这个道，到底是什么呢？其实就是主宰万物自然变化、使万物得到益处的自然变化规律。

为什么说道是自然变化规律呢？首先我们来了解一下什么是规律。关于规律，《现代汉语词典》的解释是："事物之间的内在的必然的联系。这种联系不断重复出现，在一定条件下经常起作用，并且决定着事物必然向着某种趋势发展。规律是客观存在的，是不以人的意志为转移的，但是人们能够通过实践认识它，利用它。也叫法则。""自然规律，则是存在于自然界客观事物内部的规律，也叫自然法则。"规律是决定事物必然发展趋势，永远对事物的发展变化起决定作用而不受任何外在力量左右的法则；自然规律就是存在于自然界客观事物内部的，不以人的意志为转移，而且可以认识的法则。那么老子所说的主宰万物发展变化、主宰万物兴盛衰败的道，就是自然变化规律，道就是自然法则了。而无为之道也就是自然变化规律，就是自然法则，无为之道只是老子依照自然规律所表现出来的特点，对自然规律所做的一种相应的命名而已。圣人所效仿的是自然变化规律的特点，是自然，是清静无为，是公正无私、诚信仁善。圣人就是效法道的这些特点来治理国家天下，使国家天下达到自然和谐美好的境界，使人民达到自然和乐安康的美好境界。这是圣人效法自然无为之道，治理国家天下的目的。

正如《庄子·大宗师》曰："夫道，有情有信，无为无形；可传而不可受，可得而不可见；自本自根，未有天地，自古以固存；神鬼神帝，生天生地；在太极之先而不为高，在太极之下而不为深，先天地生而不为久，长于上古而不为老。"庄子说："道有本性有诚信，自然无为而又无形状；可以传授而不可以给予，可以得到而不能看见，自然有本有根，在没有天地之前，自古长久存在；道化生了神鬼神帝，道化生天化生地；在太极之前存在不算年长，在太极之后存在不算深远，在天地生成以前就生成而不算久，长久存在于上古不算老。"这是庄子对道的论述，庄子接下来谈到，谁若是得到了道，谁就会拥有极大的力量和长久和智慧，其中说到，"日月得之，永远不熄灭"，"傅说得之，以相武丁，奄有天下"。这就是道，道是自然无为的变化规律，天下万物包括天地皆以道而生，以道而存，以道而变化。天地日月都是道的化生物，人类也是道的化生之物，万物遵道而行，所以人类也只有遵道而行，才是顺其根本；所以治国治天下者只有以无为之道治国治天下才会长久不衰。庄子之论，在于说明道的伟大，说明道无所不在，无所不化生，可以说是对老子所论的无为之道的进一步说明，道是自然而然存在，自然而然化生万物而看不见摸不着的自然变化规律、自然变化法则。

所以说，无为之道，是广泛存在，而不受任何外力作用的自然变化规律，君王君子以无为之道治理国家天下，就能使社会达到自然的和谐，自然的安乐太平，这也是人类最高最美好的愿望！所以，老子说："衣养万物而不为主，常无欲，可名于小；万物归焉而不为主，可名为大。以其终不自为大，故能成其大。"

第三十五章

原文

执大象①，天下往。往而不害，安平太②。

乐与饵③，过客止。道之出口，淡乎其无味，视之不足见，听之不足闻，用之不足既④。

注释

①执大象：执：持，掌握，施行。大象：大道的形象，表现形式，具体内容。②安平太：平安太平。③乐：音乐，动听的音乐。饵(ěr)：美味诱人的食品。④既：尽，完全。

译文

持着大道的基本表现形式，前往治理天下。反复治理使万物和谐相处而不相互伤害，那么天下就安乐太平了。

动听的音乐和美味诱人的食物，能使过路的客人停下脚步。道从口中说出，却平淡没有味道，看又不能充分看到它的形状，听又不能充分听到它的声音，但道若是使用起来却永远没有穷尽。

评析

这一章，老子终于明确指出了他论述无为之道的目的，那就是希望有道者施行无为之道以治天下。只有施行自然无为之道来治理天下，使万物得到治理，万物和谐相处，不再相互伤害，人民和谐，天地阴阳之气和谐，风雨适时适量，五谷丰登，六畜兴旺，天下就安乐太平了。所以说无为之道是执政者治理国家天下的纲领，用无为之道治理天下，才能使万物得到益处，人民得到安乐幸福。所以说老子所论的道，就是无为之道；使万物得到和谐，人民得到安乐太平，是谓德；道与德相合是谓道德。老子所论的道德，就是传统道德的起源。传统道德首先是执政者治理国家天下的最高宗旨与必经之路。

正如《周易·泰卦》象辞曰："天地交泰，后以财成天地之道辅助天地之宜，以左右民。"象辞说：天地阴阳之气相交相合平和，才能及时化生适量的及时雨，滋润化育万物，使万物得到及时雨的滋润而顺利生长、壮大，使人民得到五谷丰登、六畜兴旺，人人丰衣足食，人人和谐和睦，就是天下太平了。所以后世的圣人就将天地自然变化所达到的这种天下自然太平安乐的景象作为治理国家天下所要达到的目标。而要达到这个目标，就不能单凭天地自然来实现，所以就有了创造出许多辅助天地而达到天地阴阳之气和谐的人为方法，辅助天地自然达到阴阳和谐，万物和谐，人人和谐。如兴修水利，用水灌溉防止干旱，田间修筑排水沟以防止涝灾等。圣人用老子所说的自然无为之道治理国家天下；不随便发动战争，不欺凌弱小国家及人民，使人民有仁善之心，这样才能达到人人和睦，社会和谐而天下太平安乐。

最后老子又对大道的特点做了阐述，无为之道不像动听的音乐，不像美味诱人的食物，听又听不见，看又看不到，吃又吃不着，摸又摸不着；但是道使用起来却取之不竭，用之不尽，道是化生万物的必经之路，是有道者治理国家天下的法宝，是必用之器，是治国者治理国家天下的必由之路。为什么呢？因为道，是自然变化规律，只要我们时时处处效法它的特点去作为，它时时处处就能发挥作用。道，既然是万物生长化育必须遵循的共同规律，那么治理国家天下者，也就必须遵照道这个共同规律，而绝不能违背这一规律，只有这样万物才能得到生长化育，人民才能得到利益，天下才能得到治理而实现太平安乐。

老子的无为之道，被毛泽东主席概括升华为“全心全意为人民服务”，全心全意为人民服务已经成为中国共产党的根本宗旨。全心全意为人民服务是中国共产党领导全国人民建设社会主义，实现我们的先祖已经实现了的太平安乐的大同社会——未来的共产主义的必由之路。只有毛泽东才完全彻底而创造性地继承发扬光大了老子之道德的真正含义。

第三十六章

原文

将欲歙[①]之，必固[②]张之；将欲弱之，必固强之；将欲废[③]之，必固兴[④]之；将欲夺之，必固与[⑤]之。是谓微明[⑥]。

柔弱胜刚强，鱼不可脱于渊[⑦]，国之利器[⑧]不可以示人。

注释

①歙(xī)：收缩吸入。②固：原本，本来。③废：废弃，除掉。④兴：兴盛。⑤与：给予。⑥微明：稍微明白。⑦渊：深渊，深水。⑧利器：精锐的兵器，精锐的军兵。

译文

将要缩小的东西，必然原本是扩张的；将要衰弱的事物，必然原本是很强大的；将要废弃的事物，必然原本是很兴盛的；将要夺取的东西，必然原本是应该给予的。这就叫略微明白了事物的一般规律。

柔弱者战胜了强大的就变成了强大的，但是不要忘记了鱼儿是不可以离开深水的道理，不可以因为自己强大，有精兵利器而随便炫耀武力，发动伤害人民的战争。

评析

这一章，老子讲述了事物的一般发展变化规律，那就是事物不断地由弱小变为强大，又由强大变为弱小，甚至灭亡。老子的这一认识，是对自然界自然变化规律特点的总结，万物不断化生，不断壮大，而由壮大又逐渐进入衰弱，直至消亡，这就是春生、夏长、秋收、冬藏的自然之象；也是对人类由出生到长大、强壮、衰老、死亡的自然过程的总结。

老子的这一认识，是对万物的基本变化规律的总结。正如恩格斯在《自然辩证法》中说道："自然界不是存在着，而是生成着和消亡着。""但是一切产生出来的东西，都注定要灭亡。也许经过多少亿年，多少万代生了又死；但是这样的一个时期会无情地到来，那时日益衰竭的太阳将不再能融化从两极逼近的冰，那时人们越来越聚集在赤道周围，最终连在那里也不再能够找到足以维持生存的热，那时有机生命的最后痕迹也将渐渐地消失，而地球，一个像月球一样死寂的冰冻的球体，将在深深的黑暗里沿着越来越狭小的轨道围绕着同样死寂的太阳旋转，最后就落到太阳上面。""但是，不论这个循环在时间和空间中如何经常地和如何无情地完成着，不论有多少亿个太阳和地球产生和消亡，不论要经历多长时间才能在一个太阳系内而且只是在一个行星上形成有机生命的条件，不论有多么多的数也数不尽的有机物必定先产生和消亡，然后具有能思维的脑子的动物才从它们中间发展出来，并在一个很短的时间内找到适于生存的条件，然后又被残酷地消亡……"这是恩格斯对天地万物自然产生自然消亡过程的描述，恩格斯认为随着时间空间的变化，太阳系会随着太阳自身热能的消耗殆尽而自然消亡，又会随着时间空间的变化而自然产生，人类也会随着天地的产生和消亡的变化规律，适时地产生、存在、消亡。恩格斯对自然界万物自然生成、自然消亡的理论，充分说明老子对自然界一般事物变化规律的阐述——万物自然产生，自然壮大，自然消亡的自然过程是完全正确的，所以圣人就以自然无为的中正之道处置一切，而不以太过的方式处置事物，以保持自然无为之道，以努力符合自然变化规律，以免很快消亡。当然中华民族的哲学家所研究的是天地存在时以中正无为之道而作为的问题，只要乾坤存在，圣人所阐述的道理就永远存在。这也应该是中华民族的"天下第一"之五了。

老子所论事物的一般规律，还包括事物的相对性，相互依存相互转化性。吸气与呼气是相互依存的，衰弱与强大是相对的，而且是可以相互转化的；夺取与给予有着道义上的不同；以自然无为之道的规则给万物以利益，给人民以利益，人民就不会再去夺取原本就应该得到的利益。如果统治者剥夺了人民的利益，并且危害人民，人民当然就会起来反抗而夺取原本就属于人民的利益。所以老子指出，统治者不可以以自己的强大去侵伐弱小，因为强大是由弱小转变来的，而且强大随时都有可能被弱小战胜而变为弱小者，甚至灭亡。所以就要以自然无为之道治理天下，不要强取豪夺，不要轻易发动战争，这也应该是老子对待战争的基本观点。

这里将"国之利器不可以示人"，解译为不可以因为自己有精兵利器而随便炫耀武力、发动战争，是依据《国语》祭公谋父谏穆王征犬戎为依据，祭公谏曰："不可，先王耀德，不观兵。夫兵戢而时动，动则威，观则玩，玩则震。是故周文公之《颂》曰：'载戢干戈，载櫜弓矢。我求懿德，肆于时夏，允王保之。'先王之于民也，懋正其德而厚其性，阜其财求而利其器用，明利害之乡，以文修之，使务利而避害，怀德而畏威，故能保世以滋大。"因为周穆王要无故征伐犬戎，祭公认为不可以征伐，先王只是对天下人民显示仁德，而不炫耀武力；如果常常炫耀武力，就会使武力失去威慑作用，而不能发挥应有的作用；而且先王对于人民，只是勉励匡正敦厚他们的德行，为他们创造开发资财器物，引导教化他们趋利避害，心怀美德而敬畏威严而已。而做到这些，并不是战争所能达到的。其实这一章也是老子对先王之德的总结和发扬光大。

第三十七章

原文

道常无为而无不为。侯王若能守之,万物将自化。化而欲作[①],吾将镇[②]之以无名之朴[③]。镇之以无名之朴,夫将不欲[④]。不欲以静,天下将自正[⑤]。

注释

①化而欲作:用无为之道感化而仍然想要胡作非为者。②镇:震服。③无名之朴:没有声名而淳朴的无为之道。④不欲:不会有胡作非为的欲望,没有欲望。⑤正:公正,中正。

译文

道常以自然、无私无欲、清静无为为表现形式,但却无所不为,因为天地万物都是由道化生出来的,也就是说道无所不化无所不生。侯王若是能坚守无为之道去作为,天下万物万民将会受到感化而顺服。用无为之道感化而仍然想要胡作非为者,我认为用那没有名气的淳朴之道再来震服他,那么他大概就不会有胡作非为的欲望了。天下没有了胡作非为的欲望因而安静,那么天下自然就会中正无邪而安乐太平了。

评析

这一章,老子阐述了以自然无为之道治理天下的必要性和道的威慑力;以无为之道治天下,就要侯王坚守无私欲,公正诚信,以仁善之德自觉自愿为人民谋求利益,而且使人民真正得到了利益,这样就会感化人民,而使人民归服。

即使还有些没有被感化而想胡作非为的人,只要以朴实无名的无为之道继续来影响他、教化他、感化他,就一定会使其消除胡作非为的欲望,而顺服无为之道的教化。侯王只要能始终坚守无为之道而治天下,天下人民就会无私、无怨,而自觉自愿地归服于有道的君主,那么天下自然就会正而太平安乐了。

《庄子·天地》曰:"天地虽大,其化均也;万物虽多,其治一也;人卒虽众,其主君也。君原于德而成于天,故曰,玄古之君天下也,无为也,天德而已矣。以道观言天下之君正;

以道观分而君臣之义明；以道观能而天下之官治；以道泛观而万物之应备。故通于天地者，德也；行于万物者，道也；上治人者，事也；能有所艺者，技也。技兼于事，事兼于义，义兼于德，德兼于道，道兼于天。故曰，古之畜天下者，无欲而天下足，无为而万物化，渊静而百姓定。"庄子之言，是在说明无为之道的重要意义和作用。庄子所说的"天地虽大，其化均；万物虽多，其治一也；人卒虽众，其主君也"是指，能使天地间万物都同样得到化育的只有无为之道；万物虽然多，数也数不清，但是主宰万物生长化育的仍然是无为之道；天下人民千千万万，但是只有有道的君主才能使人民信服，才能担当起治理人民的重任。所以庄子说，古代君临天下的君主，只要以天地自然无为之道治理天下，以天德使人民得到安乐太平而已。以无为之道观看言说天下君主，君主以无为之道为治理国家天下的纲领，君主公正无私；以无为之道观看分辨君臣的职权，责任义务明晰；以无为之道考察德能而天下之官员得到治理；以无为之道广泛观察万物的变化。所以说，通于天地的，是天地使万物得到益处之德；使万物发生变化的是自然无为之道；在上位治理国家天下人民的人，就是行使天道天德而已；有所技能，就是本领；有本领同时行使天道天德；行使天道天德而又同时履行义务责任；义务职责合并德能，德能合并无为之道。无为之道并于天道天德。所以说，古之蓄养天下人民者，无私无欲就足以服天下，无为而万物自化，深厚清静而百姓就会安定。以上是庄子对老子之论的进一步解释。

所以老子又特别指出，对于那些一时还没有被感化的人，就应该继续以淳朴的无为之道来感化他、教化他，总有一天会被感化而安分守己，不再产生胡作非为的欲望，而变得淳朴本分的。天下没有了胡作非为者，又有仁德有道的君王治理，天下自然会安定太平。

第三十八章

原文

上德[1]不德[2]，是以有德；下德[3]不失德[4]，是以无德。

上德无为而无以为；下德无为而有以为。

上仁为之而无以为；上义为之而有以为。

上礼为之而莫之应，则攘臂而扔之[5]。

故失道而后德，失德而后仁，失仁而后义，失义而后礼。

夫礼者，忠信之薄[6]，而乱之首。

前识[7]者，道之华，而愚之始。是以大丈夫处其厚[8]，不居其薄；处其实[9]，不居其华[10]。故去彼取此。

注释

①上德：高尚有德。②不德：不显露仁德。③下德：不高尚的无德者。④失德：不失去显现德能的机会。⑤攘臂而扔之：挽起袖子伸出胳膊，挥动手臂。⑥薄：少，稀少。⑦识：认识。⑧厚：仁厚忠信。⑨实：诚实。⑩华：华而不实，浮华。

译文

高尚有德者，不愿意显现自己的功德，所以才会得到尊敬而有美德。不高尚的无德之人，不愿意失去显现德能的机会，所以就会显现出他的无德。

高尚有德者自然而然去作为而无须显扬自己的作为；不高尚无德者没有作为而却有意去显现自己有作为。

高尚有德者施行仁德不显现自己的作为；高尚有道义者为了施行道义而专门去作为。

高尚有礼义者推行礼义而当没有谁响应时，就会挽起袖子露出胳膊，挥动手臂而表现出无可奈何的样子。

所以当一个国家的君主失道以后才会有道德者出现，来宣扬道德；当君王无德时才

会有有德者施行仁德;失去仁义时才会有有道义者推行仁义;失去礼义时就会有礼义者推行礼义。

所以说礼义,是因为忠信仁义者太少而重新兴起的;道德忠信仁义者太少是祸乱产生的罪魁祸首。

前世的圣人认识了道而效法道以治天下;后世的人却将道变为浮华之辞,而这正是愚弄百姓的开始。所以大丈夫处事居于仁厚忠信之地,而不做不忠不信不仁不义之事;处事居于诚实实际之地,而不做华而不实之事。所以这就是大丈夫去除不道德不仁义不诚信之处,取其道德仁义诚信的无为之道而作为的原则。

评析

这一章,老子通过对有道德的高尚之人,与无道德的不高尚之人的对比,说明什么是真正的有道德者。凡是其作为符合自然无为之道的原则者,就是有道德者,而不符合自然无为之道的原则者,就是无道德者。这里无为是区分有道和无道的关键。有道者无论做什么,就如天地万物自然变化一样自然而然,隐蔽不显,但使人能确实感到他的存在和作用;而有些人,虽然无能无德,但却处处时时不忘记显示自己的机会,这是不符合自然无为之道的表现,所以老子认为这样的人,是无道者。

这里尤其要注意的是,古人在写作以及说话上的简略性特点,在一些情况下,他可以用一个字,来表达几个字的含义,而有时也会用一句话代表几句话的意思。比如文中有:"夫礼者,忠信之薄,而乱之首也。"老子说,礼的兴起,是因为忠信仁义者太少,所以就有忠信仁义者出来宣扬忠信仁义,这里薄,是少的意思。"而乱之首",这个混乱的罪魁祸首是什么呢?是因为忠信、仁义、有道德的人太少,而无情无义不道德不仁善的人太多,所以就会使天下出现各种混乱。这里绝不能认为礼义忠信是混乱的罪魁祸首,如果认为忠信礼义是混乱的罪魁祸首,那么,老子所讲的这些不是就成为制造混乱的罪魁祸首了吗?老子还用得着来宣扬道德忠信仁义吗?

其实,有些学者之所以将"夫礼者,忠信之薄,而乱之首"解释为,礼是混乱的祸首,这可能与庄子之言有一定的关系。《庄子·知北游》曰:"故曰,失道而后德,失德而后仁,失仁而后义,失义而后礼。礼者,道之华而乱之首也。"庄子前几句的意思是对老子之论原意的重复说明,而后一句"礼者,道之华而乱之首也"是说,礼,是后世之人,将道用华丽的辞藻,浮华而不通的词语变为不可认识的礼,也是将礼与道混为一谈,或者将道形容为无本来意义的道,无本来意义之礼,这才是制造混乱的罪魁祸首。就如现代人对无为的解释是:无为,是什么也不用作为。那么让我们如何认识无为之道呢?没有了无为之道的正确意义,没有了正确意义的礼义,号召无为是什么也不用做,那不就是制造混乱的罪魁祸首吗?所以说,庄子并不是说,礼是制造混乱的罪魁祸首。将道和礼的正确意义混乱变为浮华的辞藻和华丽的礼仪,没有了正确认识,并用这些混乱的概念愚弄人民,使人民无所信仰,并以这些混乱理论治理国家天下,这才是祸乱发生的罪魁祸首。

就如我们现代社会之人,不也认为现在的社会道德沦丧,仁义丧失,人心混乱,礼义变为各自关心的利益了,因此人们又在努力宣扬老子的道德,宣扬孔子的仁义礼仪,宣扬毛泽东思想吗？这就是说在这些事物快要失传的情况下，才会有人宣扬推行这些事物，目的是为了使混乱的人心重新恢复平和，我们以现在的社会事实推论老子之言，就能明白其真实含义了。正如《礼记·仲尼燕居》孔子曰："礼之所兴，众之所治；礼之所废，众之所乱也。"孔子明确指出，礼教正常兴起，民众受到教化就能得到治理；礼教废弃毁坏，社会民众民风就会混乱。孔子之言，其实是对老子之论的有力说明，也充分说明老子之论与孔子观点是一致的，他们都是对历史经验的总结和感悟。

老子在文章中还描绘了具有无为之道者的淳朴无邪的形象，如"上礼为之而莫之应，则攘臂而扔之"。最有礼义的人，在宣扬他的礼义道德时，若是得不到别人的回应，此时他虽然着急，伸胳膊挽袖子，急得摩拳擦掌，可是又不能硬拉别人来学礼义，因为他是最有礼义的人，是具备无为之道的人，无为是要人自然自觉自愿来学习的，可是没有人响应时，他只好伸开双臂，表示出无可奈何一筹莫展的样子，是那么淳朴自然，而老子的描绘又是那么惟妙惟肖，就好像是我们亲眼目睹一样。我们决不能将"则攘臂而扔之"理解为挽起袖子，伸出胳膊，硬拉别人服从自己，假如是这样的话，还是什么最为高尚有礼义的人呢？就是最一般的人，也不会挽起袖子，伸出胳膊硬拉着别人学习自己的观点，赞成自己的意见啊，何况老子所说的是最为有礼义道德之人呢！

此外，老子关于"失道而后德，失德而后仁，失仁而后义，失义而后礼"，应该认为这是老子对自古以来的历史经验的总结，其本意和第十八章"大道废，有仁义；智慧出，有大伪；六亲不和，有孝慈；国家昏乱，有忠臣"的意义是一致的。

其实在我国历史上，发生了不知多少次这样的事情，那就是执政者失道无德，使天下混乱，人民遭受水深火热的生活，这时候就会有道德者，先是极力劝谏君王，希望君王能改正错误，以道德仁义治理国家；假如达不到应有的劝谏结果时，就会有有道者发起号召，发起革命而将无道者推翻之，重新以道德治理国家天下，而使人民得到安乐。这就是中国的历史，所以说这是老子对自古以来的历史经验的总结，不能认为老子是反对仁义礼仪者。

第三十九章

原文

昔之得一①者：天得一以清；地得一以宁；神②得一以灵；谷③得一以盈；万物得一以生；侯王得一以为天下正。

其致④之也：谓天无以清，将恐裂；地无以宁，将恐发⑤；神无以灵，将恐歇⑥；谷无以盈，将恐竭⑦；万物无以生，将恐灭；侯王无以正，将恐蹶⑧。

故贵以贱为本，高以下为基。是以侯王称孤、寡、不谷⑨。此非以贱为本邪？非乎！故致数舆⑩无舆。是故不欲琭琭⑪如玉，珞珞⑫如石。

注释

①一：自然无为之道。②神：人的思维意识。③谷：山川河流。④其：如果，假如。致：招致，致使。⑤发：表现，打开。⑥歇：停息，完结。⑦竭：干涸，完，尽。⑧蹶(jué)：动乱，失败。⑨不谷：不善。⑩舆：通誉，荣誉，赞美。⑪琭琭(lù)：有光彩。⑫珞珞(luò)：丑陋无光。

译文

古时认为得无为之道者就有如下的威力：

天得无为之道的正常运行，就会清静明晰；地得无为之道的正常运行就会宁静；人得到无为之道的化生就有了思维意识而有灵性；山川河流得到道的化生才会充盈；万物得到道的正常运行而化生；侯王得以施行无为之道而使天下正而太平。

假如无为之道失常可招致如下的结果：

无为之道失常就会使天失去清静明晰，天恐怕将会破裂；无为之道失常就会使地失去宁静，地恐怕就要开裂破败；无为之道失常就会使人失去灵性，人的生命恐怕就要完结；无为之道失常就会使山川河流不能充盈，恐怕山川河流将会干涸；无为之道失常万物就不会化生，恐怕万物就要灭绝；侯王失去无为之道就失去公正无私以治天下的宗旨，天下恐怕将会动荡不安、混乱不堪。

所以说，贵是以贱为根本的，高是以低为基础的。所以侯王自称孤、寡人、不善。这不是以贱为本吗？难道不是吗？因此说达到很多荣誉者，是不用赞美歌颂的。这是因为不愿意像光彩夺目的玉石一样显示自己，也不愿意就如丑陋无光的石头一样不被人重视，所以就以适宜的方式表现自己。

评析

这一章，老子对自然变化规律的正常运行和失常对万物的影响力做了对比，充分说明自然变化规律，就是无为之道；也充分说明无为之道与万物的密切关系，无为之道是万物化生的本源，无为之道失常了，万物的变化就会失常或者就不会存在了。无为之道的自然变化正常、平和，天地万物就会正常化生，正常生成、壮大、衰弱、衰亡，这就是自然变化；假如自然变化失常，就如在第三十六章的评析中恩格斯关于太阳系的变化的描述一样，自然变化严重失常时，就会有重大的自然灾害的降临，甚至是毁灭性的灾害，一切都会因此而消亡，那么人还会有什么灵性可言呢？生命难保，无法生存，灵性从何而来。正如《周易・系辞》曰："乾坤成列而易立乎其中矣。乾坤毁则无以见易。易不可见，则乾坤几乎息矣。"易学是阐述天地万物变化的道理，以及人效法这些道理所作所为的道理。易学是人类思维意识的产物，天地自然变化的规律不能显示时，天地恐怕就要毁灭了。这就是说，天地自然存在，自然变化光热，变化风云雨雪以温暖照耀、滋润万物，万物才能生存，而这些自然变化不存在时，什么也就不存在了，人当然首先就会灭亡。所以古人非常敬重天地的自然功德，而效仿其自然无为有益于万物的仁德，以治理天下，使天下万物和谐相处，而永远长存。其实老子所说的"得一"，就是指天地自然变化的正常而平和的重要性，所以君王效法的也是天地自然而然中正平和之德。正如《周易・乾卦》彖辞曰："乾道变化，各正性命，保合大和，乃利贞。"易学说："乾天的各种自然变化现象，以各种变化正常为本性，为命令，以保证天地阴阳之气的正常交合平和，太和，就能有利于天下万物的生长化育，有利于人民的正常生存。"

当然老子论无为之道与万物生存的关系的目的，主要是为了说明自然无为之道的重要意义，说明治理国家天下者以无为之道治理国家天下的重要意义。自然无为之道关乎万物的生死存亡兴衰，所以，君王就必须以无为之道治理国家天下，才能使万物和谐，而实现天下太平安乐。

正如《庄子・至乐》曰："天无为以之清，地无为以之宁，故两无为相合，万物皆化生。芒乎芴(wù)乎，而无从出乎！芴乎芒乎，而无有象乎！万物职职，皆从无为殖。故曰天地无为也而无不为也，人也孰能无为乎！"庄子首先对老子之论，做了明确肯定，同时指出，万物都是经由无为之道化生的，无为之道茫然恍惚无象，但是万物没有不是无为之道生殖的，所以说，天地自然本无为而又无物不化，无物不生，无所不为，那么人岂能不无为而为？庄子实际上是在告诉我们，万物都遵从无为之道，我们人类也只有顺从无为之道而作为，才是唯一正确的方法。因为人原本是无为之道化生的万物的一分子，所以就要遵从无为之道而作为，违背无为之道者，必定会遭到大自然的惩罚而消亡。

第四十章

原文

反[①]者，道之动[②]。

弱[③]者，道之用[④]。

天下万物生于有，有生于无。

注释

①反：相反，这里是指与弱相对的那一面，就是强大有力。②动：运动，变化。③弱：弱小，丧失，减少。④用：公用，用处。

译文

与弱小相对的一面，是道强大有力变化不止的特点。

而弱微不显的一面，则是道显示功用的一面。

天下万物生于有了天地之后，由天地化生了万物；而天地则是在没有天地之时，由天地之母太极所化生的。

评析

这一章，老子对道的特点做了概括，道的特点主要表现在两个方面：一方面是道的强大有力，因为它是万物化生的根本，万物都顺应道的变化而变化，它主宰着万物的变化，主宰着万物的生长化育，任何力量或意志都无法左右道；另一方面，道的形式却是隐微不显的，是看不见摸不着的，因为道隐微不显，所以道化生万物的过程也是漫长而不易显现的。老子在这里用“弱”，将道的表现形式，无声无息，无行无状，无影无物，若隐若现，幽深不可见的性状做了概括；用弱的相对面“强”，将道主宰万物，化生万物，万物生长壮大、强盛、衰弱、衰亡的过程概而括之；最后指出，就是这个隐微不显而又强健无比的道，化生了天地，天地又化生了万物，天地是由天地之母太极经由道这个过程化生的，万物是由天地经由道这个过程化生而来的，天地万物包括人都是自然变化的产物。

老子所言的“弱者，道之用”，是指万物的化生，成长、壮大、衰弱、衰亡，都是在无声无息、不知不觉的自然过程中实现的，而从万物的变化过程中，体现了强健的自然变化规律——道的存在。正是由于自然变化规律的真实存在，所以万物才能得以自由自在、无声无息、不知不觉的化生。这就更加说明了道的重要意义，所以，治理国家天下者，就没有理由不遵循无为之道了，也就更加说明只有遵循无为之道，才能治理好国家天下的意义。

老子所言的“天下万物生于有，有生于无”，与第一章“无，名天地之始；有，名万物之母”，以及第四十二章“道生一，一生二，二生三，三生万物”的含义有着一致性。第一章是对生成天地的天地之母和生成万物的万物之母天地的命名，老子将生成天地的天地之母命名为“无”，将生成万物的万物之母——天地，命名为有。这就使我们知道了天地是由天地之母生成的，万物是由万物之母即天地生成的。而这一章就更明确地说明了，万物是有了天地以后，由天地自然生成的；天地是由天地之母自然生成的。第四十二章，则是进一步说明了自然无为之道自然化生天地之母，天地之母自然化生天地，天地自然化生万物的总规律，以及其间的联系和过程。

第四十一章

原文

上士[①]闻道，勤[②]而行之；中士[③]闻道，若存若亡[④]；下士[⑤]闻道，大笑之。不笑，不足以为道。故建言[⑥]有之：明[⑦]道若昧[⑧]；进道若退；夷道[⑨]若颣[⑩]；上德若谷[⑪]；大白[⑫]若辱；广德若不足；建德若偷[⑬]；质真若渝[⑭]；大方无隅[⑮]；大器晚成；大音希[⑯]声；大象无形；道隐无名。

夫唯道，善贷[⑰]且成。

注释

①上士：最崇尚道的人士。②勤：勤勉。③中士：稍微崇尚道德的人士。④若存若亡：将信将疑。⑤下士：不崇尚道德的人士。⑥建言：建立大道者的言论。⑦明：明白，知晓。⑧若昧：就如糊涂不明。⑨夷：平旦。⑩颣(lèi)：不平旦，难以行进。⑪谷：善、好。⑫大白：彰明，显著。⑬偷：马虎，刻薄，不厚道。⑭渝：改变。⑮隅(yú)：棱角。⑯希：少。⑰贷：宽恕失误、过错。

译文

最崇尚道的人听闻大道，就会勤勉地去实行。稍微崇尚道的人，听闻大道将信将疑；而不崇尚道的人，听闻大道，大笑而置之不理。若是不笑，那道就不足以是道了。所以建立道的人说过：真正的有道者，对道的理解认识很明白，但其表现却好像是糊涂的；对道的进修越深却好像越谦卑；已经行进在平坦的大道上，但是却好像行进在高低不平的小道上一样小心谨慎；品德高尚却好像还不美好似的；美德非常显明却好像辱没了德行似的；仁德已经非常广大但却好像还不足似的；建立了丰厚的功德却好像还不够厚重似的；质朴纯真的就好像从来没有改变过似的；正直而没有棱角；有很大的才能却不愿意过早成名；所发出的话语能量很大但却少有名声；有道者就如大道一样不愿意显现自己，而且隐蔽不图名声。

所以说，只有无为之道，才能始终宽容辅助成就万物。

评析

这一章，老子对有道德的君子的表现形式做了精辟全面的论述。老子所描述的有道者的表现形式，也是对什么是君子的论述。君子就如我们现代社会中的雷锋同志一样，为人民做好事，不图名声，不显扬自己。君子的这种品德，是无为之道的具体表现。也可以说，雷锋同志的表现，就是君子品德的表现，我们只要学习雷锋精神，像雷锋一样去作为，就是一个有道德的人，这也是我们当今社会最为需要的精神。

老子指出，对无为之道非常崇尚的人，就是能全面认真施行道德的人；而对无为之道无所谓的人，就是对道持将信将疑、可有可无态度的一类人，那么这一类人，恰好是最容易得到道的熏陶而受到教化的人；而对道不理解不信任的人，毕竟只是一小部分人。但是他们在有道德者的美好德行的感染下，仍然是可以向善的那一部分人。有道德者，有美好高尚的仁德，但其表现却像道德还不够深厚美善似的。因为有道德者，从来不愿意宣扬自己的功德，不以为自己有德而盛气凌人、横行霸道，而处处时时谦恭有礼，对人一视同仁，崇尚高尚贤能者，礼遇卑微者；品德高尚却好像还不够美好似的，仁德已经非常广大，却好像不足似的；已经是有深厚道德的人，但是时时处处小心谨慎；仁德深厚广大，美德显明，但是却表现得好像还不够深厚广大，好像仁德还不充足似的；有道者质朴纯真得就好像自出生以来就没有改变过的婴儿似的等，这些都是有道德之君子的具体表现。所以老子说，只有有道者，才能宽容辅助成就万物的化育。所以说这一章是老子对君子之道德的概括。

老子在文中所论述的"故建言有之"这一段，是对君子之美德的论述，是对有道者所表现出来的美德的表现形式的论述，绝不是对空洞无物之事物的抽象。有道者，是有深厚美德的君子，其美德的部分表现形式，就是老子所论的内容。老子所论述的这些有道者的美德，是我们每个人应该学习的品德。它所表现的是君子有德而不自我显扬，不自我夸耀不图名声的高贵品德。所以老子说："所以说只有有道者，才能始终宽容辅助成就万物。"

第四十二章

原文

道生一①,一生二②,二生三③,三生万物。万物负阴④而抱阳,冲⑤气以为和⑥。

人之所恶⑦,唯孤⑧、寡⑨、不谷⑩,而王公以为称。故物或损之而益,或益之而损。人之所教,我亦教之。强梁⑪者不得其死,吾将以为教父⑫。

注释

①道生一:道:是指自然变化规律。一,是指太极,太极是太一。自然生成自然存在自然变化的那一团混沌之物,变化到极大,是谓太极,太极是一。道生一,是指那一团混沌之物自然生成自然变化到极大的过程。②二:太极一分为二,是天和地。③三:天地阴阳之气相交相合混合适中是为三。④负阴而抱阳:凭借着阴与阳结合在一起。负:依仗,依靠,凭借。抱:抱在一起,结合在一起。⑤冲:冲击,冲撞。向上冲。⑥和:混合,适中。⑦恶:不喜欢,厌恶。⑧孤:孤独。⑨寡:少。⑩不谷:不善良。⑪强梁:强暴蛮横。⑫教父:传授教令的男子。

译文

自然生成自然存在自然变化的那一团混沌之物,自然变化到极大是谓太极,也就是太一;太极运动变化最后分离为天和地,是为二;天地阴阳之气相合相交而称之为三,天地阴阳之气混合而变化化生了万物。万物各自都凭借着阴与阳结合在一起而发生变化,天地阴阳之气相互冲撞混合适中而又不断地化生万物。

人所不喜欢的事物,无非是怕孤独,怕寡居,怕不美善。而古代帝王却以这些人们所不喜欢的事物作为自己的称呼以示谦恭。所以说有些事物可以用减少的方式使其增多;有些事物可以用增加的方式使其减少。古人是这样教导我的,我也这样教导别人。过于强暴骄横的人死不得其所,我就作为传授这些教令的人而传授给后人。

评析

这一章,老子对万物生成的过程做了综述。万物的生成过程,当然包括天和地在内;

天地是由自然生成，自然存在，自然运动变化的那一团混沌之物变化到极大后化生的，那极大的物质就是太极，太极也称为太一；太一是由自然存在，自然变化的那一团混沌之物变化到极大的过程逐渐生成的；而太一又通过自然的运动变化，逐渐分离为天和地，天和地各居于一方，是谓二，二是天和地两个性质、特点各不相同的自然物质。因为天是以太阳为主体有光热的天体，而地则因为与天体分离，使坤地表面失去了热能，所以坤地开始形成时，由于其表面气体逐渐冷却逐渐凝聚而变为水，所以早期的地球到处布满了汪洋大海，汪洋大海在强烈的太阳光的照射下，经过几十亿年的变化，水中的分子物质就开始发生变化，这些分子物质逐渐凝聚而逐渐生成了原始生命物质，原始生命物质在原始海洋中，又经过漫长的进化，又逐渐进化为原始生物，原始生物在原始海洋中，又经过长期的进化而逐渐进化为原始海洋中的原始动物和植物，原始动植物再经过长期的进化而逐渐进化为各类动物、植物以及人类等；而地球自身的变化也历经了多次变化的过程，才形成如今有高山有平原，有草木有动物及人类，有江河湖海有山谷丘陵的地形地貌特点。关于这一点，在《周易·系辞》和《周易·序卦传》中就有明确的论述。正如《周易·系辞》曰："天一、地二；天三、地四；天五、地六；天七，地八；天九、地十。"《周易·序卦传》曰："有天地，然后有万物。有万物，然后有男女。有男女，然后有夫妇……"

从这里我们可以看到，老子关于天地生成原理的论述，与孔子之易关于天地生成的自然变化过程和原理的论述是极为一致的。

老子关于万物生成规律和过程的论述，也是后世之人——宋代理学家周敦颐创作太极图的依据，整个太极图是一，图中的黑色鱼，为阴，白色鱼为阳；二色鱼也是太极一分为二之二；而太极图中的S线，是阴阳相交相合适宜而变化阴或阳的三，阴阳相交相合而化生万物，太极图的阴阳是万物的象征。这里将周敦颐所创作的太极图展示如下。于太极图中，就可以更加明确地体会到万物生成的过程和意义。

周敦颐创作的太极图

"无极而太极，太极动而生阳，动极而静，静而生阴，静极复动，一动一静，互为其根。分阴分阳，两仪立焉，阳变阴合而生水、火、木、金、土。五气顺布，四时行焉。五行一阴阳也。阴阳一太极也。太极本无极也。五行之生也，各一其性。无极之真，二五之精，妙合而凝，乾道成男，坤道成女。二气交感，化生万物。万物生生，而变化无穷焉。”这就是周敦颐关于太极图含义的具体说明。

正因为如此，太极图就成为后世道家的标志，也更是《周易》的标志。其实现代人，只要看见太极图，就知道是《周易》的标志，也就是说易学与《道德经》有着密不可分的关系。

所以说，这一章里是老子对万物化生过程的总结，是对自然无为之道化生万物的过程的综述。老子论述万物生成的过程，在于说明自然无为之道的自然性，万物都是经过逐渐的自然进化过程产生的，不是谁想生成什么就能生成的，一切都是自然变化的产物。正如恩格斯在《自然辩证法》一文中所指出的：“形成我们的宇宙岛的太阳系的炽热原料，是按自然的途径，即通过运动的转化产生出来的，而这种转化是运动着的物质天然具有的，因而转化的条件也必然要由物质再产生出来。”“生命是整个自然界的一个结果。”恩格斯指出的是，太阳热能产生的自然途径，是通过自身运动的转化产生的，而且指出，这种热能的转化是运动的物质自然就具有的；也就是说，太阳是自然而然地产生热能的，是由太阳本身不断地自然化生出来的产热物质不断地化生热能以照耀温暖万物的。生命类包括植物、动物、人类都是整个自然界进化的产物，宇宙中的一切物质的存在和变化都是自然变化的结果。

天地是自然生成的，万物是自然生成的，人类也是自然界进化的产物，宇宙万物都是自然生成的，所以老子指出，我们应该遵循自然变化规律，遵循自然变化所表现出来的仁善之德，凡事都应以仁善以公正无私为度。这也是老子所言的“强梁者不得其死”的原因，因为自然无为之道的仁善之德，是要自觉自愿毫无怨言地为广大人民的利益去作为，为人民利益而死，死得其所；而违背自然无为之道，为了自己的私利而通过强横霸道的手段去抢夺那些原本不属于自己的东西，为自己的利益而死，为迫害压榨人民的人去死，是死不得其所，将永远被人民唾弃。

老子所言的“万物负阴而抱阳，冲气以为和”，是说万物都有阴阳之分，万物自身也有阴阳两面的属性。太极一分为二生成天和地：所谓天，是指以太阳为主体的能够自然发光发热的天体；所谓地，也就是地球；地在与天分离之后，原来不断运动着的气体，因为热能的减少，使气体的运动速度逐渐减缓，温度逐渐降低，而逐渐凝固为水，那时候地球是一片汪洋大海。所以有光热的天体就为阳；而热能少，无热无光亮的地球就为阴。关于这一点，《周易》对其有明确说明，正如《周易·系辞》所言：“乾，阳物也。坤，阴物也。”又如《周易·说卦》所言：“昔者，圣人作易，将以顺性命之理。是以立天之道，曰阴与阳。立地之道，曰柔与刚。立人之道，曰仁与义。”这就是说，古人依据天地的自然特点，确立乾天变化的道理，为阴和阳；确立坤地变化的道理为柔与刚；确立做人的道理为仁与义。

乾天变化的道理，为阴与阳：天晴有太阳而温度高，明亮为阳，天阴下雨，没有太阳而温度低，光线暗为阴。

而坤地变化的道理，为柔与刚：这里的“柔”，是指坤地平时无论是风雨变化、四季更换，还是人类在其基础上的作为，都是柔顺地顺应乾天的变化，顺应人类的需求，顺应四时万物的变化，坤地之柔就是坤地之阴；这里的“刚”，是指坤地自己的地壳运动是刚烈无比的，地震是坤地自身强烈的地壳运动，它以无可抗拒的力量，可以使万物毁于一旦，这是坤地之刚。

做人的道理，是以仁善、道德为准则，这里的仁，是人之阴柔，这里的义，是人之阳刚。从天地自然变化的道理，我们就可以明白，万物均有阴阳两种变化状态。万物依靠天地阴阳之气发生变化，而万物自身也有阴阳，如动与静两种运动状态，动为阳，静为阴。这是关于万物负阴而抱阳的实质意义。

关于“万物负阴而抱阳，冲气以为和”，庄子也有明确的论述，正如《庄子·田子方》篇，老聃曰：“至阴肃肃，至阳赫赫；肃肃出乎天，赫赫发乎地；两者交通成和而物生焉，或为之纪而莫见其形……”庄子说，老聃说过，极阴者肃静寒凉；极阳者明亮燥热；明亮燥热出于天，肃静寒凉发于地；明亮燥热与肃静寒凉二者相互交通成为混合物而化生万物，或许这就是万物变化化生的纲纪，但却没有看见其具体情形。

第四十三章

原文

天下之至柔[①]，驰骋[②]天下之至坚。无有[③]入无间[④]，吾是以知无为之有益。

不言之教，无为之益，天下希及[⑤]之。

注释

①至柔：极为柔顺的水。②驰骋：纵马急奔，勇往直前。这里是形容极为柔弱的水却有如驰骋的马一样不断流淌，而能使极为坚硬的石头穿孔。③无有：没有意识的行为。④无间：没有间隙、孔窍。⑤希及：极少达到，很少有人能比得上。

译文

天下极为柔弱的水，却能像骏马一样驰骋于坚硬的石头之间。水虽然毫无意识毫无目的，却能滴水穿入毫无空隙的石头，所以我才知道了自然无为的益处。

但是圣人所行的不言之教的功用，无为而为的益处，天下是很少有人能达到的。

评析

这一章，老子用滴水穿石的道理，来说明无为之道的力量和意义。滴水穿石，这是我们经常使用的成语，柔软的水，一点一滴，反反复复就能滴穿石头，这并不是水有意而为之，只是一种顺势而为的自然现象，老子却能从滴水穿石的自然现象中，领悟出自然无为的强大力量："无有入无间。"这就是自然无为之道，这也就更进一步说明了自然无为的含义。无为就是自然，就是没有思维计谋的自然变化规律的表现形式。

古人之所以将自然变化规律称之为无为之道，这是因为无为还包含着另一层含义，那就是不用思考，没有计谋，只要照着反复做的含义。因为自然变化是自然自动，无思维无意识，不受任何外在力量左右的自然现象，而且它所表现出来最常见的一面，就是对万物有益的一面，就是公正无私地使万物得到生长化育。所以这种有益于万物的特点，就包含了公正无私，不偏不邪，对万物都是一样的，而且还是始终不变有诚信的，给万物益处，而不要万物回报，不向万物炫耀。

所以施行无为之道，就无须另外思考别的什么道，只要依照无为之道的大原则自然地去作为就可以了；至于如何做好，做何种事情能使人民得到利益，只要在这个大原则的前提下，就需要用我们自己的聪明才智而作为了。这里所说的不用思考，是指不用思谋那些与无为之道相反或者别的什么方法，因为只有用无为之道治理国家天下，才是符合人民利益的。也就是说，这个方法、原则、宗旨是唯一正确的，所以才不用思谋、不用追究它的来龙去脉，只要执行最高宗旨就可以了。这是老子关于无为之道的根本含义。就如毛泽东升华概括道德论而提出的"全心全意的为人民服务"的思想，只要全心全意为人民服务，人民就会得到利益、得到益处，也就能得到人民的热爱；而违背这个原则，就会遭到人民的反对，道理是一样的。

老子最后指出，古圣人所言的不言之教的功能，无为之道的益处，当时的人是很难做到的，其原因是，大道已经不明了，仁义丧失了，礼仪混乱了，当时的周天子已经不能明示道德的意义了，而那些诸侯们正在忙着争王称霸，所以就很少有人能做到了。

我们现代人大多数在忙着为自己的利益而奋斗，不奋斗就不能立足于社会，而无为之道已经丧失殆尽了，已经无人知晓无为之道是何物了，但是毛泽东主席创建的"全心全意为人民服务"的思想却实实在在地体现了自然无为之道，所以这就更加显示出老子之言对我们的教化意义以及毛泽东思想的重大意义。

第四十四章

原文

名①与身②孰亲？身与货③孰多④？得⑤与亡⑥孰病⑦？

甚爱⑧必大费⑨；多藏必厚亡。

故知足不辱⑩，知止不殆⑪，可以长久。

注释

①名：名声。②身：生命。③货：财货。④多：重，重要。⑤德：得到。⑥亡：失去生命。⑦病：耻辱。⑧甚爱：过于贪图财物。⑨费：耗费，扰民，劳民伤财。⑩辱：耻辱，侮辱。⑪殆：危险。

译文

美好的声誉与生命相比谁可亲可敬？生命与财货相比哪个更为重要？得到财货与失去生命哪个更耻辱？

过分贪图财货必然劳民伤财；府库中收藏的财货过多必然损失惨重。

所以知足就不会受到耻辱；知足而止就不会有危险，也可以使天下太平长久。

评析

这一章，老子首先提出了问题，用美好的声誉和生命相比较，用生命与财货相比较，用为得到财物而失去生命相比较，哪个更为重要。通过这个比较，说明圣人把美好的仁德声誉看得比生命还要重要。自古以来中华民族的英烈们都是把为人民谋利益，为国家民族的利益，为正义而战的美好声誉看得比自己的生命还重要。

正如司马迁所言："人固有一死，死，有重于泰山，或轻于鸿毛。用之所趋异也。"又如文天祥曰："人生自古谁无死，留取丹心照汗青。"这就是中华民族的君子，他们为了国家民族的利益，视死如归，而其英名常留人间。

老子接着又指出，那么自己的生命与财货相比哪个更为重要，得到财货与失去生命那个更为耻辱，这可是一个值得分辨的问题了。当然是使国家和人民财产不受损失更为重要了;反之为了自己能够得到别人的财物,而失去生命,那当然就是耻辱的了。当然老子在这里所指的是背离无为之道,为了使自己得到财货而失去生命的人,所得到的就只能是耻辱了。所以老子告诫我们,知足常乐就不会受到耻辱,知足而止就不会劳民伤财,更不会因为财货过多而受到骚扰而发生灾难,这样也可以使天下太平。

正如《大学》所言:"长国家而务财用者,必自小人矣。彼为善之,小人之使为国家,菑害并至。虽有善者,亦无如之何矣。此为国不以利为利,以义为利也。"其意思是:"执掌国家政权而致力于追求财货使用的人,一定来自于小人的主张。如果认为小人的主张很好,并使用那些小人的主张来治理国家,则灾难与祸患就会一齐来到。此时虽然有仁善者来阻止,但是已经无济于事了。"这就是说,治理国家者不要只顾为自己聚敛财货,而要以仁义道德为民众谋利益。

通过《大学》的这一段话,我们就可以看出,古人无论是从国家利益,还是从个人利益而言,都把单纯的聚敛财富而不顾人民的利益者,视为不道德、不仁义的小人,无论是从国家利益而言,还是从个人的为人处事原则而言,都时时处处不背离道德仁义,不背离无为之道,知道知足常乐,就不会受到耻辱,知足而止,停止继续谋取私利,就不会有危险,这样就能长久。所以老子说:"知足不辱,知止不殆,可以长久。"

其实,老子的最后一句话,也是对当时那些争王称霸者们的警示。老子告诉这些争霸者,要知足,既然已经称霸了,就要知足而至,不要继续随便发动战争了,只有知足而止,很好地治理国家人民,实行仁善之德,就能使天下长久地太平安乐,也能使其霸主之位长久了。

第四十五章

原文

大成若缺[①]，其用不弊[②]。

大盈[③]若冲[④]，其用不穷。

大直若屈，大巧若拙[⑤]，大辩[⑥]若讷[⑦]。

静[⑧]胜[⑨]躁[⑩]，寒胜热。清净[⑪]为天下正。

注释

①缺：缺少，不够。②弊：弊端，害处。破，坏。③盈：充满，多。④冲：虚，空虚。⑤拙：笨，不聪明灵巧，质朴。⑥辩：辩论，会说话。⑦讷（nè）：语言迟钝，不善于说话。⑧静：安静，平静。⑨胜：胜过，超过。美好，优美。⑩躁：躁动不安，浮躁。⑪清净：即清静无为之道。

译文

成就很大但却好像还不够大似的，但其用意却没有害处。

已经很充足但好像很空虚似的，但使用起来却无穷无尽。

已经很正确但却好像理屈似的，已经很灵巧但好像很笨拙似的，已经很能辩说但好像不善于说话似的。

自然界的变化法则是清静比浮躁美好，冷静沉着比热切妄动更有利，以清静无为之道治理国家天下就能使天下正。

评析

这一章，老子对清静无为之道在君子身上的表现又做了进一步阐述。清静无为之道的表现，如老子所言：有很大的功德，却好像功德还欠缺似的；已经为人民做了很多的事情，但却好像做得还不够似的；做得很正确但却好像理亏似的，处处时时谦让；其实非常灵巧，但其表现却好像很笨拙似的；本来很能辩说，但是因为谦恭所以表现出来的却好像不善于说话一样……这些都是君子之德的表现。因为君子无为，自然而然地作为，不愿意表现自己，所以才会有如此的表现。所以老子说，“其用不弊”，因为所有这些，都是自然无为之道的表现，当然就不会有害处了。

老子最后指出，因为清静无为才不会浮躁，因为清静无为也就不会妄动。所以只有以清静无为之道来治理天下，天下才会拨乱反正而安定太平。

正如《庄子·天道》曰：“夫帝王之德，以天地为宗，以道德为主，以无为为常。无为也，则用天下而有余；有为也，则为天下用而不足。故古之人贵夫无为也。上无为也，下亦无为也，是下与上同德，下与上同德则不臣；下有为也，上也有为也，是上与下同道，上与下同道则不主。上必无为而用天下，下必有为而为天下用，此不易之道也。故古之王天下者，知虽落天地，不自虑也；辨虽雕万物，不自说也。能虽穷海内，不自为也。天不产而万物化，地不长而万物育，帝王无为而天下功。”庄子的这一段话是对圣人君子之德的具体说明，也是对老子之言的进一步说明。圣人君子治理国家天下，必定以天地自然无为之道为宗旨，以道德为纲领，以无为之道为治国治天下的常道。无为之道用来治理国家天下而永远用之不竭；以有为的聪明才智的方法用来为人民为国家谋利益却还显得不够用。所以圣人就特别重视以无为之道治理国家天下。圣人君子以无为之道来任用有贤德才能的人，辅助自己治理天下，这是上无为而下有为的道理；圣人君子虽然很有才有德，而且他们的才德虽然除过不能与天地相比以外，是没有什么人能够与他们相比的，但是圣人君子却从来不思虑显示自己的德能；圣人君子虽然能辨别刻画万物的形象特征，但是圣人君子却从来不表现言说自己的才能；圣人君子的才能虽然穷极四海，但是却不自己独自作为，而是要任用贤能有德之士辅助自己成就大业。这是圣人君子之德，也是无为之道的体现；无为之道就如天不用谋划而万物自然化生，地不用谋划而万物自然化育，圣人无为而天下万物自化的道理是相同的。正因为如此，圣人君子才会重视无为之道，以无为之道作为治理国家天下的宗旨。这是在说明，圣人君子只要把握无为之道这个宗旨，任用贤能有德者的聪明才智，赋予他们相应的职责，使他们发挥自己的智能，来辅助君主治理国家天下，就会成功的道理。

第四十六章

原文

天下有道，却走马以粪①。天下无道，戎马生于郊②。

祸③莫大于不知足；咎④莫大于欲得。故知足之足，常足矣。

注释

①走马以粪：马到处驰骋而到处遗留粪便。②戎马生于郊：怀有马驹的战马将马驹生在战壕里。郊：在古代就是设立战场的郊外。③祸：灾祸。④咎：灾祸，罪过。

译文

有道者治理天下，马能到处驰骋而使马粪到处遗留。无道者治理天下，却将身怀马驹的母马当做战马，而致使马驹生在战壕中。

没有什么比不知足更容易招致灾祸了；没有什么比贪得无厌想要得到更多更容易招致罪过了。所以说知足而满足，不贪得无厌，就能常足而常乐了。

评析

这一章，老子对有道者对待战争的观点做了进一步阐述。有道者不发动无道义的战争，有道者治理国家天下，战马不用，马就能自由自在地驰骋在草地上，自由自在地呼吸嬉戏，也能够驰骋在马道上，作为人民的运输工具，或者驾驭着车乘作远途运输，使马成为为人民造福的工具。无道者治理天下，就连怀孕的母马都不能放过，都要作为战马用在战场上，而使怀孕的战马将马驹生在战壕里。其实通过这些就足以区分有道与无道了。

老子接着说明了发生战争的原因，是因为那些想争霸称王的人不知足，为了满足自己为王为霸的欲望，为了扩大自己的疆土，而不顾人民的生死，拼命争夺国土疆域，争夺财物，所以才会发动战争。他们发动战争并不是为了卫护人民的利益，而是为了满足自己争王称霸的欲望，他们为了满足自己的欲望而不顾人民的生死，这不是有道者的作为。

有道者不主张随便发动战争，有道者发动战争是因为有无道者的存在，无道者危害人民的利益，人民生活在水深火热之中，所以有道者才会发动征伐无道者的战争，但是战争会使人民受到残害。有道者在推翻无道者之后，就要以仁德为人民谋求更多的利益，以仁善待人民，使人民得到安乐太平，绝不会以满足自己称王称霸的私利为目的。所以老子告诫我们，要知足常乐，知足而足，知足而止，不要产生那么多不必要的过分的欲望，不要只为了自己的私利而不顾人民的生死。其实这一章也是老子对他所生活时代的那些争王称霸者所发出的严厉警告，要得到天下，要得到人民的拥护，那就要知足，要为人民的利益、人民的生死而着想，不能只为自己的私利而伤害人民。《诗经·颂·时迈》颂扬了周武王继承并完成先祖之志而灭商建周之后，就解散军队，放散战马，收藏干戈收藏弓矢，不再发动战争，而只求以美德达于华夏的美好德行，这就是周武王的明智，周武王知道"知足之足"，知道人民的需要，知道人民的疾苦，明白战争之害，所以才会采取这一系列与民休息的举措。

所以老子指出："祸莫大于不知足；咎莫在于欲得。故知足之足，常足矣。"其实老子这段话也同样是至理名言，对于我们每一个人都是适用的。在我们平时的生活中，常常都是以知足常乐来开导劝解别人，正确对待得失，正确对待名誉地位。只要我们每个人的日常生活中，心中都有一个知足常乐的理念，就不会发生那些为了私利明争暗斗的社会现象，就会少了许多为了私利，为了得到更多非分的利益而争夺的现象，就会少了许多克扣劳动者血汗钱的事情了！社会上就会少了许多不安定的因素，就会使我们的社会和谐许多，就会使我们的人民和睦相处，就会使我们身心健康，使万物和谐而天下太平安乐了。

第四十七章

原文

不出户，知天下；不窥牖[①]，见天道[②]。其出弥远[③]，其知弥少。

是以圣人不行而知，不见而名[④]，不为[⑤]而成。

注释

①窥牖：从窗户向外看。牖（yǒu）：窗户。②见天道：知道天地自然变化规律——自然无为之道。③其：假如；那么。出：脱离了。弥：更加。假如脱离开自然无为之道更远。④名：说出。⑤不为：不：无。为：不为，无为。

译文

圣人足不出户，就能知晓天下事物变化的道理。不从窗户向外观看，就能知道天地自然变化的无为之道。假如离开自然无为之道更远，那么对事物变化的道理的认识就会更少。

所以圣人不用出门远行就能知道天下万事万物之理；不用亲自看见就能说出万物变化的道理。清静无为而能成就天下事业。

评析

这一章，老子论述了君子具有渊博的知识以及无为而为的君子之德。老子所论的"君子不出户，知天下；不窥牖，见天道"的问题，是指圣人已经通晓天地自然的变化规律，所以就不用出门，不用向外观看，就能知道天地自然变化的道理和变化的节律，这也是无为而为的特点之一。只有明白自然无为之道，才能无为而为。关于老子的这一观点，孔子也有多处的论述，正如《吕氏春秋·先己》曰："孔子曰：'丘闻之，得之于身者得之人，失之于身者失之人。不出门户而天下治者，其唯知反于己身者乎！'"书中指出，孔子说过，他听说，自身得到治理的人，就能得到人民，自身失去治理之人就失去人民。不出门户而能使天下得到治理的人，他明白治理天下唯有返回到自身，使自身得到治理，才能治天下的道理。

又如《周易·系辞》曰:“不出户庭,无咎。子曰:‘乱子所生也,则言语以为阶,君不密则失臣,臣不密则失身,几事不密则害成,是以君子慎密而不出也。’”孔子在这里所言的不出户庭,包括不出户庭就能知道天下事;不出户庭,是指君子说话要慎密,不随便发布号令,就不会对人民对自己造成损害,也是指君子节言谨慎而行事的品德。

此外,《周易·节卦》初九爻也有关于不出户庭的爻辞,正如初九爻辞曰:“不出户庭,无咎。”而初九爻象辞对爻辞的解释是:“不出户庭,知通塞也。”爻象辞说,君子不出户庭,就能通晓天下无与有的道理,就能治理天下。因为君子明白无为之道生成天地的道理,万物均以自然无为之道而化生,所以君子知道治理天下的关键在于以无为之道修治自身,在于以道德治理天下。从爻象辞对爻辞的解释来分析,是说君子不出户庭,就能知晓应对天下之事的道理,那么也就知晓天下万物变化的道理,也能知晓治理国家天下的道理。所以笔者认为,易学爻辞的内容实际是对老子言论的应用与肯定。也就是说,从老子之言,就更加明白易学与老子关于以道德治理国家天下的理论和孔子所宣扬的仁义道德的意义是一致的。

第四十八章

原文

为学日益[①]，为道日损。损之又损，以至于无为。

无为而无不为。取天下常以无事[②]，及其有事[③]，不足以取天下[④]。

注释

①为学日益，为道日损：笔者认为，可以有两种解释方法。其一，这里需要说明的是，所有的书上都是“为学日益，为道日损”，但是笔者认为，因为“日”与“曰”在字形上有着相似性，所以文中的“日”也可能是“曰”所误，这样也能符合老子的关于这几句话的含义。那么这句话可以解释为：“假如说学习是为了补不足，那么天之道，则是损有余而补不足。”这里的“益”，是说学习是为了增加益处；“损”，是损不足。因为笔者在对《周易》的研究中，同样遇到“日”与“曰”的问题，有些“日”如果用“曰”来解释，就能解释得通，而用“日”就解释不通；而有些“曰”，用“日”来解释，就能解释得通，用“曰”就解释不通。所以笔者认为文中的“日”也可尝试作“曰”来解释。其二，是按照原文进行解释，那么，这里的“日”是日日或时时之意。②无事：天下太平安乐。③有事：天下不太平，战乱不断，民不聊生。④取天下：取得天下政权。

译文

学习是为了时时得到益处，那么天之道是时时减损自己多余的光热以补万物的不足。习天道将自己的缺陷、欲望减之又减，将自己的不足补之又补，直到清静无为。

无为并不是无所作为，是指取得天下之后，以无为之道治天下，使天下太平无事，假如治天下者不能使天下太平无事，就说明他还没有完全取得天下。

评析

这一章，笔者认为，文中的“日”可按“曰”来解释，也可按“日”字来解释，都能将老子关于无为之道的含义全面地揭示出来。那么这一章的第二种解释如下：

“假如说学习是为了补不足，那么说天之道，则是损有余而补不足。习天道将自己的缺陷，欲望减之又减，将自己的不足补之又补，直至达到自然无为。

“无为并不是无所作为，是指取得天下之后，以无为之道治天下，使天下太平无事。假如治天下者，不能使天下太平无事，就说明他还没有完全取得天下。”

无论何种解释方法，都说明这一章老子所论述的仍然是自然无为之道。天道的特征是损有余而补不足，也就是说，乾天之太阳，时时处处将自己的光明温暖不断减少，以补充万物的光热，使万物得以化育。而人学习的目的，就是为了时时处处学习自己没有的知识，学习自己还没有明白的道理，通过时时处处的不断学习，将自己的缺点毛病去掉，弥补自己的不足；通过不断地学习无为之道，将自己的不足，缺点错误不断减少，通过自我修养，使自己对无为之道达到应用自如的程度，就是达到了无为。无为是我们所要应用的一种方法、原则，并不是说无为就是什么也不做。而是用这种方式方法去作为，用这种原则去治理国家天下。而要治理国家天下，就得有所作为，才能使天下太平安乐。正如《庄子·知北游》曰：“故曰，为道者日损，损之又损之，以至于无为也，无为而无不为也。”

天下太平安乐，不是依靠天地自然的变化就能实现的事情，而是要人类自己去做许多具体事情，也就是遵照为人民谋利益、福祉的宗旨，依靠我们人类自己的聪明才智去作为，去做能为人民谋求到利益的各种具体事情，逐渐累积才能实现天下太平安乐。

一个已经取得了国家政权的统治者，如果不能以无为之道为宗旨而治理国家天下，不能为人民谋取利益，而是只贪图自己享乐，将人民的利益置之不顾，不顾人民的死活，就如秦始皇统一中国后的历史命运一样，只知道以他们自己的意图役使人民，对人民毫无体恤怜悯之心，他仍然是不会长久地拥有天下的。这是老子对中华民族历史经验的总结，也是对当时社会政治所发出的感叹！感叹那些争王称霸者，即使得到了天下，若是不能以无为之道为人民谋利益，还是会失去天下的。

其实这一章的内容，也是对第七十七章关于天道的特点论述的一种概括综合。老子在第七十七章指出：“天之道，损有余而补不足。人之道，则不然，损不足以奉有余。”这两者的含义是一致的，第七十七章也是对这一章的继续深入阐述，而且将做人的道理进一步展示出来，以教导我们依照无为之道而作为。只有以无为之道而作为者，才是有道者。

第四十九章

原文

圣人无常心①，以百姓心为心。

善者②，吾善之；不善者，吾亦善之，德善。

信者，吾信之；不信者，吾亦信之，德信。

圣人在天下③，歙歙焉④，为天下浑其心⑤，百姓皆注其耳目⑥，圣人皆孩之⑦。

注释

①常心：固定不变的心。②善者：善良美好的。③在天下：居于治理天下之位。④歙歙（xī）：太平，安详。⑤浑其心：质朴，混沌不清。⑥注其耳目：注视，专注地看、专注地听。⑦孩之：淳朴得就如小孩一样。

译文

圣人没有自己固定的心思，而是以百姓的心思为自己的心思。

美好善良的，我善待他；不美好不善良的，我也善待他，这是因为圣人之德美善。

诚实可信的，我信任他；不诚实可信的，我也信任他，这是因为圣人之德诚信可信。

圣人居于治理天下之位，以天下安乐太平为目的，为了治理天下以质朴无私之心而作为，百姓全都专注自己的耳目注视着，百姓都认为圣人淳朴得就如小孩子一样。

评析

这一章，老子对圣人的美好品德做了进一步论述。圣人没有自己的私心私欲，而是以天下人民的愿望为自己的愿望，以天下人民的利益为自己的利益。人民需要的是太平安乐和谐的生活，所以圣人为了实现这个目的，就以自然无为之道治理天下，以仁善、诚信之德对待人民，以自己的美好品德教化人民，以公正无私之心为人民创造利益，而不显扬自己，所以圣人在人民心中，就如淳朴天真无邪的幼童一样可爱。也就是说圣人以无为之道治理天下所表现出来的美好品德，就是仁善、诚信、无私无欲、淳朴自然，而不会言说自己美德。这就是圣人，也是君子之德的具体表现，也正因为圣人有如此美好的品德，才能得到人民的信任和拥戴。

正如《庄子·知北游》曰："天地有大美而不言，四时有明法而不议，万物有成理而不说。圣人者，原天地之美而达万物之理，是故至人无为，大圣不作，观于天地之谓也。"庄子指出，天地有很大的美德而不会言说，四时变化有明确的规律而不会议论，万物变化有现成的道理而不会讲述，这就是无为之道的表现形式。圣人所效仿的原本就是天地的美善之德以及万物变化之理，所以圣人以无为之道为贵，大圣人以无为之道治理国家天下，就是观察效法天地之美德而已。

所以老子说："圣人无常心，以百姓心为心。"圣人居于治理天下之位，但是没有自己的私心，以天下百姓之心为治理天下之目的。天下百姓之心，就是太平安乐的生活，所以圣人为了天下安乐太平，为了天下人民的事业而以质朴无私无欲之心对待天下事。圣人治理天下所效法的是天地之美德，天地无私无欲，有美德而不言，圣人只是效仿之而已。从庄子对天地之美德与圣人美德的论述，我们就更加明确了古圣人治理天下的最高宗旨——无为之道，就是对天地自然之美德的效仿，依此道理治理天下而已，绝不是古人凭空创造出来的，也不是圣人依照自己的意志与智谋而作为，而是有根有据地效仿天地自然所表现出来的美善之德而作为。

老子关于"圣人无常心，以百姓心为心"之论，在毛泽东思想中体现得尽善尽美。正如毛泽东所言："我们共产党人区别于其他任何政党的又一个显著标志，是和最广大的人民群众取得最密切的联系。全心全意地为人民服务，一刻也不脱离群众；一切从人民的利益出发，而不是从个人或小集团的利益出发，向人民负责和向党的领导机关负责的一致性，这些就是我们的出发点。""这个军队之所以有力量，是因为所有参加这个军队的人，都具有自觉的纪律；他们不是为着少数人或狭隘集团的私利，而是为着广大人民群众的利益，为着全民族的利益，而结合，而战斗的。紧密地和中国人民站在一起，全心全意地为中国人民服务，就是我们这个军队的唯一宗旨。"

老子只是指出，圣人没有自己固定的心思，而是以百姓之心为自己的心思；人民领袖毛泽东，则不但没有自己的私心，而且在毛泽东思想指导下的中国共产党，所有共产党人，所有军队，以及一切为人民谋利益的团体、个人，都要没有私心，都要以人民的利益为自己的利益，要一刻都不能脱离群众，一切以人民的利益、人民的需要为出发点，而绝不能以少数人或小集团利益为出发点，这是共产党和共产党领导的军队的最高的唯一的宗旨！笔者认为，毛泽东全心全意为人民服务的思想，正是对老子之道德的高度升华，是对老子之道德的具体应用和发扬光大。

第五十章

原文

出生入死[①]。生之徒[②]，十有三[③]；死之徒[④]，十有三；人之生，动之于死地[⑤]，亦十有三。

夫何故？以其生生之厚[⑥]。盖闻善摄生[⑦]者，陆行不遇兕[⑧]虎，入军不被甲兵；兕无所投其角，虎无所措其爪，兵无所容其刃。夫何故？以其无死地[⑨]。

注释

①出生入死：人出生为生，入土为死。②生之徒：长寿之人。③十有三：占有十分之三。④死之徒：早死之人。⑤动之于死地：因为行动不当而导致死亡的人。⑥以其生生之厚：因为他们对生命和长寿看得太重要了。⑦善摄生：善于保护生命的人，摄：保养。⑧兕(sì)：独角兽。⑨无死地：心中没有容纳死亡的地方。

译文

人出生为生，入土为死。在人的生命中，长寿而死者占十分之三；早死者占十分之三；人在生存过程中，因为行动不当而导致死亡的也占十分之三。

那么为什么呢？这是因为人对于生命和长寿看得太重要了。原来曾听说过善于保护生命的人，在陆地行走不会遇到虎豹虫兽的伤害，进入战场不会被甲兵伤害；因为他的勇猛而使有角的兽类无不抛弃自己的角而逃命；因为他的勇猛使老虎被其勇猛惊吓得措“爪”不及，或逃命，或丧生；敌兵还未反应过来如何发挥兵刃的威力就已丧生或只顾逃命。这是什么缘故呢？是因为那些善于保护生命的人心中就没有容纳死亡的地方，而居于不怕死的境界，才不会进入死地。

评析

这一章，老子通过对人死亡的基本原因的分析，说明死亡原本是自然现象；也就是说，人总是会死亡的，因为无论是长寿者，还是早死者，以及由于其他原因所导致死亡的比例都是相近的，关键是在于我们对待生死的态度。只要以正确的态度对待生死，就不会惧怕死亡，正因为如此，那些不惧怕死亡的人，才能以自己的勇敢战胜死亡。

老子在文中指出，因为他们不怕死，所以在面对生死危亡的关键时刻，无私无畏勇猛无比，英勇善战，以自己的勇猛使敌人畏惧，使敌人措手不及而将敌人杀退；在面对猛兽时，才能以自己的勇猛，使猛兽对其无处下爪，使猛兽畏惧，因而才会保全自己的生命。

正如《庄子·秋水》曰："当尧舜而天下无穷人，非知得也；当桀纣而天下无通人，非知失也；时势适然。夫水行不避蛟龙者，渔夫之勇也；陆行不避兕虎者，猎夫之勇也；白刃交于前，视死若生者，烈士之勇也；知穷之有命，知通之有时，临大难而不惧者，圣人之勇也。由处矣，吾命有所制矣。"庄子说："尧舜治理天下时，天下没有穷人，这是因为尧舜不是以自己的智慧治天下，而是以无为之道治理天下使人民得到安乐的；当夏桀和商纣王治理天下时，天下没有学识渊博通达的完人，这并不是天下人都失去了智慧，是因为当时的时势所形成的。那些终日在水中捕鱼的人，不会因为水中有蛟龙的存在，就避免到水中捕鱼，这是渔夫的勇敢；那些在陆地上行走的人，不会为了避免虎豹猛兽的伤害而停止狩猎，这是猎人的勇敢；那些与敌交战而能视死如归的人，是烈士的勇敢。知道不用自己的智慧治理天下而用天命治理天下，知道在适当的时机表达自己的学识才能，面临大难而不惧怕的人，就是圣人了。所以说我们的命运都是时势所造成的。"庄子所论的时势造英雄，是指因为当时的情形使人产生了这种思维和不畏惧的心理，但是我们还要明白，这种思维和心理不是事到临头就能产生的，这中间也有一个平时学习和提高思维水平和技能的问题。假如一名战士只有勇敢而没有技能，没有高招的技能或者不会使用刀枪，能杀敌吗？假如一个捕鱼者只有勇敢，而没有如何防止蛟龙伤害的智慧，能避免伤害吗？所以说，就有一个反复学习使用技能的过程，要使自己所操作的事情的技能达到用运自如的程度才行。这个运用自如的能力就是技能，就是智慧，勇敢加智慧、技能，才能成就英雄。

所以说，老子在这一章探讨的是以无为之道面对生死的问题。只有心中没有自我，使人的心境居于一种忘我的境界，才会英勇而不怕死，所以才能用自己的勇敢和智慧战胜死亡。"以其无死地"，不能解释为"人死亡的时限未到"，即使遇到豺狼虎豹，遇到凶残的敌人也不会死亡。人的生死有期，动物会知道吗？敌人会知道吗？而是说因为他心中就没有容纳死亡的地方，心中不考虑死亡。其心中所容纳的是无私无畏，正因为英勇善战、不怕死的威慑力震服了对手，所以才能战胜死亡。这是无为之道的威力所在，无为就是忘我的精神。

第五十一章

原文

道生之，德蓄之[①]，物形[②]之，势[③]成之。

是以万物莫不尊道而贵德[④]。

道之尊，德之贵，夫莫之命而常自然。

故道生之，德畜之；长之育之；亭[⑤]之毒[⑥]之；养之覆[⑦]之。生而不有，为而不恃[⑧]，长而不宰[⑨]，是谓玄德[⑩]。

注释

①德：得到。蓄之：蓄养，养育它。②形：形状，形象。③势：形式，时机。④贵德：得到可贵的道的化生。⑤亭：公平，调和。⑥毒：役使，危害。⑦覆：覆盖，包容。⑧恃：依靠，凭借。⑨宰：主宰。⑩玄德：天德。

译文

清静无为的自然变化之道化生了万物，道使万物得到蓄养；万物的形象使万物得到显现，天地自然变化的时势成就了万物的变化。

所以万物没有不遵循道而得到可贵的道的化生。

道的遵循，德的可贵，是因为道与德是没有谁命令而常常自然存在的相辅相成的自然变化规律。

所以道化生万物，德使万物得到蓄养；道使万物生长壮大并养育后代，并公平地使其遭受危害，而又养育包容万物。化生万物而没有刻意显现自己，成就万物而不恃功自傲，长养万物而不主宰万物，这就叫做天德。

评析

这一章，老子通过对自然无为之道的论述告诉我们，什么是天道，什么是天德，以及天道和天德的关系。天道就是自然无为之道，自然无为之道公平地使万物得到化生，得到养育，得到生长壮大，得到养育后代，同时还会公平地以自然灾害加之万物；但是天道无论是长养万物，还是化生万物、成就万物，从来都不会显现自己的功德，使万物得到益处，而不向万物索取回报，这就是天德。天道使万物得到益处，就是天之道德。这也是古圣人所要效仿的天之道德，这里已经明确告诉我们什么是道，什么是德：道是古圣人效法无为之道而治理天下；德，就是使人民得到利益，而不向人民索要回报，不自显其功，这就是天德，这也是古圣人治理国家天下的最高纲领。关于“玄德”，老子在第十章也作了论述：“生之，畜之，生而不有，为而不恃，长而不宰，是谓玄德。”

《周易·系辞》曰：“是故形而上者谓之道，形而下者谓之器，化而裁之谓之变，推而行之谓之通，举而措之天下之民谓之事业。”《周易·系辞》说：“所以古人效法天道的表现形式作为治理国家天下的方法，就是道，以无为之道治理国家天下使人民得到安乐幸福是谓道德。效法道德的表现形式制定既能容纳万物又能使万物井然有序并生并存而互不相害的各种制度、法规、礼仪等是谓器。依照不同地区人民的风俗习惯对器的规格适当取舍，使其利于推行是谓变通；使道与器得到推广施行是谓通行；从人民中推举选拔各类德才兼备的人才，采取各种适宜的措施，筹划开办各类能为人民谋求利益的事务，并把这些错综复杂千头万绪的事务处理得井然有序，而达到道德所要达到的目的是谓事业。”所以老子所说的天德，就是无为之道使万物得到化生，得到蓄养，得到生长壮大直至衰老死亡，甚至包括公平地加之以危害，从来不刻意表现自己的功劳，是谓天德。

我们的古圣人就是效法天道的表现形式，将其作为治理国家天下的方法，作为治理国家天下的最高宗旨，以使人民得到安乐幸福。这便是道德。

第五十二章

原文

天下有始①,以为天下母。既得其母②,以知其子③。既知其子,复守其母,没身不殆。

塞其兑④,闭其门⑤,终身不勤⑥。开其兑,济⑦其事,终身不救⑧。

见小⑨曰明,守柔曰强。用其光⑩,复归其明,无遗身殃⑪,是谓袭常⑫。

注释

①天下有始:天下万物之所以有终而复始的化生。②既得其母:既然能够知道万物之母化生万物的过程。③子:万物之母天地所化生的万物为天地之子。④兑:口,孔穴。⑤门:门户,口舌。⑥不勤:不劳苦。⑦济:成,无济于事。⑧不救:祸乱不停止。⑨见小:看见细小隐微的事物。⑩用其光:用:使,使道发扬光大。⑪殃:灾祸,祸害。⑫袭常:沿用常道。

译文

天下万物之所以能有始有终,终而复始化生不息,是因为有万物之母的存在。既然能够得知天地是万物之母,所以也就能够知道天地化生万物的过程。既然能够知道天地化生万物的过程,就能坚守万物之母的变化规律无为之道,终身不懈怠。

堵塞那些产生私欲的孔穴,关闭那些产生是非的门户,终生不劳苦。若是打开那些产生私欲、是非的孔穴,不但无济于事,而且还会使祸乱终生无休止,无法挽救。

能够看见细小隐微事物发生的现象就叫明智,能坚守柔弱就是坚强。使道发扬光大,使道又恢复光明正大,不给自己遗留灾祸,就是沿袭继承了治理国家天下的常道。

评析

这一章,老子以天地之母生成天地的自然变化规律以及天地生成万物的自然变化规律,说明无论是天地之母生成天地,还是天地化生万物的过程,都是一个看不见摸不着的自然无为的过程,也说明无为之道是自然而然使万物得到益处而不向万物索取回报的自然变化过程。

所以只有坚守自然无为之道，杜绝私欲，公正无私地为人民谋利益，就如天地使万物得到终而复始的化生一样，始终为人民谋取利益，始终使人民得到利益，终生不懈怠，使无为之道得到发扬光大，就是沿袭继承了治理国家天下的常道。

那么如何做到坚守无为之道呢？正如老子所言，那就要堵塞那些产生私欲的孔穴，关闭那些产生是非的门户。这样就不会使自己陷于是非混乱之中了，若是"打开那些产生私欲是非的孔穴，不但无济于事，而且还会使祸乱终身不停止无法挽救"，也就是说违背自然无为之道，不为人民谋利益，而只是为自己谋私利，那就会使自己跻身到是非灾难之中，而无法摆脱。

正如《庄子·人世间》所言："夫道不欲杂，杂则多，多则扰，扰则忧，忧而不救。"庄子说："无为之道不允许有私心杂念，有私心杂念就会贪得而无厌，贪得无厌就会扰乱清静的无为之道，扰乱无为之道就会有忧虑灾祸产生，忧虑灾祸就会终生无休止。"这是庄子对老子之论的解释，其实也正说明了无为之道的基本表现形式就是清静无为，就是不要有私心杂念，要以公正无私之心为人民谋取利益，安定保护人民。这也是老子对他所处时代的那些执政者的特别警示，警示那些争王称霸者，治理天下所要坚守的是自然无为之道，希望这些争霸者能够恢复无为之道，能够堵塞那些产生争王称霸的私欲孔穴，不要整日陷入争王争霸的是非之中，而要继承发扬光大先王的治国之道，使天下人民得到安宁的生活，就不会给自己遗留祸患了。

第五十三章

原文

使我介然[①]有知，行于大道，唯施[②]是畏[③]。

大道甚夷[④]，而人好径[⑤]。朝[⑥]甚除，田甚芜[⑦]，仓[⑧]甚虚；服文采[⑨]，带利剑，厌饮食[⑩]，财货有余，是谓盗夸[⑪]。盗夸非道也哉！

注释

①介：独特，特殊。②施：施行，实行。③畏：敬畏，担心，忧虑。④甚夷：很平坦。⑤径：小路，直径，直路。⑥朝：一日，一天，每天。⑦芜：荒芜，田间杂草丛生。⑧仓：仓库，府库。⑨服文采：穿着华美的衣服。⑩厌饮食：饱食饱饮。⑪盗夸：是指强盗头子以自己盗窃来的财物滥竽充数，来自夸富有。

译文

使我对大道有独特的认识，而行走在大道上，只有施行敬畏大道就是。

大道很平坦，可是人却喜好走小路。人民每日都很辛劳，就如每天都在田间除草一样，但是田地里还是长满了杂草，国家的府库里很空虚；但是那些人穿着华美的服饰，佩戴着锐利的刀剑，终日饱食饱饮，自家有充裕的财货，这就叫做强盗用盗窃来的财富滥竽充数而炫耀自己的富有。盗夸者不是有道者的作为。

评析

这一章是老子对他生活时代的社会状况的评论。老子认为在他所处的当时社会中，只有他自己对大道还有所认识，有所记忆，只有自己独自在大道上行走。其实大道原本很平坦，带领人民大众一起行走在大道上，一起走向富有安乐，这才是治国者应有的治国之道。

可是有些人，却偏偏不这样做，他们不是带领大众走向富裕，而是为了给自己谋取利益，利用不正当的手段，他们迫使人民去打仗，使农田荒芜，使国家的府库空虚，使国家穷困，人民穷苦遭受灾难；而他们却用战争抢夺来的财物使自己的府库充盈，自己终日饱食饱饮，穿着华丽，终日佩戴着刀剑耀武扬威，用抢夺来的财物夸耀自己的富有，这分明是滥竽充数的强盗行为。这是有道者所不齿的行为。

这里老子用“朝甚除，田甚芜”来说明，人民每天都很辛劳，但是田间依然荒芜，没有什么收成，这是为什么呢？因为那些争王称霸者，迫使许多青壮年劳力去了战场，所以才会使田地荒芜，人民流离失所，生活困苦；而那些驱使人民的人，却用抢夺来的财富耀武扬威，相互显摆自己的富有，全然不顾人民的死活，全然不顾国家的存亡兴衰。所以老子认为这不是有道者的所作所为；因为有道者应该带领人民创造生活所需的财富，要带领人民过安乐太平的生活。

从这一章的内容可以看出，老子对他所处的那个你争我夺的时代的深恶痛绝，对发动战争者的深恶痛绝。老子认为迫使人民加入到你争我夺的战争行列，使人民精疲力尽地为发动战争者拼命，是人民生活贫困的根源所在。田地荒芜，人民生活贫困，人民的生命毫无保障，而那些发动战争的人，却用战争抢夺来的财物，豪华消费豪华享受。这些发动战争，迫使人民参与战争的人，就是剥夺人民生命和生存权利的人，就是剥夺人民享受安乐生活的人，老子把这些人称做滥竽充数的强盗头子，是再合适不过了。

通过这一章的分析，就很清楚地看到，老子所论述的事物，都是他非常熟悉、非常关心的社会问题。大道丧亡，治国者无道失德，社会动荡不安，战争不断，田地荒芜，人民的生存生活问题等都是老子所关心的问题。老子生活在战乱时代，他不可能抛开人民的生死存亡，离开他所生活的社会实际，而空谈他的道德，空谈他的理论，空谈他的理想，而是时时处处都在关注着社会的变化，关心着人民的安危，关心着人民的生活，时时处处在为人民呐喊，为人民的生命生活得不到保障而鸣不平。老子认为，这是因为道德沦丧了，先帝先王创建的治国之道遗失了，人民又生活在水深火热之中了，所以他是想激发和教化出有道者，来拯救生活在水深火热中的人民，来发扬光大先王的治国之道，来和谐这个不和谐的社会，使人民得到安宁，过上安乐太平的生活，这也是老子论述道德的目的。

第五十四章

原文

善建[①]者不拔[②]，善抱[③]者不脱[④]，子孙以祭祀不辍[⑤]。

修[⑥]之于身，其德乃真；修之于家，其德乃余；修之于乡，其德乃长；修之于国，其德乃丰；修之于天下，其德乃普[⑦]。

故以身观身[⑧]，以家观家，以乡观乡，以邦观邦，以天下观天下。吾何以知天下之然哉？以此。

注释

①善建：善于建立，树立建立功业。②拔：改变，移动。③抱：怀有，保持。④脱：遗漏，疏忽。⑤辍：停止，终止。⑥修：修身养性，治理。⑦普：普遍，广大。⑧以身观身：以自身的德行观察其修为。

译文

善于建树功业的君子，不轻易改变子事父之道；善于保持先祖之道的君子，不遗漏疏忽对子孙的教化之道，所以子孙才能祭祀不断。

修治自身使德行美好，他的美德才会真实；从修治自身到治理好他的家庭，那么他的美德就已很宽裕；从治理好他的家庭到治理好他的家乡，那么他的美德已经增长；从治理好他的家乡到治理好他的国家，那么他的美德已经很丰厚；从治理好他的国家到治理好天下，那么他的美德就已经非常广大。

所以以他自身的德能观察他的修为：以他的家庭观察他治理家庭的德能，以家乡的治理情况观察他治理家乡的德能，以他治理邦国的情况观察他治理邦国的德能，以他治理天下的情况观察他治理天下的德能。

我何以知道天下之事所以然的缘故，就是如此。

评析

这一章，老子对君子之德的表现作了全面的论述。有道的君子不但自身修养高深，而且首先能使自己的家庭得到治理，能使自己的家族乡里得到治理，能使自己的邦国得到治理，进而就能使天下得到治理。比如周文王，不但他自身的德行是天下人的楷模，而且因为继承了先祖的遗志，继承了先祖的事业，且集所有先圣先王先祖的美德于一身，所以就能将自己的家庭治理为天下家庭的榜样，周族的女性，如太王之周姜，王季之太妊，文王之太姒是谓周家母仪。周文王使自己的邦国得到治理，使周族的势力日益壮大，周文王虽然还没有取得天下，但是他在位时已经得到了天下三分之二的国土和人民，假如他没有美好的仁德，天下三分之二的人民怎么会归服他呢？这也就更加说明对子孙后代进行传统道德教育的重要意义，只有对子孙后代进行传统道德教育，才能使子孙后代认识到先祖所要推广实行的事业的伟大意义；才能使子孙继承其事业而使其祭祀不断。

《大学》有言："古之欲明明德于天下者，先治其国；欲治其国者，先齐其家；欲齐其家，先修其身；欲修其身者，先正其心；欲正其心者，先诚其意；欲诚其意者，先致其知；致知在格物，格物而后知至，知至而后意诚，意诚而后身修，身修而后家齐，家齐而后国治，国治而后天下平。自天子以至于庶人，一是皆以修身为本。其本乱而末治者，否矣。其所厚者薄，而其所薄者厚，未之有也。"这里所讲的道理就是，君子治理天下要以显明的道德昭示于天下，以修治自然无为之道，使家庭、邦国、天下得到治理而太平安乐。而要修治自己的德行，就在于有公正无私、诚心诚意之心，无论是天子还是一般平民，都要以公正无私、诚心诚意之心为根本。而没有公正无私，诚心诚意之心，想使天下得到治理，那是不可能的事情。所以，要成就治理天下的伟大事业，就要诚心诚意修治自己的心性，使自己的自然无为之道深厚而自然，自身有仁义道德和一切美德的基本修养；还要注重对子孙后代的教化，才能实施治理天下的目标，才能使先祖开创的事业不会因为子孙后代的无德无能无知而断绝。也就是说，修治自身的道德品行，修治自身的无为之道是大根本，如果自身混沌不清，不具备无为之道，那么自身、家庭、乡里、国家、天下就不可能得到治理。

通过对老子之言和《大学》之言的分析，我们可以更加明确地看到，其实道家和儒家关于道德的观点在根本上是一致的。《大学》之言，实际是对老子之言的深刻解释和运用，是更加具体的推广。

《曲礼》曰："《礼》曰：'君子抱孙不抱子。'此言孙可以为王父尸，子不可以为父尸。"这是指在祭祀时，先王的孙子可以当祖父的尸，儿子不可以当父亲的尸。当孙子还很小时，就要由人抱着充当父尸坐在上位(这就是抱孙不抱子的含义)。因为祭祀时，坐在上位的是主祭人的儿子，主祭人向充当父尸的儿子行祭祀之礼(也就是主祭人向自己父亲的孙子——自己的儿子行祭祀之礼)，使儿子学习子侍奉父亲的礼仪，也就是通过这个礼仪教化儿子如何侍奉父亲，如何继承父辈的事业。所以关于老子"善建者不拔，善抱者不脱，子孙以祭祀不辍"的含义，与《曲礼》这一段话的意义是一致的，也说明笔者对此文的解释是有依据的，而不是任意而为的解释。

第五十五章

原文

含德之厚，比于赤子①。毒虫不螫②，猛兽不据③，攫④鸟不搏。骨弱筋柔而握固，未知牝牡⑤之和而朘作⑥，精之至也；终日号而不嗄⑦，和之至也。

知和曰常，知常曰明，益生曰祥，心使气曰强⑧。物壮则老⑨，谓之不道。不道早已⑩。

注释

①含德之厚：心中怀着深厚道德的人。比于赤子：就如初生的婴儿。②螫（zhē）：叮咬。③据：靠，据为己有。④攫（jué）：用爪子迅速抓取食物。⑤牝牡：牝（pìn）：雌性动物。牡（mǔ）：雄性动物。⑥朘作：朘：小儿的生殖器。作：竖起来。⑦嗄（shà）：沙哑，嘶哑。⑧心使气曰强：用尽心气使其强大。强：竭力，竭尽全力。⑨老：衰弱。⑩已：停止。

译文

心中怀着深厚道德的人，就好像是刚出生的婴儿。毒虫不叮咬他，猛兽不敢靠近他，凶猛的飞鸟不敢抓取捕捉他。婴儿虽然筋骨柔软但是能双手牢固紧握，婴儿虽然不知道世间雌雄相合之事而他的生殖器却经常会自然勃起，这是婴儿精气极为充沛的表现；婴儿终日哭号而声音却不嘶哑，这是婴儿气血极为平和的表现。

知道平和就是知道了事物的常理，知道事物的常理就是明智，自然产生的好兆头就叫做祥瑞，使尽心气使事物强大是谓竭尽全力。事物过于强大就会竭尽而衰弱，这就不是自然无为之道了，不符合自然无为之道就会早早停止或消亡。

评析

这一章，老子对有深厚道德的君子的特征做了论述。有深厚道德的君子，就是有深厚的自然无为之道，他的一切作为都是自然而然地作为，就如初生的婴儿一样无私无欲，淳朴自然。婴儿的行为，就是自然无意识的无为之作，也是因为婴儿的精气血自然地达到了平和充沛，所以说自然而然地达到平和是无为之道化生万物的最佳途径。知道了平和就是认识了事物的常理，也就是说自然界的万物生存于自然界，能够相互不危害，是因为他们各自都能平和相处之故；也因为在于天地自然变化以平和为常性，所以才能天长地久。

这也正是老子所说的，“物壮则老，谓之不道。不道早已”的含义，每种事物都能平和自然地生存在自然界，而不以过于强大、过分耗费自己和不危害他物的方式生存，就能长久。同时老子还指出，无论是动物、植物，还是人，若是竭尽全力，用尽心气而强大，这个强大是不会长久的，这是因为已经竭尽全力，用尽了心气，是外强中干的强大，已经使事物衰老了。因为它不是自然而然地壮大的，是不符合自然无为之道的。不符合无为之道者，就会早早地衰亡。这个问题老子在第三十章也有过论述，“物壮则老，是谓不道，不道早已”，老子之所以反复论述这个问题，就说明这个问题的重要性。

正如《庄子·秋水》曰：“至德者，火弗能热，水弗能溺，寒暑弗能害，禽兽弗能贼。非谓其薄之也，言察乎安危，宁于福祸，谨于去就，莫之能害也。故曰，天在内，人在外，德在乎天。知天人之行，本乎天，位乎得，蹢躅而屈伸，反要而语极。”庄子说：“道德极深厚之人，火不能使他受到热的危害，水不能使他受到溺死的危害，寒暑也不能使他受到伤害，禽兽不能残害他的性命。”为什么呢？庄子指出：“至德之人，之所以不会受到这些危害，并不是说圣人轻视这些危害，也不是说圣人遇到这些危害不防备、不采取措施就能达到；而是因为圣人能够观察到安危所在，而能及时避免危害。对于福祸都能宁静地对待，谨慎小心，该去就去，该留就留，也就是有利时就留下来，不利时就隐去，所以就能避免危害。这就是至德之人的深厚德行。所以说，天道在人的内心，人的作为显示在外，而他的德行就是天道的体现。知道有天德之人的行动，其根本就是自然无为，居于天德，其行动进退有时而能屈伸，反而要语言极为平和。”

《庄子·杂篇·庚桑楚》曰：“老子曰：‘卫生之经，能抱一乎？能勿失乎？能无卜筮知吉凶乎？能止乎？能已乎？能舍诸人而求己乎？能翛(shū)然乎？能侗然乎？能儿子乎？儿子终日嗥(háo)而嗌不嗄，和之至也；终日握而手不掜(nái)，共其德也；终日视而目不瞚(shùn)，偏不在外也。行不知所之，居不知所为，与物委蛇，而同其波。是卫生之经也。’”庄子在这里所言的是老子的卫生之经，能抱一乎，指的是人体自然生理结构的特点，其特点就是指《道德经》第十章所言“载营魄抱一，能无离乎”的意义所在。而后面所言的则是圣人之德的表现就如出生的婴儿一样自然而然。能儿子乎？儿子，就是婴儿，就是能如婴儿乎？庄子所言的婴儿的所有表现，就是婴儿时期本体生命的自然表现。就是婴儿时期本体生命的自然表现。这是庄子利用老子之言来解释本章更深刻的意义，婴儿为什么会有如此的表现呢？因为这一切都是婴儿自生以来自然而然，与其生命一体存在的自然现象而已。

老子同时说明了道与德的关系，道就是自然无为之道；自然无为之道使万物得以化育，使万物得到益处，就是德。自然无为之道使万物都得到适宜的化育，就是中和，中和就是中正而平和。正如《庄子·外篇·刻意》曰：“故曰，夫恬淡寂寞虚无无为，此天地之平而道德之质也。故曰，圣人休休焉则平易矣，平易则恬淡矣。平易恬淡，则忧患不能入，邪气不能袭，故德全而神不亏。”庄子指出，恬淡清静虚无就是无为，恬淡清静虚无的无为之道，是使天地万物变化平和的根本，是道德的实质。所以圣人以美善为常德就是平易啊！平易就是恬淡无为啊！庄子认为圣人以仁善为常德就是无为，就是平易。平易就是中正平和的治理天下，清静无为是达到平和的根本，平易恬淡忧患不入，邪气不侵袭，就是德全之人而精神不亏损。

又如《中庸》曰："中也者，天下之大本也；和也者，天下之达道也。致中和，天地位焉，万物育焉。"《中庸》说："中正，是天下的大根本。平和，是天下万物得到化育的途径。努力达到中正平和，是具有了天地之善德啊！以善待万物就能使万物得到化育了啊！"所以说老子这一章中对无为之道的基本内容又做了一些说明，那就是中正平和。中正平和是无为之道的表现形式之一，也是达到无为之道的根本途径。

这就是老子、孔子、庄子之中和。从这里我们就更加清楚地看到老子、孔子在思想上有着非常显著的一致性。老子阐述道德，孔子用尽一生精力推崇教化，宣扬道德仁义，他们的目的在根本上是一致的，就是要教化出真正有道德仁义的治国者，以治理纷乱无道的春秋时代，以拯救民众于水深火热之中。

第五十六章

原文

知者[①]不言，言者不知。塞其兑[②]，闭其门[③]，措其锐[④]，解其纷，和其光[⑤]，同其尘，是谓玄同[⑥]。故不可得而亲[⑦]，不可得而疏[⑧]；不可得而利[⑨]，不可得而害[⑩]；不可得而贵[⑪]，不可得而贱[⑫]，故为天下贵。

注释

①知者：聪明智慧者，明智者。②兑：口，孔穴。③门：门户。④锐：锐气，急速，强悍。⑤和其光：与其一样光明。⑥玄同：同天一样。⑦得：得到。而：好像，才能，而且。亲：亲近，喜爱。⑧疏：稀，稀少。⑨利：有利。⑩害：伤害。害怕，畏惧。⑪贵：珍贵，贵重。⑫贱：轻视。

译文

明智的人不多言，多言者不明智。塞住那些多余的孔穴，闭紧那些多事的门户，挫败那些锐气，解析它纷乱的头绪，使其与日月一样光明，同尘世一起沉浮，这就叫做同天一样光明。所以说不可能得到才喜爱它，不可能得到而觉得它稀少，不可能得到才有利于万物，不可能得到才会畏惧它，不可能得到就会珍惜它，不可得到而轻视它，所以道才是天下最珍贵的。

评析

这一章，老子对天之道德又做了全面的论述，其实是对君子如何做到如天一样的美德做了论述。日月有益于万物，日月不会言说自己的功德，天有德而不言，所以君子也应该有益于人民而不言其功。那么如何做到有功而不言呢？那就要闭紧那些产生是非的门户，不随便发表言论，而且要收敛激烈强悍的情绪，消除纷乱的杂念，还要解析道纷乱的头绪，明白无为之道的意义，以无为之道修治自身，以达到自然无为，这样才能和日月一样光明，能与万物一起沉浮，这就达到了同天一样的自然无为。所以说自然无为之道是不容易做到的，不容易做到才应该亲近它，不容易做到才觉得它稀少，不容易做到就会敬畏珍惜它，只有珍视无为之道，不断地亲近学习无为之道，才能得道。所以无为之道是天下最珍贵的。

老子在这里指出做到无为之道的方法，即不多言，闭塞那些产生私欲的所有孔穴，还要挫败道的锐气，并解析道的纷乱头绪，以自己的实际行动去作为，而使道光明地显示出来，就有了同天德一样的光明之德。只要做到这些，就能明白和达到无为之道，而这些是不容易做到的，所以越是不容易做到，就会觉得它亲近，就会觉得它稀少可贵，就会敬畏它，所以就要尽力去做。

关于如何做到无为之道，孔子也有他自己的看法。正如《礼记·孔子闲居》曰："夫民之父母乎？必达于礼乐之原，以致五至，而行三无，以横于天下，四方有败，必先知之，此之谓民之父母。"孔子指出，君子要做到如民之父母一样爱护治理人民，就必须懂得礼乐的根源，达到"五至"、"三无"和"三无私"，天下四方有败兴之事，一定要预先知道，才能做到民之父母。

孔子的"五至"具体是指："志之所至，诗之所至，礼之所至，乐之所至，哀之所至。"是指通过不断的学习，使精神意志达到一定境界，才能对礼乐诗歌产生的根源有所了解。

孔子的"三无"是指："无声之乐，无体之礼，无服之丧。"是指君子遵照天命而为民之父母，身体力行所要做到的。比如"无服之丧"，就是当民众有灾难时，就要千方百计设法前去救助，使他们脱离灾难，使民众免于伤亡。

孔子的"三无私"是指："天无私覆，地无私载，日月无私照。奉斯三者以劳天下，此谓三无私。"这是指君子要具备就如天地一样光明正大的美德，以三无私的思想治理国家天下，就能使人民得到利益与福气。

孔子虽然并不是直接指出做到自然无为之道的方法，但是他所说的是治理国家天下的君主，要想治理好天下，就必须做到如民之父母一样爱护人民、治理人民，为此就必须做到"五至"、"三无"、"三无私"。那么只要做到了"五至"、"三无"、"三无私"，就有如天地一样的美德。所以说孔子所论的"五至"、"三无"及"三无私"，在实质上是与老子关于做到无为之道的方法是一致的。也就是说，老子、孔子在道德方面的根本观点是一致的。孔子之论，也是对老子之论的进一步阐述。

从这些内容中，我们就能更清楚地看到，老子是在讲无为之道的道理，孔子是在具体解释和推行无为之道。

第五十七章

原文

以正[①]治国，以奇[②]用兵，以无事取天下。吾何以知其然哉？以此。

天下多忌讳[③]，而民弥贫[④]；人多利器，国家滋混[⑤]；人多伎巧[⑥]，奇物滋起；法令滋彰[⑦]，盗贼多有。

故圣人云："我无为，而民自化；我好静，而民自正；我无事，而民自富；我无欲，而民自朴[⑧]。"

注释

①正：公正正直，无私，即自然无为之道。②奇：古代用兵术。从旁偷袭为奇，对阵交锋为正。③忌讳：不该说、不该做的事情。④弥贫：更穷苦。⑤滋混：滋长，绵延混乱。⑥伎(jì)巧：奇异的技艺、才能。⑦彰：明显，显明。⑧朴：质朴，淳朴。

译文

以公正无私的无为之道治理国家，以出其不意的用兵之术打仗。取得天下之后以无为之道治理天下而使天下太平无事。我为什么能知道其间的道理呢？正是因为如此。

治理国家者制定的政令忌讳越多，反而使人民更加贫困；那些制造使用锐利武器的人越多，就会滋长国家混乱的气氛；那些能工巧匠越多，就会滋长奇异器物的兴起；国家法令增多明显，而盗贼却有增无减。

所以圣人说："我自然无为，人民自然就会受到感化；我清静无为，人民自然会公正；我用无为之道治天下使天下安乐太平，国家人民自然就会富有；我无私心杂念，人民自然就会淳朴。"

评析

这一章，老子对以自然无为之道治理国家天下的意义和原则做了论述。老子指出了治理天下必须以无为之道为最高宗旨。因为只有用公正公平无私的无为之道治理国家，人人才能安心从事自己的事业，而为人民谋求更多的利益；人民得到安乐幸福，就会受到感化而使其私心消除而公正，人人公正无私，天下就已经得到大治而太平无事。无为而天下治，还在于治理国家者，不要为了谋求私利而号召人民去做那些无益无用而奇异的事情。而且要严格控制兵器的制造，兵器泛滥也是使国家混乱的原因之一，所以老子指出，不要滥用和制造利器。此外，也不要制定过多的法令，法令过多就失去了法令的威严，而那些胆大妄为者，则更不惧怕法令。所以，只有治国者自然无为而没有私心杂念，以无为之道治理国家，才能使国家人民富有，使人民受到感化，人民也才会淳朴而自然，才会去除私心而遵法守纪，国家才会太平安乐。

正如《礼记·哀公问》孔子曰："政者正也。君为正，则百姓从政矣。君之所为，百姓所从也。君所不为，百姓何从？"孔子指出，所谓政治，就是以公正公平无私的原则治理国家天下。君王公正没有私心，全心全意为百姓谋利益，那么百姓就会顺服君王的治理。君王的作为，是百姓所效法的榜样，君王不能公正无私地治理国家天下，百姓就会效法君王的不正而胡作非为，也就不会顺服君王的统治。孔子认为，政治就是公正，就是公平正义，这一观点与老子的观点也是一致的。所以老子说："我无为，而民自化；我好静，而民自正；我无事，而民自富；我无欲，而民自朴。"无为而公正无私，为了人民的利益而作为，使人民得到利益安乐，人民就会受到教化，受到感化而人心向善，人民就会淳朴善良。从这一章的内容，我们可以清楚地看到老子、孔子在传统道德意义上的一致性。

第五十八章

原文

其政闷闷[①]，其民淳淳[②]；其政察察[③]，其民缺缺[④]。

祸兮，福之所倚[⑤]；福兮，祸之所伏[⑥]。孰知其极[⑦]？其无正[⑧]也。正复[⑨]为奇[⑩]，善复为妖[⑪]。人之迷，其日固久[⑫]。

是以圣人方而不割[⑬]，廉而不刿[⑭]，直而不肆[⑮]，光[⑯]而不耀[⑰]。

注释

①闷闷：事少而烦闷，比喻政令简约而不繁琐。②淳淳：淳朴善良敦厚。③察察：比喻过于仔细清楚。④缺缺：缺点过分暴露而缺少淳朴。⑤倚：依靠，随着。⑥伏：隐伏，隐藏。⑦极：尽点，标准。⑧其无正：其间没有公正是非。⑨正复为奇：正常的反而变为不寻常的。奇：不寻常，罕见的。⑩善复为妖：美好的反而变为邪恶的。妖：妖怪，邪恶。⑫其日固久：固：确实。时日确实已经很久了。⑬割：伤害，损害。⑭刿（guì）：刺伤。⑮肆：肆无忌惮。⑯光：光明。⑰耀：炫耀，夸耀。

译文

政令不繁琐而简约，人民就会质朴敦厚；假如政令过于仔细繁复，就会使人民的缺点过分暴露而缺少淳朴敦厚之性。

灾祸啊！常常与福气相随；福气啊！又常常隐伏着灾祸。谁能知道福祸相依相伏的界限标准呢？岂不是没有公正是非标准了吗？正常的反而变为不寻常的，美好的反而变为邪恶的。人们对这些事物的迷惑不解，其时日确实已经很长久了。

所以圣人品行正直而不伤害别人，清明廉洁而不损伤别人，正直而不肆无忌惮，正大光明而不炫耀自己。

评析

这一章，老子通过对国家政令的评论对比，说明福祸相依相伏的原因，以及君子是如何做到使福祸不相依相伏的。也就是说，福祸相依相伏是一种不正常的表现。

那么老子所言的福祸相依相伏的原因到底是什么呢？为什么会有福祸相依相伏的结果呢？福祸相依相伏，对于国家来说，制定政令，是为了治理好国家人民，是为了使人民得到福气，可是过于简约的政令，虽然使人民淳朴敦厚，却隐伏着使人民缺乏防止和避免灾祸的隐患。而政令过于严明仔细，以严明的政令来观察衡量人民，就会使人民原本淳朴的本色显得与严明的政令不相符，使人民的缺点错误过分暴露，就会使一些人产生无所谓的思想，无所畏惧而无所不为，而违法乱纪。这是政令过于简约和过于严明所产生的福祸相依相伏。

这里我们必须明白，老子并不认为福祸相依相伏的观点是自然规则，更不是必然规律。老子指出，人民之所以长久以来会有福祸相依相伏的认识，是因为失去了无为之道而造成的，所以圣人治理国家，总是以自然无为之道的表现，即正直廉洁光明正大而不给人民带来伤害为目的。

其实在老子心中，“其政闷闷”和“其政察察”，都不是最为理想的政治措施，因为“其政闷闷”，人民虽然淳朴，但是却缺少了防范灾害的意识；而“其政察察”，就会使人民失去耻辱之心，所以同样会使人民受到伤害。所以只有用自然无为之道治理国家，只有以适中的道德治理国家天下，才会使人民免受伤害。老子所论的圣人之品德，是具有无为之道者的表现。

关于这个问题，我们也来研究一下孔子之言；《论语·为政》子曰：“道之以政，齐之以刑，民免而无耻；道之以德，齐之以礼，有耻且格。”孔子说：“用政令法规来治理国家，就会用刑法政令来约束民众；这样民众虽然可以免受刑法的处置而却没有了耻辱之心；用道德治理国家，用礼义来约束人民，这样人民不但有了廉耻之心而且有了正确的行为标准。”孔子的这段话，其一，就是对老子“其政闷闷，其民淳淳；其政察察，其民缺缺”的说明。这就是说，虽然治理国家的目的是正确的，但是治理过程中，其治理的方法与法令过于繁复，反而会给人民带来灾祸。其二，就是对福祸相依相伏之原因的说明，即“道之以政，齐之以刑，民免而无耻。”其三，就是对如何做到“福祸不相依相伏”正确方法的解译，其正确方法就是：“道之以德，齐之以礼，有耻且格。”孔子提出的这个具体可行的有效方法，则是对老子之论的完善和说明。

庄子对老子之论，也有他自己的解释，正如《刻意》篇曰：“不思虑，不预谋。光而不耀，信而不期。其寝不梦，其觉无忧，其神纯粹，其魄不疲。虚无恬淡，乃合天德。”庄子在这里所说的是无为之道的含义，即自然无为，如天地一样不用思虑，不用谋划，其精神是最为精纯纯粹的，只要效仿无为之道的表现形式去做就可以了。因为自然无为之道，原本就不会思维，不会谋划，不会言说，只有光明正大而不会显耀，只有诚信而没有要求，所有这些都是无为之道的表现形式，也是无为之道的基本内容。做到虚无恬淡的无为之道，就是符合了天德；做到了无为之道，就会使人民得到利益。所以，做到无为之道的人，就连睡觉也不做梦，就是睡醒也没有忧愁，其精神纯粹清爽，其身体也不疲倦，做到虚无恬淡，就是符合天德之人。所以老子说：“是以圣人方而不割，廉而不刿，直而不肆，光而不耀。”只有不伤害人民的政治，才是最好、最受人民拥护的政治。

第五十九章

原文

治人[①]事天[②],莫若啬[③]。

夫唯啬,是谓早服[④];早服,谓之重积德[⑤]。重积德,则无不克[⑥];无不克,则莫知其极[⑦];莫知其极,可以有国[⑧];有国之母[⑨],可以长久。是谓深根固柢[⑩],长生久视[⑪]之道。

注释

①治人:治理国家人民。②事天:事:事情,使用,从事,奉行。天:天命。事天:奉行的是天命。③啬:吝啬。比喻很少。④早服:早早顺服天命。⑤重积德:重视累积德行。或者重复累积仁德。⑥克:能够。战胜。⑦极:极高,极大。⑧有国:拥有国家,建立国家。⑨有国之母:拥有国家的根本是拥有人民。母:根源,根本。⑩深根固柢(dǐ):根深蒂固,形容基础非常牢固,稳定,不易动摇。⑪长生久视:长久生存长久存在。视:看,明显。只有存在才可以看见。

译文

治理国家人民的事情就是奉行天命,奉行天命不如记住一点就行了。

这仅有的一点,就是早早顺服无为之道,早早顺服无为之道,是谓重复累积仁德;重复累积仁德,就没有什么不能够战胜;没有什么不能够战胜,就没有谁不知道他已经有了极大的仁德;没有谁不知道他有极大的仁德,就可以拥有国家;拥有国家的根本是拥有人民,只有拥有人民,才可以长久。拥有广大人民的国家才是根深蒂固不可动摇的国家,只有根深蒂固的国家才是长久生存长久存在的唯一途径。

评析

这一章,老子直接指出了治理国家人民的根本原则,就是奉行天命。这里我们必须对天命有一个全面的认识,所谓天命,是古圣人效法日月无私照耀万物,天无私覆盖万物,风雨无私滋润万物,地无私承载万物,无私藏纳万物,无私孕育万物;而且这种无私是

永远不变的，而这种不变所显示出来的就是诚信，而无私所显示出来的就是公正公平、正大光明、仁善美好的德行。也就是说，古圣人效法的是天地之无私，以及无思谋不图回报，自然而然地使万物得到益处的美好德行。我们的古圣人就是效仿天道使万物得到益处的美好德行去治理天下，实现了天下大治，所以古圣人就将效仿天道治理天下国家的方法，当做“天的命令”去执行，就是天命的含义。老子将古圣人的天命观升华、概括为道德。所以说天命论是效法天道而来，道德论则是老子对天命论的概括和高度升华。

因为天道能使万物得到益处，所以就称之为天之道德，这里之所以将天地之德称为天之道德，是因为坤地的一切变化都是顺应乾天的变化，所以简称为天之道德。古圣人将效仿天之道德自然自觉地为人民谋利益的原则、宗旨，尊奉为天命，因为天是极高的极限，而治理国家天下的君王，是人民之中最高权力的极限，治理国家天下者，再大也大不过天，所以我们的祖先，就以天命这个原则作为治理国家的最高宗旨。所谓治理国家，其实就是治理人民，治理人民并不是说将人民管制到没有自由，没有快乐，而是为了使人民得到幸福安乐。那么只有遵照这个最高纲领去作为，就能使人民得到福气得到安乐，而违背这个原则，就会使人民遭受灾难，这也是中华民族几千年以来的历史所证明了的历史法则。

关于天命，在历史的长河中，有各种不同的解释，其实没有谁能够解释得很完整，而且很多解释都是统治者用来愚弄人民的，是为其违背道德所作的开脱。但是无论哪一朝代的为官者，他们的头顶上仍然高高悬挂着公正廉明、正大光明、明镜高悬等警戒语，而这些警戒语都来自道德的内涵。

其实关于天命的内涵，在《周易》、《尚书》、《诗经》以及《论语》中都有记载。正如《尚书·皋陶谟》曰：“敕天之命，惟时惟几。”舜帝说：“告诫天的命令，只有时时刻刻记住。”如孔子曰：“不知天命，无以为君子也。”孔子说：“不懂得天命的人，就不能成为君子。”

《周易·无妄卦》彖辞曰：“动而健，刚中而应，大亨以正，天之命也。其非正有眚，不利有攸往。无妄之往，何之矣？天命不祐，行矣哉？”彖辞就是对什么是天命的说明。彖辞说：“常常运动变化不已而且强健有力自强不息，圣人效仿刚直中正、无私诚信、大亨通而又正大光明的天道，为天的命令，为人民谋利益。如果不依照正大光明、公正无私、诚信的天命作为，就会有灾难降临，不利于反复行动。不执行天命而反复胡作非为，为什么呢？胡作非为是得不到天命的保佑的，得不到天命帮助的事情，怎么能行得通呢？”无妄卦是告诫人们不要妄作非为，因为我们的先祖早已以天命这个概念为我们规定了我们行动的原则。天命的内涵就是公正公平无私，诚信，正大光明，广博仁厚，清静无为，以仁善待万物。那么违背了这个原则而妄作非为，是为自己制造灾难。所以说天命论是被老子升华概括为道德的理论，是我们的先祖为我们所有人设置的做人原则，为治理国家者设置的治理国家天下的最高宗旨，治理国家的君王更不能违背。只有不违背天命，不违背道德，以传统道德治理国家天下，才会受到人民的拥戴，而使国运长久。而无妄卦彖辞，将“天命”的内涵明示出来，那就是，“动而健，刚中而应，大亨以正，天之命也。”这样就使“天命”有了明确的概念。

在老子的所有文章中，这也是老子第一次提到“天命”，老子，已经用“道德”这个明确的概念将天命的内涵概而括之，主张效法天的自然善性治理国家天下，使人民得到利益。

老子将天命概括为道德，使其更为明确而简约，而且去除了神秘色彩。所以老子指出，“重积德，则无不克”，“有国之母，可以长久。是谓深根固柢，长生久视之道”。只有重复累积仁德，就没有什么不能战胜。只有拥有广大人民的国家，才是根深蒂固不可动摇的、能长久存在的国家；而只有用无为之道治理国家天下，才会得到人民的拥护。这些正是“重积德”的具体表现和得到的结果。

正如《大学》所言：“道得众则得国，失众则失国。是故君子先慎乎德，有德此有人，有人此有土，有土此有财，有财此有用。德者本也，财者末也。外本内末，争民施夺，是故财聚则民散，财散则民聚。”《大学》之论，是对老子之论的进一步阐述和具体运用，这也是老子之教与儒学之教的一致之处。

第六十章

原文

治大国，若烹小鲜①。

以道莅天下②，其鬼不神③。非其鬼不神，其神不伤人④。非其神不伤人，圣人⑤亦不伤人。夫两不相伤，故德交归⑥焉。

注释

①小鲜：小鱼。②以道莅(lì)天下：道，道德，无为之道。莅：临，治理，统治。③鬼：是那些专搞阴谋诡计，胡作非为的小人的象征。神：神气；先祖的象征。④伤人：伤：悲伤。伤人：悲天悯人。⑤圣人：有极高深智慧才能和道德的人。⑥德交归：先祖、圣人、治国者与天之道德会同在一起。

译文

治理大国的事情，就如烹饪小鱼一样容易。

以无为之道治理国家天下，那些妖魔鬼怪和专搞阴谋诡计的人就不会神气了。并非只是妖魔鬼怪和搞阴谋诡计的人不神气了，那些先祖的神灵也不会悲天悯人了。并非只是先祖的神灵不悲天悯人了，那些圣人也不会悲天悯人了，先祖和圣人都不悲天悯人了，就说明治国者所遵循的无为之道和所施行的道德与先祖和圣人所推行的道德已经完全交会融合在一起了啊。

评析

这一章，老子首先指出，治理国家其实就如烹饪小鱼一样容易，这也是老子先提出结论，然后再说明为什么。这是因为无为之道的缘故。治国者以天之道德君临天下，以无为之道治理国家天下，使人民得到安乐，天下太平无事，这国家治理起来不就容易了吗？

老子接着指出，以无为之道君临天下，实现天下安乐太平，这是我们的先圣、先王、先祖自始至终所施行的，而且是先祖已经成功实现了太平安乐的事业，所以就期望后代继续发扬光大先祖的事业。而我们这些子孙后代，确实继承发扬光大了先祖所推行的事业,我们的行为目的与先祖,与各个时代的圣人治理国家天下的纲领目的是一致的,就是为了实现国泰民安和天下太平安乐。那么我们的先祖高兴还来不及呢!怎么还会怪罪我们而悲天悯人呢?因为治国者施行了先祖所创建的无为之道,以无为之道君临天下,所以治理天下就会很容易。

其实"鬼神"在古人心中,只不过是我们先祖的代名词和象征而已,老子在这里用鬼神、圣人来象征我们的先祖,其含义就是,只要我们能够完全继承发扬先祖所创建的道德治天下,就是不忘记先祖之德,就是对先祖的孝顺。这里之所以将"神也不伤人,圣人也不伤人"之"伤",解释为"悲天悯人",是因为"伤"原本就有伤心、伤感、损伤、伤害、悲伤、哀痛等含义,要是治理国家天下者,违背了先祖的遗愿,使先祖创立的道德遗失,使国人遭受灾难,我们先祖的灵魂就会很伤心,就会很悲伤,从而怜悯天下人民,就会痛恨这些不争气的子孙后代,所以笔者就将"伤"译作"悲伤",与人连接起来,而用"悲天悯人"这个成语来解释。

关于老子此章的含义,也可以用孔子之言来说明。正如《论语·卫灵公》子曰:"知及之,仁不能守之,虽得之,必失之。知及之,仁能守之,不庄以莅之,则民不敬。知及之,仁能守之,庄以莅之,动之不以礼,未善也。"孔子说:"依靠智慧所达到的,是不会用仁德守护国家的,所以虽然得到了国家政权,必然还会失去。依靠智慧得到了国家政权,又能用仁德守护,但是若是不能以庄严的无为之道君临天下,就不会得到人民的尊敬。能用智慧得到天下,能以仁德守护国家,并能以无为之道君临天下,但是若是不以礼义治理人民,也是不完善的。"从老子和孔子的言论中可以看出,治理国家的根本在于以无为之道君临天下,以仁善之德为治理国家天下的原则,并以礼义来教化人民,就会使治理国家的制度得到完善。所以老子说:"夫两不相伤,故德交归焉。"

第六十一章

原文

大邦[①]者下流[②]，天下之牝[③]，天下之交[④]也，牝常以静胜牡[⑤]，以静为下。

故大邦以下小邦，则取小邦。小邦以下大邦，则取大邦。故或下以取，或下而取。大邦不过欲兼畜人[⑥]，小邦不过欲入事人。夫两者各得其所欲，大者宜为下。

注释

①邦：诸侯国。②下流：使用谦恭之礼对待不同特点的邦国。③牝（pìn）：雌性动物。④交：交往，交流。⑤牡（mǔ）：雄性动物。⑥欲兼畜人：想要兼并蓄养人民。

译文

大的邦国以谦恭之礼对待小邦国，就能成为天下国家之母，天下国家的交往，天下之母以清静无为之道就能感化天下之子，所以，就应该以清静无为之道礼遇下属邦国。

所以说大国以谦恭之礼对待小邦国，就能取得小邦国的信任。小邦国能以谦恭之礼礼遇大邦国，就能取得大邦国的信任。所以说无论是大邦国以礼义取得小邦国的信任，或者是小邦国以礼义而取得大邦国的信任，他们相互取得信任的目的，大邦国不过是为了兼有蓄养小邦国人民的职责，小邦国只不过是想加入大邦国侍奉君王而已。那么二者都使自己的欲望得到实现，所以大邦国就应该以邦交之礼礼遇小邦国。

评析

这一章，老子对邦交之礼做了论述。老子指出，大邦国以谦恭之礼与小邦国相交，就能得到天下国家之母的称谓，因为无论是大邦国，还是小邦国，他们都需要和平安乐的环境。而且只要大邦国能以谦恭之礼对待小邦国，就能得到小邦国的信任，大邦国就如天下国家的母亲一样，以母亲爱护儿子的心情去与小邦国交往，帮助小邦国的人民，这样就会感化小邦国的人民，使小邦国人民归服大邦国。当然与别的国家交往的目的，无论是大国，还是小国，只有是为了和平的目的，而不是为了占有，才能得到相互的利益。这也是老子对古代圣王治理国家经验的总结。比如周文王与那些不服从商朝统治的小邦国交往，总是以仁善礼义对待小邦国的人民，而并没有以为自己是天子派来的征伐不服的大国的使者，就对小邦国的人民无辜杀戮，而是在爱护小邦国人民、与人民同心同德的基础上交往，终于感化了小邦国的人民，而使其归服了周文王。老子在这里特别指出，大邦国与小邦国交往的目的，只是为了帮助、蓄养小邦国的人民，使小邦国的人民也有安乐和谐的生活而已，并不是为了役使小邦国的人民，更不是为了剥夺小邦国人民的资材；小邦国也只是为了加入大邦国，顺服君王的治理和得到大邦国的帮助而已。他们的目的都是为了使人民得到安乐和谐的生活，而不是为了侵侮欺夺奴役人民。这是老子对古代圣王外交经验的总结，这也是中华民族传统外交规则的体现。而今我们中华人民共和国的外交政策，正是创造性地继承发展了我们的邦交之礼，而与世界大小国家交往，无论他们国家是大是小，无论其人民是贫穷或富裕，都依照邦交之礼进行外交，这就是我们中华民族的光荣传统。

正如《诗经·时迈》曰："时迈其邦，昊天其子之。实右序有周，薄言震之，莫不震叠。"周武王巡行他的邦国，对邦国的人民就如天爱护儿子一样关怀，确实保佑、统辖了周朝，轻言巡行的威力威势，没有国家不震动、震惊、镇服。这就是有道的君子对待他所属邦国的人民的态度，所以才能使周朝得到人民的拥护。

第六十二章

原文

道者万物之奥①。善人之宝②,不善之人所保③。

美言可以市尊,美行可以加人④。人之不善,何弃之有?故立天子,置三公⑤,虽有拱璧以先驷马⑥,不如坐进⑦此道⑧。

古之所以贵此道者何?不曰:求以得,有罪以免邪?故为天下贵。

注释

①奥:主宰;奥妙。②宝:宝贵。③保:保护。④加人:给人增加益处。⑤三公:辅助君主的太师、太傅、太保为三公。⑥拱璧以先驷马:先有以双手捧着碧玉进献,后献上四匹马所拉的车马的礼仪。⑦坐进:搭乘,进献。⑧此道:自然无为之道。

译文

无为之道是万物的主宰,是仁善者所宝贵的事物,是使不仁善之人得到保护的所在。

美好的言语可以受到市井之人的尊敬,美好的行为可以给人增加益处。有的人虽然不美善,可是有什么理由要舍弃他们呢?

所以设立天子以治理天下,设置三公辅助天子治理天下,虽然有先献碧玉而后献驷马的隆重礼仪,还不如进献自然无为之道为好。

古人之所以极其重视无为之道的原因是什么呢?不是说:寻求得道,就能对有罪的人给予免除吗?所以无为之道就成为天下最为尊贵的事物了。

评析

这一章,老子对无为之道的意义做了进一步论述。老子指出,无为之道是万物生生灭灭、变化不息的主宰,是仁善之人所珍视的事物,无为之道又使不仁善之人得到了保护,因为无为之道有益于万物,有益于所有人,当然也有益于不仁善的人,不仁善者得到无为之道的保护,就不会因为不仁善而被舍弃,这是为什么呢?因为圣人用无为之道治理国家天下的目的,是为了使万物得到益处,得到保护,有些人虽然不仁善,我们也没有理由舍弃他们，可以使不仁善者在圣人无为之道的感化下得到教化，在圣人以无为之道治理国家天下时得到益处，通过无为之道的感化而变得仁善，所以天下人以无为之道最为珍贵。

老子特别指出，不如将设置三公的敬献之礼，即为三公赏赐碧玉驷马的礼仪，改为赏赐无为之道的礼仪，使三公学习到无为之道的实质，以无为之道来辅佐天子治理国家天下，使更多的人得到无为之道的修养而奉行无为之道，这样就能使国家天下得到治理而安乐太平了。因为无为之道能使万物得到益处，所以就能受人尊敬。

老子在这里特别指出，设立天子治理国家天下，设置三公辅助天子治理天下的目的，就是要以无为之道辅佐君主，把以无为之道为人民谋求利益作为治国之本；以仁善之德教化人民，使人人有仁善之心，天下才能得到治理，所以对于不仁善者，就要以无为之道感化教化他们，使其变为仁善之人，而不是遗弃他们，所以也就更加体现出无为之道的重要意义。这是老子对第二十七章之意义的进一步说明，“是以圣人常善救人，故无弃人；常善救物，故无弃物。”

从这一章的内容可以看出，圣王明君治理国家天下的目的，不是为了将那些不美善的人从我们的社会中淘汰出去，而是要以无为之道感化教化他们，力求使人人都具有仁善之心，人人都有幸福安乐的生活，这才是实现天下太平安乐的最终目的。

第六十三章

原文

为[①]无为,事[②]无事[③],味[④]无味[⑤]。

大小多少,报怨以德。图难[⑥]于其易[⑦],为大于其细[⑧]。天下难事,必作于易;天下大事,必作于细。是以圣人终不为大,故能成其大。

夫轻诺[⑨]必寡信[⑩],多易必多难。是以圣人犹难之,故终无难矣。

注释

①为:依照,以。②事:事业;使用,使。③无事:天下太平无事。这里也可以是象征不愿意显示自己的功德,就如没有做事一样。④味:味道;品味。⑤无味:无为之道淡而无味。⑥图难:谋图艰难之事。⑦易:容易。⑧细:微小。仔细。⑨轻诺:轻易许诺的诺言。⑩寡信:很少兑现诺言,很少有信誉。

译文

以无为之道治理天下,使天下太平无事;品味无为之道淡而无味。

大起于小,多起于少,所以无论是大怨小怨,怨多怨少,都能以德报怨。图谋使艰难之事变得容易,使大事情变为小事情;解决天下的难事,必须从容易的事情做起;处理天下大事情,必须从微小的事情做起。所以圣人自始至终不自以为大,所以才能成就大事业。

轻易许下的诺言必定很少能兑现,容易的事情太多,困难的事情必然就会增加。所以圣人做事总是从最难处着想,所以最终就能解除困难。

评析

这一章,老子对圣人君子以无为之道治理天下,使人民得到福气,使天下太平无事;就能体会无为之道其实淡而无味;君子以无为之道处事,有功德不愿意显露,所以就非常符合无为之道平淡无味的特点。为人民累积了善德,不显示自己,这就是甘愿平淡无为的君子之德。

对“为无为，事无事”的解释，笔者参考了第四十八章“无为而无不为。取天下常以无事，及其有事，不足以取天下”，其含义是，无为并不是无所作为，是指取得天下之后，以无为之道治天下，使天下太平无事，假如治天下者，不能使天下太平无事，就说明他还没有完全取得天下。所以说这两章的含义应该是一致的。

老子同时指出，圣人君子对于恩怨的态度是，有恩不图报，因为做了善事不显现就是不愿意让人回报的体现；而且无论大怨、小怨，君子都是以德报怨，而不以怨报怨，这就是君子之德。这也就印证了六十二章中提到的道是“不善之人所保”的含义，不仁善的人，做了不仁善的事情，危害了人民，危害了君子，但是君子以德回报不仁善者，用自己的仁德感化不仁善者，使其受到感化而努力向善，而不是用酷刑处置而抛弃不仁善者。而且这样做，就能使难事变为容易处理的事情，就能使那些图谋不轨的大事化小，而逐渐解决。这就是君子之德的表现。

老子关于“报怨以德”，孔子也有相关的论述。正如《礼记·表记》孔子曰：“以德报德，则民有所劝；以怨报德，则民有所恶。”“以德报怨，则宽身之仁也；以怨报德，则刑戮之民也。”孔子说的是：以德报德，就会使人民得到教化；以怨报德，就会使人民厌恶而不信服他；以德报怨，就是宽宏大量、满身仁德了；以怨报德，就是用刑法杀戮人民了。

关于“图难于其易”中“难”的解释，《论语·雍也》篇孔子曰：“仁者先难而后获，可谓仁矣。”一般认为这句话中的“难”，是付出的意思。当然，要付出，就要作为，这个过程中就会有很多难为之事，就需要仔细认真解决这些难为之事，所以这里的难，也就有了艰难的意思在内。

老子的“为大于其细”，“天下大事，必作于细”的意义，与第六十四章“合抱之木，生于毫末；九层之台，起于累土；千里之行，始于足下”的含义是相互印证的，与《周易·泰卦》卦辞“小往大来”的意义也是相互印证的。那么“为大于其细”也就可以解释为：做大事情必先从其小事情做起。

老子最后还对君子之德的表现做了补充说明，那就是君子不轻易对人许什么诺言，而是以自己的行动与努力将人民所期望的事情做好。正如《礼记·表记》孔子曰：“君子不以口誉人，则民作忠。故君子问人之寒则衣之，问人之饥则食之，称人之美则爵之。”“口惠而实不至，怨灾及其身。是故君子与其有诺责也，宁有已怨。”孔子之言，其实就是对君子之德的论述，也是对老子之言的具体解释。君子不以空头言论赞誉别人，而是以爵禄封赏赞誉有德之人，人民才会忠信诚实。只有口头赞誉而无实际内容的恩惠，是没有意义的，所以君子与其因为许诺言不能兑现而让人埋怨，还不如不轻易向人许诺言，而让人直接埋怨好了。

我们从孔子的这些言论中，就足以看到，孔子是在极力宣扬道德，推行道德。孔子的言论，其实是对老子之言的进一步阐释，也说明孔子之儒与老子之道德，其目的在根本上是一致的。

第六十四章

原文

其安易持[①]，其未兆[②]易谋[③]，其脆[④]易泮[⑤]，其微易散。为之于未有，治之于未乱。

合抱之木，生于毫末[⑥]；九层之台，起于累土；千里之行，始于足下。

为者败之，执[⑦]者失之。是以圣人无为故无败；无执故无失。

民之从事，常于几成[⑧]而败之。慎终如始，则无败事。

是以圣人欲[⑨]不欲，不贵难得之货；学不学，复众人之所过，以辅万物之自然而不敢为。

注释

①其安易持：还在安定时容易控制、保持。②未兆：没有出现预兆。③易谋：容易谋划。④脆：脆弱。⑤泮（pàn）：分解，融化。⑥毫末：细小。⑦执：持着自己的主张去治理。⑧几成：几乎快要成功。⑨欲：欲望。⑩不欲：没有贪得无厌的欲望。

译文

事物还在安定之时容易维持，在还没有出现征兆时容易谋划，还在脆弱的时候容易化解，还在微小之时容易消散。所以在事物还没有发生变化时，就应该将其处理好；在事物还没有发生混乱时就应该将其治理好。

合抱的参天大树，生于一粒粒细小的种子；九层高台，是用一块一块土坯累起来的；人行千里，是一步一步走出来的。

假如脱离事物的基本规律而作为，必然就会失败；持着自己的主张治理国家就会失败。所以圣人以无为之道治天下，所以就不会失败；圣人不以自己的主张治理天下，就不会失去天下。

很多人从事某种事情，常常几乎快要成功了而失败了。所以要慎重对待结束就如慎重对待开始一样，就不会有失败之事发生。

所以圣人有欲望但不贪得无厌，不以那些不容易得到的珍奇之物为贵重；努力学习知识而不学别人的过失，不重复众人已经犯过的错误，以无为之道辅助万物化育而不敢以自己的主张来作为。

评析

这一章，老子阐述的是事物发展变化的基本规律——小往大来，也就是大事情是由小事情发展而来，无论是好事情，还是坏事情，它都有一个从小到大的发展过程。正如老子所言，“合抱之木，生于毫末，九层之台，起于累土，千里之行，始于足下”，这就是事物从小发展到大的基本规律，就是自然无为之道的具体表现之一。所以老子指出，事物还没有出现变化的征兆时就及时处理好，因为这个时候容易将其处理好；在事情的变化还很微小时，就能将其处置好；事情发展变化到危害出现后，就不容易处理！这是遵守自然变化规律而作为的重要意义。这一章与第六十三章“天下难事，必作于易；天下大事，必作于细”的含义是一致的。

所以老子又指出，君子执无为之道以处事，以无为之道治天下，以公正无私之心为人民谋利益，所以就会得到人民的拥护，而不会失败，因为君子是遵守自然变化规律而为。

这里的“圣人无为故无败，无执故无失”，所谓“无为”是指君子以效法天地自然无为之道而治天下，而不是什么也不作为，也就不会失败；所谓“无执”，是指君子不违背无为之道，不以自己的主张、欲望治理天下，就不会失去天下；而不是什么也不执行而不会失去天下。关于这个问题，老子在第二十九章也有论述，“是以圣人无为，故无败；无执，故无失。”其意义是一致的。

老子还指出，很多人从事一件事情，几乎快要成功了，却失败了，为什么呢？这是因为没有坚持到底的缘故，就是不能如慎重地对待开始一样去慎重对待结尾，所以就会失败。这里老子是在说明，自始至终慎重地对待开始和对待结尾，坚持到底，就会成功。

《周易·泰卦》卦辞曰：“小往大来，吉亨。”彖辞曰：“小往大来，吉亨。则天地交而万物通也，上下交而其志同也。内阳而外阴，内健而外顺。内君子而外小人。君子道长，小人道消也。”“泰”，是指天下太平安乐，而想要实现天下太平安乐，就要天地阴阳之气相交而平和，日月四时正常变化，风云雷雨正常变化，使万物正常化育，阴阳和谐，才能达到天地交泰而天下通达安泰。治理国家天下者，就要像乾天无私照耀、覆盖万物，坤地无私承载、孕育藏纳万物而不言其功一样，以天地自然无为之道治理天下，使人民得到实际利益。而要想使人民得到利益，就得发明创造许多有利于人民生活需要的物质条件，创造有利于达到阴阳和谐的条件，也就是要辅助天地自然达到天下通达安泰的许许多多、大大小小的具体事情，是依靠圣人引导人民从一件一件事情做起，不断地累积，由小到大，由少到多，由低到高逐渐累积才能实现的，不是坐等天地自然就能实现的事情，因为自然就是自然，是不以人的意志为转移的。

所以老子指出，君子做事情，一定要有始有终，慎重地对待开始，慎重地对待结尾；不要贪得无厌；要学习别人的长处，而不重复别人已经犯过的过失。这也就是老子的经验总结，要我们后世之人注意吸取这些经验教训。

最后老子指出："是以圣人欲不欲，不贵难得之货；学不学，复众人之所过，以辅万物之自然而不敢为。"这是老子对圣人之德表现形式的总结，圣人有欲望但不贪得无厌，那么圣人的欲望是什么呢？笔者认为，圣人的欲望就是学习为人民谋利益的方式方法，为人民去除灾难，使人民得到福气得到安乐；不看重那些不容易得到的东西，也就是很稀少的珍贵物品；学习有用有益的知识，而不重复别人的过失，以无为之道，以自己的美好品德辅助万物保持淳朴自然的本色，而不敢自以为是地作为，以仁善待万物，而不伤害万物、伤害人民，这就是圣人的欲望。

第六十五章

原文

古之善为道者，非以明①民，将以愚②之。

民之难治，以其智多。故以智治国，国之贼③；不以智治国，国之福。

知此两者亦稽式④。常知稽式，是谓玄德⑤。玄德深矣，远矣，与⑥物反⑦矣，然后乃至大顺。

注释

①明：明智，智谋。②愚：愚笨，无知，象征淳朴，无杂念私心。③贼：败坏，伤害。④稽式：考核的标准、法式、模式。⑤玄德：天德。⑥与：同，和。⑦反：返回。反复。

译文

古时善于以无为之道治理天下者，并非是使人民过于明智机巧，而将使人民保持朴实纯真善良的本性。

人民之所以难治理，是因为治理国家者使用的智谋太多。所以违背无为之道而以自己的智慧治天下者，就是败坏国家伤害人民；不违背无为之道不以自己的所谓智慧治理国家天下，就是国家人民的福气。

明白了这两者之间的道理，就是核准了治理国家天下的模式。经常核准治理国家天下的模式，就叫做知道了天德。天德深奥啊！远大啊！同万物一起返回到诚实淳朴的质真状态，然后才能使天下达到大顺而大治。

评析

这一章，老子阐述的是治理国家天下的基本法式，那就是以无为之道作为治理国家天下的基本法式。治理国家天下的原则，就是不违背无为之道，不以自己的聪明才智凭空想象，而是要以天地自然的基本规律为基本法则。老子在这里指出的“民之难治”，是因为“以其智多”，这里的“智多”这并不是说人民的智慧太多，而是说治理国家天下者违背了无为之道，而使用自己的智谋治理国家的事情太多。因为老子说过：“智慧出，有大伪。”老子认为，当执政者废弃无为之道不用，单凭自己的才能、智谋发布政令，治理国家时，执政者本身就会有许多无道失德的事情出现，使人民效仿而伪造虚假之物，使天下混乱，人民不信服治国者，治国者所发之政令就很难执行，所以天下就会难治。因此老子说：“以其智治国，国之贼；不以智治国，国之福。”

正如《庄子·则阳》曰：“古之君人者，以得为在民，以失为在己；以正为在民，以枉为在己；故一形有失其形者，退而自责。今则不然，匿为而愚不识，大为难而罪不敢，重为任而罚不胜，远其途而诛不至。民知力竭，则以伪继之，日出多伪，士民安敢不伪！夫力不足则伪，知不足则欺，财不足则盗，盗窃之行，于谁责而可乎？”庄子指出，古代圣人作为人民的君主，以无为之道作为治理国家天下的宗旨，有了过失而没有使人民得到利益，就是自己的过失，而不会怪罪人民；以公正无私的无为之道作为，在于为了人民的利益，而自己宁愿蒙受冤屈。所以君子做事万一失了无为之道的原则，就会退回来，自己检讨自己的过失，而从来不怪罪别人。可是现今之人却不然，将无为之道隐匿起来好像愚昧不知，遇到大为难之事就会怪罪那些懦弱之人，对勇于担当重任的人还要惩罚他没有取胜；常常远途征伐还要诛杀那些不愿意前去征伐的人。人民知道精力体力衰竭，无法适应这个虚假时代，只好也以虚假之事来应对上位之虚假。因为上位之人每日都出现虚假的事情，人民怎么能不效仿虚假？所以说力量不足就会伪造虚假的，智慧不足就会欺诈，财物不足就会盗窃，盗窃的兴盛，那么有谁追究过根源吗？这是庄子对那些不以无为之道治理国家天下，使天下是非混淆、黑白不分，使人民无法适从，人民只好效法上位之行为而出现虚假、欺诈、盗窃之事的论述，其实也是对老子关于“民之难治，以其智多”及“智慧出，有大伪”之原因的解释。庄子之言，其实也是放至任何时代都适用的至理名言，这对于我们当今的大伪泛滥时代更是有力的说明和纠正的良方。

《庄子·胠箧》曰：“上诚好知而无道，则天下大乱也。……故天下每每大乱，罪在于好知。故天下皆知求其所不知而莫知求其所已知者，皆知非其所不善而莫知非其所已善者，是以大乱。”庄子的前一句话，是对“民之难治，以其智多。故以智治国，国之贼；不以智治国，国之福”之原因的说明，这是因为在上位的治国者只是以自己的智慧、兴趣治理国家，失去了先帝先圣的无为之道，不能为天下人民谋利益，人民不顺服他的治理，以及上位失道而混乱，所以天下就会大乱。后几句则是对“古之善为道者，非以明民，将以愚之”原因的说明，因为治理国家者失去了无为之道，以自己的智慧任意治理国家，这是上之乱；而下位的臣民，有的就因为上位之乱而效法，使伪诈盗窃之事兴起。有些则是探求那些还不明白的事情，却忽略了学习那些已经明白的事情。没有人学习研究美善的事物，所以天下就会混乱。庄子的这些话，是对社会出现大伪泛滥原因的分析，社会之所以大伪盗贼泛滥，就是因为研究教授美善之德的学问太少，而研究教授不美善行为的学问太多。

老子在这里明确指出，治国者要以无为之道为治理国家天下的法式，明白了这一点，也就具备了天德。以无为之道治理国家天下，就能使人民得到福气，就如天自然而然地为万物带来益处的道理是一样的，而天德之中最基本的一点，就是诚信，人人都能返回到淳朴的自然无为之道，以诚信为本。有诚信才能自始至终地执行无为之道，而无为之道的核心就是诚信，所以治理国家天下者，以诚信为本，才能使人民诚信，人人有诚信，就是恢复了淳朴诚实的本质，那么，天下就会得到大治而大顺。

这里还要明白“非以明民，将以愚民”的含义，“明”，在这里是一个象征辞，象征过于明智机巧而失去淳朴之性。“愚”，也是一个象征辞，象征人淳朴、憨厚的样子。也就是说，以无为之道治理国家天下者，就是要使人民恢复淳朴善良的本性。对于这句话就不能理解为使人民愚笨或者愚弄人民，这一点是必须要清楚的。假如治理国家天下者，使人民愚笨，不聪明，或者愚弄人民，那就是以自己的主张来治理国家天下，而不是以无为之道治理国家天下，那他一定会失去天下，失去人民的。

老子关于“古之善为道者，非以明民，将以愚之”的观点，与孔子观点有相似之处。正如《论语·泰伯》孔子曰：“民可使由之，不可使知之。”孔子说：“民众可以使他们听从治国者的治理，而不能使其过于有心智。”孔子这里的“知”，是心眼、智能，指的是善于见风使舵，没有淳朴善良之心的人。从这里我们也可以看到，孔子之理论与老子之道德的意义，有着实质上的一致性。

第六十六章

原文

江海之所以能为百谷王[①]者，以其善下之[②]，故能为百谷王。

是以圣人欲[③]上民[④]，必以言下之[⑤]；欲先民[⑥]，必以身后之[⑦]。是以圣人处上而民不重，处前而民不害。是以天下乐推[⑧]而不厌。以其不争，故天下莫能与之争。

注释

①百谷王：比喻水流最多最大者。百谷：天下溪流。百：是众多。②善下之：善于容纳那些污泥浊水。下：是指下方的污泥浊水而言。③欲：想要。④上民：居于上位，为人民的君王。⑤以言下之：以谦恭之言面对居于下位的百姓。⑥先民：先辈；父母，民之父母。⑦以身后之：以自身的利益居于人民利益之后。⑧乐：乐意，乐于。推：推行，推举。

译文

大江大海之所以能使千溪万流归服于它而成为天下溪流会聚最多之处，是因为它善于吞纳下流的污泥浊水，所以才能成为百溪万流之王。

所以说圣人想要居于上位治理百姓，就必须以谦恭之言对待人民；想要做好人民的父母官，就必须把自身的利益置于人民利益之后。因此圣人居于上位而人民没有沉重的负担，居于人民父母之位而不妨害人民。所以天下人民乐意推举圣人而不厌倦。因为圣人不与天下人争功，所以天下人就没有谁能与他相争。

评析

这一章，老子指出，江海之所以能广博盛大，是因为它甘居于下游而会聚了天下所有的溪流河水，而之所以能会聚天下千流万溪，是因为大江大海有博大的胸怀，能吞纳流人的所有污泥浊水，所以它才能成为百谷之王。这里老子以百谷之王为例，说明圣人之所以能使天下人民归服，成为人民的君王，是因为圣人有如大江大海一样的自然无为的博大胸怀，他不与人民争高低，争利益，而是以谦恭之礼对待人民，为人民做了好事，而不自高自大，不以为自己有功于人民而高高在上，处处以人民的利益为先，处处事事为人民的利益着想，所以，人民才喜欢追随圣人而归服于他。

这一章是老子对圣人君子以无为之道治理天下，使人民得到利益而不与人民争功之品德的论述，也是对君子之德的论述。这一章的重点，是君子不与人争功，不显现自己德能的博大胸怀。这与老子第二十二章所言“夫唯不争，故天下莫能与之争”的含义是一致的。第二十二章是以委曲求全而不与别人相争，所以就没有人与他相争，而这一章是君主为天下人民谋利益，以仁善礼义对待天下人民，而不显示自己的功德，以自己的美德使人民不争。这一章也是对君子之德的综述，君子以江海般的博大胸怀为人民谋利益，而受到人民的拥戴，人民乐意归服于他，归服的是君子的美德。同样老子在第八章用“上善若水，水利万物而不争……夫唯不争，故无尤”也论述了同样的道理。

《礼记·表记》孔子曰：“是故君子不自大其事，不自尚其功，以求处情；过行弗率，以处厚；彰人之善而美人之功，以求下贤。是以君子虽自卑而民敬尊之。”孔子说：“君子不自以为高大，不自以为有高尚的功德，以求得居于事情的常理。对于那些过于超乎常理的事情不提倡人民以为楷模，是为了使人民保持淳厚朴实的品德；君子彰显别人的美德、赞美人民的功劳，以求得对居于下位的贤能有德之人的尊敬，所以，君子虽然谦恭而尊人，人民却尊敬他。”受到人民尊敬的人，是品德高尚之人，自然没有谁能与他争。这是孔子对于君子不争之德的阐述。

《论语·八佾》孔子曰：“君子无所争。必也射乎！揖让而升，下而饮。其争也君子。”孔子说：“君子没有什么可以与别人争。如果有，那就是射礼上的射鹄之争！君子进入射礼时，作揖行礼而上堂射箭，射礼完毕下堂而与众人饮酒，这就是君子之争。”

《论语·卫灵公》孔子曰：“君子矜而不争，群而不党。”孔子说：“君子庄重而不与人争，与众人相处而不结党营私。”以上这些说明孔子与老子关于君子不争的观点的一致性。

老子所言的君子不争之德，其实就是天德的表现，天地不言，使万物得到生长化育，圣人效法天地之德而作为，就是无为之道的表现。正因为君子实行的是无为之道，所以才不会与天下人争功德。

正如《庄子·天道》曰：“夫虚静恬淡寂寞无为者，万物之本也。”“静而圣，动而王，无为也而尊，朴素而天下莫能与之争美。夫明白于天地之德者，此之谓大本大宗，与天和者也；所以均调天下，与人和者也。与人和者，谓之人之乐；与天和者，谓天之乐。”庄子说：“所谓虚静恬淡无为之道，是万物生长化育变化的根本。”“清静无为而为圣人，用无为之道改变人民的命运被人民拥护而为人民的君王。因为圣人无为而为，受到人民的尊敬，圣人以天下民心为心的朴素纯真之德，使天下没有人与他相争。所以只要明白了这是天地之德者，就是明白了这就是大本源、大宗旨，就能与天和乐；能与天和乐者就能公平地调节治理天下，就能与天下人民和乐啊！能与天下人民和乐者，是谓天下人的和乐！能与天和乐者，是谓天下之大乐。”庄子之言可以说是对老子不争之德的言论的具体解释，因为圣人君子为人民谋得了利益，实现了天下太平和乐，所以就实现了与天下人和乐，实现了与天地同乐的大德。

第六十七章

原文

天下皆谓[1]我:道大,似不肖[2]。夫唯大,故似不肖。若肖,久矣其细[3]也夫。

我有三宝,持而保之。一曰慈[4],二曰俭[5],三曰不敢为天下先。

慈故能勇[6];俭故能广[7];不敢为天下先[8],故能成器长[9]。

今舍慈且勇,舍俭且广,舍后且先,死矣!夫慈,以战则胜,以守则固[10]。天将救[11]之,以慈卫之[12]。

注释

①皆谓我:都说,都告诉我。②似不肖:似乎不像,不相似。③细:小,微小。④慈:慈爱,仁慈。⑤俭:节制,约束。⑥勇:勇敢。⑦广:扩大,宽大,广大。⑧天下先:天下第一。⑨成器长:器重,得到器重而成为人民之长。⑩固:固守阵地。⑪天将救:天,在这是指天命。救:救助,拯救。⑫卫之:卫护国家人民。

译文

天下人都对我说,无为之道最大,似乎不像。其实就是因为大,所以才不相像。假如很相像,久而久之不就变得微小了吗?

我有三条宝贵的经验,请施行而保持它。一是仁慈,二是节制欲望,三是不敢以自己为天下第一。

因为仁慈才能成就勇敢;因为能节制欲望所以才能广大;因为不敢将自己的利益放在人民利益之先,所以才能得到人民的器重而成为人民的君长。

如今舍弃仁爱而且勇敢,舍弃约束而且使欲望任意扩大,舍弃将自己利益放在人民利益之后,而且以自己的利益为天下第一,如此这样,死期将至!所以说仁慈,用以战斗就能胜利,用以防守就能固若金汤。

用天命作为拯救天下人民的最高宗旨,以仁慈使人民的利益得到卫护。

评析

这一章,老子对他所处历史时代那些违背道德而任意争霸使天下混乱的社会现象作了论述。老子首先指出,人人都知道道大,但是却无人认真施行,这是因为很多人都已不知晓无为之道的意义了,所以才会没有像样的施行者。也就是说,人人都知道无为之道很大,但是对无为之道的含义又说不清楚,人人所说的道根本就不像无为之道,所以才会没有人认真实行无为之道。

所以老子指出了施行无为之道的三大法宝:第一是以仁善待万物,第二是以无为之道约束自己的行为,第三是不要将自己的利益放在人民利益之前,而要以天下人民的利益为己任。因为只有仁善才能使人民勇敢,因为勇敢是为了保护人民的利益;只有节制自己的欲望,才能使事业得到发展,因为能以天下人民的利益为第一,所以才能受到人民的尊敬与拥护而成为人民的君主。其实老子是在告诉那些争王称霸的人,要想做人民的君主,不是单凭自己争强好胜争夺来的,而要以人民的利益为天下第一重要的事情,时时处处为人民利益着想,才能得到人民的敬重与拥护,被人民推举而成为君主。所以老子特别指出,在那些争霸的时代,争霸者舍弃仁爱,舍弃对自己的约束而任意妄为,违背了自然无为之道,舍弃人民的利益而争夺自己的私利者,最终结果只有灭亡,所以老子说“死期将至”。

老子还指出,仁慈用于战斗,就会勇往直前、战无不胜,因为战斗是为了卫护人民的利益,为了使人民的利益不受损害;仁慈用于防守,就会固若金汤,因为防守同样是为了保护人民,人民为自己利益而战斗,当然就会战无不胜。

老子还特别指出,对于争霸混战者来说,只有用我们先祖创立的天命才能拯救他们,只有执行先祖的天命才能拯救天下人民的命运。如果这些争王称霸的混战者当中,能有一个奉行天命者,就会拯救天下的人民,就不会使人民再遭受战争之苦,以仁善之德来卫护人民的利益,并且坚定不移地为人民谋求利益,这才是取得天下和使天下得到治理的必由之路。也就是说,只有用天命才能拯救天下人民,只有仁善才能卫护人民,使人民不受到伤害。

老子的“天将救之,以慈卫之”其实也是老子期望能有遵奉天命的有道者,出来解除天下的混乱状况,以解救遭受战争苦难的人民。这也是老子对未来社会发展的期望。

这篇文章是老子第二次谈到了天命,其实“天”对于执政者而言就是天命的象征。而老子将古圣人创立的天命论,升华概括为“道德”,老子期望有道德的君子以道德拯救人民于水深火热之中,以解除人民的苦难,所以这里的“天”不应理解为“上天、上帝”的含义。

第六十八章

原文

善为士①者，不武②；善战者，不怒；善胜敌者，不与③；善用人者，为之下④。是谓不争之德，是谓用人之力⑤，是谓配天⑥，古之极⑦。

注释

①善为士：善于做将士。②不武：不做武夫。③不与：不与敌人做正面交锋。④为之下：做礼贤下士之事。⑤用人之力：用人的能力。⑥配天：与天德相匹配。⑦极：最高，最大。

译文

善于做将士的人，不做争强好胜的武夫；善于作战的人，不容易被敌人激怒；善于取胜的人，不采用正面与敌人硬拼硬打的方式打仗；善于用人的人，做礼贤下士之事。这就叫不与人相争之德，就叫用人的能力，这就叫其德与天德相匹配，这就是古代最有道德的圣人。

评析

这一章，老子对圣人不争之德的表现形式又做了一些补充说明。不争之德还表现在使用贤能有德的贤士之策。会使用人的人，使用的是人的德能，他所使用的将士应该不是有勇无谋的武夫，应该不是易于被激怒的莽夫，应该是能使用奇术的有勇有谋的英勇善战者；而且为了能使用这些有贤德才能的人，还必须要礼贤下士，亲自礼遇这些人才。这就是圣人君子的不争之德，如果能做到这样，那么这个善于使用人的，他的德行就能与天之德相匹配了；而能与天之德相匹配的人，老子认为只有圣人之德才能与天德相配。也就是说，老子认为在他生活的那个时代，还没有真正有道德的圣人出现，没有能与圣人之德相匹配的人出现，所以天下才会混乱不堪，混战不断。其实老子是真正希望在当时社会能有圣人出现，能有有道德者出现，来治理天下的混乱，拯救人民于水深火热之中。老子也是在教化那些整日争夺不休的争霸者，只有以无为之道治理天下，为人民谋利益，使人民得到安乐的生活，才会受到人民的拥护；受到人民的拥护就不用争夺，人民就会拥护有道德者为自己的君长，所以老子说："只有不争，天下没有谁能与之争。"

《庄子·说剑》曰："诸侯之剑，以知勇士为锋，以清廉士为锷，以贤良士为脊，以忠圣士为镡，以豪杰士为夹，此剑，直之亦无前，举之亦无上，案之亦无下，运之亦无旁；上法圆天以顺三光，下法方地以顺四时，中和民意以安四乡。此剑以用，如雷霆之震，四封之内，无不宾服而听从君命者矣。此诸侯之剑也。"庄子在这里虽然所论的是剑，但是他是以剑论人，以剑论天子所分封的诸侯，也就是说天子的臣子，他们是有智有勇的勇士，是清廉的剑刃，是贤能有德的中流砥柱，是忠臣，是有圣人之胸怀的铁矛，是豪杰之士所铸的剑把。天子所分封的诸侯各有特点，而又都有各自的贤德才能，天子的臣子就如上法以日月星辰照耀温暖万物的无为之道，就如下顺四时变化的坤地，又是符合民情民意以安抚天下四方的君子，那么天子有如此贤德才能的臣子，辅助天子治理国家天下，天下人民才能得以安乐，顺服有道德的君主。所以说庄子虽论的是剑，实际所论的是天子的用人之道，天子无为，而臣子既无为又有为，以辅助天子治理天下，天下就会太平安乐而大治。可见庄子的理论与老子之言的相通之处。老子所说的善于用人的德能者，善于礼贤下士者，能够做到不争的人，其德就能与天德相匹配，而能与天之德相匹配的人，是具有无为之道的圣人君子，只有真正具有无为之道的圣人君子，才能担负起治理天下的重任。

第六十九章

原文

用兵有言："吾不敢为主，而为客，不敢进寸，而退尺。"是谓行无行，攘无臂[①]，扔无敌[②]，执无兵[③]。

祸莫大于轻敌，轻敌则几丧吾宝[④]。

故抗兵[⑤]相若[⑥]，哀者[⑦]胜矣。

注释

①攘(rǎng)无臂：卷起袖子，不挥动胳膊。②扔：进攻，不进攻敌人。③执无敌：拿着武器而不对敌人发动军事行动。④吾宝：我宝贵的生命。⑤抗兵：敌我力量相对抗。⑥相若：假如力量相当。⑦哀：怜悯，同情。

译文

兵家用兵有言说："我不敢以主人自居而用发动战争进入别国。而愿意以宾客之礼对待别国，我不敢贸然前进一寸，而宁愿后退一尺。"这就叫将要行动而还没有行动，虽然挽起袖子而不挥动胳膊，做好了战争准备却不急于攻击敌人；虽然拿着各种武器，却不急于采取军事行动。

举兵打仗没有什么比轻视敌人更易招致失败了，轻视敌人几乎会丧失我宝贵的生命。

抗击敌人之时，假如敌我力量相当，那么平时有仁善之心爱护人民的一方必胜。

评析

这一章，老子所阐述的是有道德者对待战争的态度。圣人主张不随便发动战争，而之所以发动战争，是因为有无道失德者存在，是以有道伐无道，所要伐的只是无道者，而不是人民。即使举兵征伐，也只是用兵力来围困无道者的城池而已，以强大的兵力围困无道者的城池，造成征伐的巨大阵势，并不用强大的武力攻打城池，而是用仁德感化城池中的人民。因为用武力进攻，必然会对人民造成伤害，所以在将城池围困之后，可以采取一系列方法，如对城中人民喊话，揭发无道者的罪行，宣扬征伐的目的意义等，以使人民认识到无道者的罪行，自觉自愿，心甘情愿地归服。也就是说，圣人虽然掌握有强大的军兵武器，做出随时攻打的样子却不以进攻为目的。

正如《诗经・大雅・皇矣》所言："帝谓文王，询尔仇方，同尔兄弟，以尔钩援，与尔临冲，以伐崇墉。临冲闲闲，崇墉言言，执讯连连，攸馘安安。是类是祃，是致是附，四方无以侮。临冲茀茀，崇墉仡仡，是伐是肆，是绝是忽，四方无以拂。"这一段诗文是对周文王武力征伐崇墉之姿态和具体方式的真实写照。商纣王命令周文王，前去征伐与周文王有仇的崇国，而周文王有训练有素的军队，拥有强大的武器临冲战车，以及攀援城墙的钩援等，但是周文王只对崇国进行围困而不攻打，也正如诗中所写：临冲战车安闲自在地在城外，周文王和士兵们对着崇国城墙内的百姓喊话不断，虽然不断捉住俘虏，但是所有俘虏的耳朵都安然无恙。而周文王不但祭祀崇国当地的神灵，尊敬当地的风俗，而且将当地人民丢失的东西送还给崇国人民，对崇国的四方都没有损害。周文王就是如此"攻伐"崇国，最终感化了崇国人民，使崇国人民归服于周文王。这就是老子所说的，当敌我双方力量相当时，有仁爱之心的一方，必然会得到胜利。有仁善之心者，爱护人民，人民当然会顺服有仁爱之心的君主，而不会顺服残暴无道无德的君主。所以说这一章里老子所讲的是圣人对待战争征伐的态度，而不是讲战略战术。这一章也是老子对古代圣王如何对待不得已而举行的征伐战争的态度、原则的总结归纳和宣扬。

第七十章

原文

吾言甚易知[①],甚易行[②]。天下莫能知,莫能行。

言有宗[③],事有君[④]。夫唯无知[⑤],是以不我知。

知我者希[⑥],则[⑦]我者贵。是以圣人被褐[⑧]而怀玉[⑨]。

注释

①甚易知:很容易明白。②甚易行:很容易实行。③言有宗:说话要有目的、宗旨、宗师,这里是指老子所说之话都是以上古圣人的事为依据。④事有君:事:所言之事。君:君主。君主是臣民的主宰,所以君象征依靠、依据、凭证。⑤无知:不理解,没有见识。⑥希:少。⑦则:效仿。⑧被褐:穿着粗布衣服。⑨怀玉:怀中抱着美玉。

译文

我所说的话很容易明白理解,也很容易实行。但是天下却没有谁能明白理解,也没有谁能够实行。

我所说的话都有宗师之事为依据,所说的事情都有古代圣王君子之事为证。那么只有不知道古代君子之道者,才不能理解我所说之话了。

理解我的人很少,效仿我的人更是难能可贵。所以圣人都是身穿粗布衣服而怀抱美玉,不易被发现和理解之人了。

评析

这一章,老子对圣人之德的另一面做了评论。圣人寡言少语,而所说之话,其实都是平常的道理而已,所行之事都是从平常事物中感悟出来的真实情理和具体作为而已。

老子之所以认为他所说所做之事没有人理解,是因为老子所处的时代为战乱时代,有学问有道德者,不被重视任用而隐退,无道德无学问者争相为自己利益征战,因此无人认真研究老子的学问,更无人认真执行老子的无为之道,所以,老子的学问就成为不易懂的经文了。而且更加说明,在当时社会,执政者将先祖所创建的天命治天下的道理,已经完全忽略了，已经没有人能够理解天命的真正意义，所以也就没有人能够理解老子关于道德的真正意义了。

老子说他所说的话有古代宗师之事之言为依据，所说之事都有古代圣王君子之事为证，那么只有不懂得圣人君子之道者，才会不理解他说的话。这也正是他所说之话没有人理解和实行的原因，因为在当时之时，先圣先王的治国之道和君子之德，已经被那些争战称霸者遗忘了。因为当时周天子的政势衰微，没有真正有道的天子出现，即使有人想推行老子的道德，因为社会大环境的动乱，也是不可能推行的。比如孔子一生，就是在努力推行仁义道德以治理天下，他用尽了各种方法，但是收效甚微，孔子为了使道德不遗失，就利用教学的形式，教授弟子，以使他们传播道德仁义。虽然孔子一度被鲁定公重用，从中都宰一直升到大司寇，而且对鲁国的治理取得了非常好的成效，但是由于其他诸侯国惧怕孔子治理下的鲁国再度强盛，所以就以卑鄙的手段使鲁定公沉湎于淫乐之中，迫使孔子离开了鲁国，而使鲁国的政治又退回原地。其实当时的社会虽然动乱，但并不是没有真正能懂得老子之理论的仁者智者，不过是这些人都居于社会的底层，无职无权，在当时混乱的社会，是无法实现老子的理想的。这也是老子对当时社会状况不满的一种表示方式。

正如孔子曰："德之不修，学之不讲，闻义不能徙，不善不能改，是吾忧也。""莫我知也夫。""不怨天，不尤人，下学而上达。知我者其天乎！"从孔子之言，我们同样可以看出，孔子和老子一样，对于道德的不能实行，对天下的混乱，对人民所遭受的苦难，对先祖已经实现了的天下太平安乐社会的不复存在，感到惋惜和痛心。孔子和老子一样，认为没有人能够了解其心意；他们所提倡的道德仁义之所以不能实行，孔子认为是因为有道德学问的君子居于下位，不被重用，而没有道德学问的人，居于上位，又没有贤能有德之人辅佐，所以道德就不能在天下施行，所以老子和孔子才会如此忧心忡忡。

老子和孔子担忧的原因，正如《周易・乾・文言》曰："上九曰：'亢龙有悔。'何谓也？子曰：'贵而无位，高而无民，贤人在下位而无辅，是以动而有悔也。'"《文言》说："身居高位的天子，会有灾祸发生，为什么呢？"孔子说："这是因为那些崇尚先帝之道德的君子，居于下位而没有应有的地位；身居高位的君主没有道德而得不到人民的信任；居于上位的君主又不任用贤人，贤能有德的君子居于下位，不能辅佐君王用道德治理国家天下，所以居于上位的君主的行动就会有灾难发生。"这就是老子、孔子时代的社会状况，正因为居于上位应该理解老子之言的人无道无德，才会不理解执行老子之言；而能理解老子之言的人，又没有应有的地位，所以老子之言才得不到理解和施行。

第七十一章

原文

知[①]不知，尚矣[②]；不知知，病[③]也。圣人不病，以其病病；夫唯病病，是以不病[④]。

注释

①知：知道，了解，明白。②尚矣：崇尚知识。尚：崇尚，高尚。③病：缺点毛病。④是以不病：所以没有缺点毛病。

译文

明白自己还有不了解的事物，而能崇尚学习、不断增加知识的就是高尚的人；不明白而自以为明白，这就是缺点毛病。圣人没有这种缺点毛病，所以对那些有缺点毛病的人也不以为是缺点毛病；只有不把别人的缺点毛病当做缺点毛病的人，才是真正没有缺点毛病的人。

评析

这一章，老子对圣人君子之德的另一表现形式做了阐述。老子指出：一个人只要明白自己还有不了解、不懂的事情，而且还能不断学习新知识的人，就是一个高尚的人；而一个人要是不懂装懂，这就是缺点毛病了。老子还指出圣人不把别人的缺点毛病当做缺点毛病，所以圣人才是伟大的，为什么呢？因为老子认为："道者万物之奥。善人之宝，不善人之所保。""善者，吾善之；不善者，吾也善之，德善。"

其实老子所言的是无为之道的表现形式，也就是说，人应该有自知之明，知道自己的不足之处，而不断地通过学习去弥补自己的不足，改正自己的缺点错误。而有的人不知道，反而自以为知道，自以为是，这是我们平时最易犯的毛病。老子的这段话可以说是至理名言。

关于这一章的解释，笔者认为，只有如此解释，才最符合老子之意。尤其是"圣人不病，以其病病。夫唯病病，是以不病"这两句话是说，"因为圣人没有不懂装懂、自以为是的毛病，所以对那些有缺点毛病的人，也不认为他们有缺点毛病。只有不把别人的缺点毛病当做缺点毛病，才是真正没有缺点毛病的人。”这是全文的核心问题。在圣人心中，一切都是美好的，人有了缺点毛病也不可怕，怕的是有了缺点毛病却不认为是缺点毛病，有的人即使已经认识到了缺点毛病，但却不知悔改，这才是最大的缺点毛病。因为圣人总是以善德善待所有的人，所以才不会区别对待有缺点毛病的人。

正如《论语·述而》孔子所言：“三人行，必有我师；择其善者而从之，其不善者而改之。”孔子说，三人在一起做事，其中必定有一人值得我学习，无论如何都要学习别人的长处，而将自己的不足之处改掉。

《论语·为政》子曰：“知之为知之，不知为不知，是知也。”《论语·里仁》子曰：“见贤思齐，见不贤而内自省也。”《论语·述而》子曰：“德之不修，学之不讲，闻义不能徙，不善不能改，是吾忧也。”孔子的这些教导，都是在于教化我们如何对待缺点毛病，知道就是知道，不知道就是不知道，这才是明智的人。这与老子所言的不懂装懂就是缺点毛病的道理是一致的。看见优秀的有道德的贤者，就要向他学习他的美德；见到无德无能之人的作为，就要及时自我省察引以为戒，不要犯这些缺点错误。对此，老子有言：“学不学，复众人之所过，以辅万物之自然而不敢为。”

孔子还指出，如今之人，不能自我修养德行，道德仁义的学问不能继续讲授；听闻仁义道德之事而又不能实行，有了不美善的行为又不愿意改正，这是孔子所忧愁的事情。由以上可见老子与孔子在道德仁义思想上的一致性。所以我们应该以老子、孔子之言为我们人生的座右铭，以教导我们正确认识和对待缺点错误。

第七十二章

原文

民不畏威①,则大威至。

无狎②其所居③,无厌④其所生⑤。夫唯不厌,是以不厌。

是以圣人自知⑥不自见⑦,自爱不自贵⑧,故去彼取此。

注释

①畏威:惧怕威严。②狎(xiá):玩弄,轻视。③所居:所处的地位。④厌:厌弃;压制。⑤所生:自己所治理的人民。生:生民,百姓。⑥自知:自知之明。⑦自见:自己显示自己。⑧自贵:自己显示自己高贵。

译文

使人民不畏惧他的威严,这样就会有极大的威严。

不要轻视自己所居之位,不要厌恶自己所治理的生民。只有不厌弃自己的生民,所以才能真正做到不压制人民。

所以圣人有自知之明而不显示自己的功德,爱护自己的声名而不自己显示自己高贵。这就是圣人去掉不足的而取其有用的,以补充自己的不足。

评析

这一章,老子对圣人之德的另一表现形式做了阐述。因为阐述的是圣人之德的表现,所以,就要从圣人自身的表现来解释文章。这里的"狎",应该是轻视之意,圣人不轻视自己所居之位,就要重视自己所居之位了,因为这关系到人民的生死存亡、安乐幸福与否,所以就会以无为之道治理天下,以重视人民的利益为己任,就不会厌弃人民而爱护人民了。

圣人自然无为,以自己的行为表现使人民感到威严而不畏惧,这是"民不畏威,则大威至"的含义。圣人不轻视厌弃人民,为人民谋利益,使人民得到利益,而不自我显耀功德,使人民得到安乐而不自以为高贵。圣人就是这样时时处处将自己对人民无用、不利、不足之处去掉，而将对人民有用、有利、有益的添加，使人民不受到伤害，而得到益处，这就是圣人之德的表现之一。

那么圣人是如何做到有威严而不使人民畏惧呢？正如《论语·尧曰篇》孔子曰："君子惠而不费，劳而不怨，欲而不贪，泰而不骄，威而不猛。""因民之所利而利之，斯不亦惠而不费乎？择其可劳而劳之，又谁怨？欲仁而得仁，又焉贪？君子无众寡，无大小，无敢慢，斯不亦泰而不骄乎？君子正其衣冠，尊其瞻视，俨然人望而畏之，斯不亦威而不猛乎？"这是孔子对君子自然无为而以自己的实际表现使人民感到可亲可敬，威严而不惧怕之德的论述。君子终身辛劳，始终为人民谋利益而不耗费财物，尽量选择可以使人民得到实际利益的事情，号召、启发人民去作为，人民为了自己的利益而辛劳，当然就不会有怨言了。君子追求为人民谋利益的事业，而不贪婪，不为自己贪求财货，这就是有功德。有功德而不欺压凌辱弱小，安然处事，施行仁善之德，对人民一视同仁而从不以为自己有功而自高自大，君子处事不论人多人少，无论势大势小，从不怠慢他们。君子时刻使自己衣帽整齐，目不斜视，以自己庄重威严的外表和美好品德使人民感到威严，但却不畏惧，而又可亲可敬。这些就是圣人君子之德的具体表现。这也是孔子对老子"民不畏威，则大威至"的具体解释和应用，更明确地说明为什么和如何做到"民不畏威，则大威至"的道理。

也正如《论语·子张篇》子夏曰："君子有三变：望之俨然，即之也温，听其言也厉。"子夏说："君子有三种变化：看上去庄严肃穆；接近他则感到温和敦厚；听他说话则严肃而受到勉励。"这就是君子之威。

从孔子和子夏之言，我们可以看到，孔子及其弟子们一生处处时时都是在推行礼义道德，孔子对老子言论的解释运用比比皆是。也就是说，其实老子、孔子时代的儒家与道家，在推行道德仁义方面是一致的，老子是道德论的创立者，孔子是道德论实际的推行者。而后世的所谓道家与儒家，是后世的道家与儒家的区别而已，并不是老子与孔子在道德仁义上的区别。

第七十三章

原文

勇于敢[①]则杀[②]，勇于不敢[③]则活。此二者，或利或害。天之所恶[④]，孰知其故？是以圣人犹难之。

天之道，不争而善胜，不言而善应，不召而自来，繟然[⑤]而善谋。天网恢恢[⑥]，疏而不失[⑦]。

注释

①勇于敢：勇敢但却不善于表现勇敢。②杀：伤害。③勇于不敢：勇敢而又善于表现勇敢，不贸然作为。④天之所恶：天所表现出来的不仁善的一面，就是恶风暴雨等严重的自然灾害。恶：丑恶，不美善。⑤繟(chán)然：坦然。⑥天网恢恢：天宽广浩大就如一张大网一样将万物覆盖在下面。⑦疏而不失：很少有遗失、遗漏。

译文

勇敢但却不善于运用勇敢者容易受到伤害；勇敢又善于运用勇敢而不贸然行事者就容易生存。这二者，或者有有利的一面或者有有害的一面。天偶然所表现出来的不仁善的一面，谁能知道其中的缘故？所以圣人处事尤其从最难处思考。

天的道理总是以仁善为常德，所以不用争而美善于存，不用说话而美善之德总是得到响应，不用谁召唤就能自己显示出来，坦然而使美善得到谋求。天宽广浩大就如大网一样将万物覆盖在下面，使万物无一遗漏。

评析

这一章，老子通过对勇敢而善于运用勇敢，以及勇敢却不善于运用勇敢的道理做了说明，对善于尊奉道德和不善于尊奉道德的结果作了论述。勇敢而不善于运用勇敢者，那就是敢作敢为但却缺少谋略的莽夫；勇敢又善于运用勇敢者，就是有勇有谋的智者。所以，我们要思考究竟是勇敢而善于运用勇敢比较有利呢？还是勇敢而不善于运用勇敢有利？就如天一样，天虽然以美善之德善待万物，但是它也会有不利于万物一面的恶行发生，不利于万物的一面，就是天地时不时地会以各种灾难来惩罚万物，这些灾难包括狂风暴雨、洪水泛滥等灾害，包括坤地的异常运动所形成的地震等灾害，这是天地不仁善的一面。天地虽然有不仁善的一面，但是这只是天地的一时之恶，而天地总是以有利于万物的一面以善待万物为常规，为天地的常德。所以说圣人处事，总是从不利的一面着想，以便有足够的能力应对处理随时可能遇到的不利因素和事由。

老子在这里指出："天之所恶，孰知其故？"这是说，老子认为天有时发生的自然灾害，是什么原因呢？为什么会有这些自然灾害发生呢？在老子时代，还不能解释这其中的原因，正因为自然灾害的发生，不知其故，也就还没有足够掌握自然灾害发生的规律，自然灾害的发生就有着不可预防性，而且也有着不可战胜性的特征，所以我们就要学习古代圣人，做事情既要勇敢，不怕艰难，但却要时时处处想到为难之事发生之后的结果，要做好遇到为难之事时的思想准备和具体应对方法，这样我们就能勇敢而且有勇有谋地处理好艰难之事了；这也是对"勇于不敢则活"的方法的进一步说明，只有勇敢而善于运用勇敢，才能战胜困难，取得胜利。

正如《论语·阳货》子路曰："君子尚勇乎？"子曰："君子义以为上，君子有勇而无义为乱，小人有勇而无义为盗。"子贡曰："君子也有恶乎？"子曰："有恶。恶称人之恶者，恶居下流而讪上者，恶勇而无礼者，恶果敢而窒者。"曰："赐也有恶乎？""恶缴以为知者，恶不孙以为勇者，恶訐以为直者。"这是孔子关于如何认识和对待勇敢的思想，孔子认为君子把义看做是最尊贵的，君子只有勇敢而不懂得义就会使事情混乱；小人只有勇敢而没有仁义就会成为盗贼。孔子还认为，君子所厌恶的人有这样几种：就是总是说别人坏话的人，居于下位而总是毁谤居于上位的人，勇敢而无礼的人，果敢而不会变通的人。而子贡所厌恶的则是：窃取别人的功劳却显摆自己智慧的人，不谦逊却以为自己勇敢的人，攻击别人的短处自以为自己是正直的人。其实孔子师徒关于勇敢的论说，也是对老子"勇于敢则杀，勇于不敢则活"之观点的进一步阐述。

老子最后指出，天地以美善之德为常，没有谁命令它，指挥它，总是自然而然地显示出美善之处；天地的美善之德，天地没有言说而总是得到人的响应和发扬光大。天地的美善之德是自然而然地显示出来的，而不是谁召唤来的。而且浩大的天，无物不照，无物不覆，无物不滋润，无物没有得到天地所给予的益处，就如一张浩大的天网一样，将万物覆盖在其下；而大地也如一张大网一样，将万物收拢藏纳在大地之上，万物尽在天地的覆盖、藏纳承载之中。当然天地所降临的灾害，对万物而言，也是无一遗漏。这里老子所言的主要内涵，还是在于论说无为之道，以仁善待万物，这才是天道之常。

第七十四章

原文

民不畏死[①]，奈何以死惧[②]之？若使民常畏死，而为奇[③]者，吾行执[④]而杀之，孰敢？

常有司[⑤]杀者[⑥]杀。夫代司杀者杀，是谓代大匠斫[⑦]。夫代大匠斫者，希有[⑧]不伤其手矣。

注释

①畏死：畏惧死亡。②惧：威胁，恐吓。③奇：猎奇，奇异。④行执：行使逮捕。⑤司：主管，掌管。⑥杀者：杀人的人。⑦大匠：大木匠。斫(zhuó)：砍、削。⑧希有：很少有。

译文

现在的人民就不畏惧死亡，为什么还要用死亡来威胁恐吓人民呢？假如常常以死亡威胁恐吓人民而为猎奇的人，假如我是执法者我就会行使逮捕他的权利而杀死他，看谁还敢将人民的生命当做儿戏。

平常由专门主管杀人的人掌握生杀大权。那些代替主管杀人的人而杀人者，就叫做代替大木匠用刀斧砍削木头。那些代替大木匠砍削木头的人，很少有不伤及自己身手的。

评析

这一章，老子首先指出，在社会动荡不安的战争年代，人民就不畏惧死亡，可是那些无道的统治者和胡作非为者，却总是用死刑来威胁恐吓人民。那么人民为什么会不畏惧死亡呢？这并不是说，人民原本就不珍惜自己的生命，而是因为那些无道的统治者不珍惜人民的生命，他们随便发动战争，让人民冒死去为他们争夺私利，人民不去为他们征战，就会被杀死，人民顺从他们去征战，仍然会死在战场上，战争时时发生，人民的生活以及生命得不到保障，无衣无食，还是要被冻死或饿死，所以人民对于死亡就是无所谓之事了，反正都是死，死亡对于人民就没有什么可怕的了。这也就是说那些无道的统治者，他们根本就不顾及人民的生死，人民的生死完全掌握在他们手中，他们就是将人民的生命视作儿戏，而任意残害的残暴者。老子认为，无道失德者的残忍无道，当时社会人民生活的窘困，就是人民不怕死亡的原因。假如人民有安乐和谐的生活，人民就会万分珍惜自己的生命，这也是《道德经》第八十章的含义了。

这一章也是老子对当时社会情况下，那些为了争霸称王而发动战争者，任意役使人民，任意屠杀人民，使人民处于生灵涂炭地步的社会状况所表示的极度不满，老子以极度严厉的语气指出，假如自己是执政者或执法者，就会将对那些视人民的生命为儿戏的人，给以严厉的打击和制裁，使其受到应有的制裁和教化，而不敢再将人民的生命视为儿戏，以保护人民的利益。老子在这里用“杀死”来惩罚这些任意杀死人民的人，足以说明老子对这些不顾人民生死之人的愤恨之情，足以说明老子对人民的关心关爱之情。

老子最后指出，杀人的事情本该由专门的主管刑狱与司法的人掌管生杀大权，而当时社会却有不是主管司法主管生杀大权的人而随便杀人的人，这就如同不是木匠的人，却要用大木匠的刀斧砍削大木头一样，因为不得要领而最终会砍伤自己。其实这也是老子在警告那些任意发动战争，任意役使人民，任意伤害人民，将人民的生命视为儿戏的人，因为他们乱杀无辜，所以他们迟早也会遭到别人的砍杀；因为他们发动战争，就会有不服被侵犯者和不服被任意屠杀的人民，与这些战争者对抗而使发动战争者受到应有的处罚而受到损伤，或者在战争中丧失生命；或者被不怕死的人民将其处死。

所以老子希望这些乱杀无辜的人，能够悬崖勒马，停止对人民的威胁、恐吓和杀害，因为人民生活在生命毫无保障的社会环境中，已经非常不容易和痛苦不堪了，也不惧怕死亡，所以用死亡来恐吓人民是得不到好处的。所以老子指出：“夫代大匠斫者，希有不伤其手矣。”经常杀害人民的人，迟早会有遭到报应的时候。

第七十五章

原文

民之饥，以其上食税[1]之多，是以饥。

民之难治，以其上之有为[2]，是以难治。

民之轻死，以其上求生之厚[3]，是以轻死。

夫唯无以生为者[4]，是贤于[5]贵生[6]。

注释

①其上食税：居于上位之人所分封的城邑，所封者，依靠这些分封之地的赋税为生活来源，所以称之为食邑的赋税。②有为：违背无为之道而为自己谋求私利。③求生之厚：为了追求自己丰厚的生活。④无以生为者：不是为了自己生存而作为者。⑤贤于：善于施行仁政。⑥贵生：珍重人民生命的人。

译文

人民之所以饥饿，是因为居位上位的那些食税者的赋税过多，所以人民就只能忍饥挨饿。

人民之所以难治理，是因为居于上位者为了自己的私利而发布过多的政令，使人民无所适从，所以就难治理。

人民之所以不惧怕死亡，是因为居于上位的人，为了追求自己丰厚的生活而不顾人民的死活，所以人民也就不惧怕死亡了。

因此说只有不是为了自己生存而治理天下者，就是善于施行仁政而珍爱人民生命的人。

评析

这一章，老子对当时社会状况下人民生活贫困状况的原因做了论述。

老子指出，当时由于那些依靠赋税而生活的统治者，为了满足自己丰厚的生活需要，而乱收赋税，不顾人民的死活，人民辛劳一年，所剩无几，所以就只有忍饥挨饿。

人民不好治理，是因为那些治理国家者违背了无为之道，而依照自己的喜好，随便发布政令，政令繁多，政令反复变化无常，人民就无所适从，更无法顺从，因为这些政令都是为了执政者和依靠赋税生活之人的利益而发出的，并不是为了人民的利益，所以人民就无法顺从这些政令，人民不顺从这些政令，执政者就认为人民难治理。这里要注意的是人民难治理的根本原因，是因为执政者的政令过多，并且不顾人民的死活。正如老子在第六十五章所论，“民之难治，以其智多。故以智治国者，国之贼；不以智治国，国之福。”老子在这里所说的因为其智多，是指治理国家的执政者违背无为之道和为人民谋利益的宗旨，依照自己的随心所欲而发布政令，那么这样的政令就会使人民得不到利益，人民只有辛劳，人民当然就对其政治心怀不满，而不愿意执行他的政令，所以人民就难治理。而且老子指出，依照个人的好恶治理国家者，是伤害国家和人民。由于上位的执政者，为了自己生活的丰厚富足，不顾人民的死活，毫无节制地役使人民，拼命地剥夺压榨人民；而且那些居于上位之人，又经常用处死人民来威胁恐吓人民，人民的生活乃至生命毫无保障，反正在当时的战争状况下，死亡随时都会发生，死对于人民来说，已经习以为常，所以人民也就不惧怕死亡了。这一章也是对上一章“民不畏死，奈何以死畏之”原因的补充说明。

所有这些，都是老子对当时社会状况的深刻反思，之所以会有这样的事情发生，是因为没有有道者来治理国家天下。因此老子指出，只有不是为了私利而是为了人民的利益而作为的有道者，才会善于施行仁政，才会珍爱人民的生命，国家才会得到治理，人民有安乐的生活，也会使人民自己珍惜自己的生命。

第七十六章

原文

人之生[①]也柔弱[②]，其死也坚强[③]。
草木之生也柔脆[④]，其死也枯槁[⑤]。
故坚强者死之徒[⑥]，柔弱者生之徒。
是以兵强则灭[⑦]，木强则折[⑧]。
强大处下[⑨]，柔弱处上[⑩]。

注释

①人之生：人活着的时候。②柔弱：柔软而有弹性。③坚强：僵硬强直。④柔脆：柔软有脆性。⑤枯槁：枯萎干枯。⑥徒：同一类。⑦灭：消亡。⑧折：折断，折损。⑨处下：居于下位，居于后面。⑩处上：居于前面。

译文

人活着的时候其身体柔软而富有弹性，人死亡后其身体就会变得僵硬而强直。
草木在生长时期也是柔软而有脆性，草木死亡后就会变得枯萎干枯失去活力。
所以说坚强和死亡同属于一类，柔弱和生命属于同一类。
因此可以说军兵过于强大就容易消亡，木质过硬容易折断。
强大居于柔弱之后，柔弱居于强大之前。

评析

这一章，老子以人体、草木之生死本身变化截然不同的特点，说明了强大与柔弱的关系。老子在第三十六章指出："柔弱胜刚强，鱼不可脱于渊，国之利器不可以示人。"老子指出，弱小能够胜过强大，强大是由弱小转化而来；弱小可以变为强大，强大也可以被弱小战胜而变为弱小，甚至消亡。所以就不能忘记这个事物发展变化的必然规律，也不可以自己强大的武力，而任意侵伐别的国家，否则会因为反复侵伐征战而消耗国力，包括财力、物力以及人民的生命而使国家衰弱。

笔者认为，老子是彻底的唯物论者，他的论述总是要以自然存在的事物的变化规律为依据，来阐述各种道理。这一章老子所说的“坚强与死亡属于同一类，柔弱与生命属于同一类”，其哲理深刻而意蕴明显：人活着时，其身体柔软而富有弹性，灵活自如，各种运动无所不能，而草木活着的时候，与人也有相似之处，那就是草木也是柔软、有脆性、有生命活力的；但是人死亡以后，其躯体就会僵硬而强直，最终分化腐烂为泥土而消失在大自然之中。草木死亡之后，也与死人一样，那些鲜嫩而柔软的枝叶变得干枯而脱落，腐烂变为泥土，最终消失在大自然之中。所以老子说草木的生死之理，与人生死的道理是相同的。因此说坚硬强直与死亡的道理属于同一类，而柔弱与生命的道理属于同一类。

老子用这个比喻的目的是在于说明，强大是由弱小转化而来，而过于强大，依据物极必反的规律，或者被弱小战胜，或者由于自身的发展规律，会由强大逐渐变为弱小。所以老子指出：“强大居于柔弱之后，柔弱居于强大之前。”

所以说在这一章，老子是在告诫那些依靠强大的武力而侵伐弱小国家的侵伐者，告诫那些依靠强大武力发动战争的争战者，不要忘记了强大是由弱小转化而来的，强大的也可能随时会变为弱小的，甚至消亡，所以就不要以自己强大的武力伤害人民来称霸天下，而要以仁德来感化天下人民，为天下人民谋利益，得到天下人民的拥护，这才是称王的基础。

第七十七章

原文

天之道，其犹张弓与[①]？高者抑之[②]，下者举之[③]，有余者损之[④]，不足者补之[⑤]。

天之道，损有余而补不足。人之道，则不然，损不足以奉有余。

孰能有余以奉天下，唯有道者。

是以圣人为而不恃[⑥]，功成而不处[⑦]，其不欲见贤[⑧]。

注释

①犹张弓与：就如同张弓射箭的道理一样。犹：就如。与：和，同。②抑之：按，按压它。③举之：举高一点。④损之：减少一点。⑤补之：增加一点。⑥不恃：不依靠。不凭借。⑦不处：不居功自傲。⑧不欲见贤：不想显现自己的贤德。

译文

天的道理，岂不就如同张弓射箭瞄准一样吗？射箭瞄准时弓弦举得过高，就向下按压一点，弓弦过低，就向上举高一点，弓弦拉得过紧就放松一点，弓弦拉得力量不够时，就增加一点力量。

天的道理，是将自己多余的光热不断减损以补充给没有光热的万物。做人的道理则不然，那就是不断地去除自己的不足之处，而将自己的智慧才能奉献给天下人民。

谁能将自己的才智无私地奉献给人民呢？只有有道者。

所以圣人为人民谋求利益而不凭借这些向人民索取回报；成就为人民谋利益的事业而不居功自傲，他们是不愿意在人民面前显现自己的贤能之德。

评析

这一章，老子将天道的特征与拉弓射箭的道理相类比，来说明天道的实质。天道的实质是什么呢？那就是日月的道理，就如射箭射中目标一样，拉弓射箭时方法不正确，自然就要不断减损修正不正确的方式，以达到使箭射中目标的目的。修正不正确的方式是为了达到目标而有的自然行为，不是谁命令而产生的行为。日月始终自然地将自己的光辉不断减损，以照耀万物覆盖万物；自然地使万物得到光明温暖，使万物得以实现生长化育，而不是因谁的命令而产生的，这就是天道与拉弓射箭的道理相一致之处。这里老子通过射箭的道理，说明天道之自然。

天道之自然，就是日月对万物无私照耀温暖覆盖，从来不向万物索取回报，就是自然而然资助万物生长化育、强大衰亡，不受任何外在力量的支配，而且以给万物光明温暖为常，这是天道的实质。这也是老子对道德论来源的总结，日月自然而然地将自己的光热奉献给万物，使万物得到化育，生长、壮盛，得到益处，而不求取回报，这也是道德的基本内涵。

正如《庄子·田子方》曰："消息满虚，一晦一明，日改月化，日有所为，而莫见其功。"庄子所论的是自然无为之道，日月满虚圆缺，天地明暗的变化，日日变化月月不同，这都是太阳的自然功能所为，而没有自言其功。天地自然而然地变化，就是天道之自然无为。

所以圣人效仿天道之自然的基本内容，自觉自愿地为人民谋利益，使人民真正得到福气，而不向人民显摆功劳，不向人民索取回报，这就是治理国家天下的最高宗旨，就是道德。正如《周易·系辞》曰："是故形而上着谓之道，形而下者为之器。"这是说，圣人效仿天道的表现形式，为在上的执政者制定了治理国家天下的最高纲领，依据最高纲领而制定了各种法规、礼仪制度来约束治理人民。道是治理约束执政者的最高宗旨；而法典、法规、制度等是治理国家人民的具体方法与手段。治理国家的最高纲领是效法天之道德而来；法典、法规、制度等要以最高宗旨为依据，而且是效法天地自然变化中的规律秩序而来。

所以老子指出，只有有道者才能将自己的聪明才智热情奉献给天下人民，而且那些有道的圣人君子为人民谋求利益而不凭借这些功德向人民索取回报，成就为人民谋利益的事业而不居功自傲，他们是不愿意在人民面前显现自己的贤能之德而被人民感恩戴德啊。

那么毛泽东思想指导下的中国共产党人，那些全心全意为人民服务的人，那些为了国家人民的利益而宁可牺牲自己生命的人，他们不求回报的高贵品德，就是真正有道的君子的啊！

通过对这一章的研究，我们可以更加明确地看到，古人所创建的所有事物，都是效法自然、感悟自然变化规律而来，绝不是自己凭空想象出来的。比如我们的文字、刑法、礼仪等，都是象形象意的产物。当然天命论、道德等更是效法天地自然变化规律而来。老子将古圣人所效法遵循的天命论，将其具体表现形式、特点内涵升华命名为道德，所以说道德是对天命论的创造性继承。圣人将天自然而然以自己的光热使万物得到益处的规律，当做天命来执行，而为人民谋利益，老子将天命的内涵具体化，以道德而命名，更为具体而有实际意义，这也是道德的最重要内涵。

第七十八章

原文

天下柔弱莫过于水,而攻坚强者①莫之能胜,以其无以易②之。

弱之胜强,柔之胜刚,天下莫不知,莫能行。

是以圣人言:"受国之垢③,是谓社稷主④;受国不祥⑤,是谓天下王⑥。"正言若反⑦。

注释

①攻坚强者:用其攻击坚硬的东西。②易:替换,更替。③垢:耻辱。④社稷主:国家社稷的君主。⑤不祥:不吉祥,是灾难的征兆。⑥天下王:天下人民的君王。⑦正言若反:正面的话好像是反话一样。

译文

天下没有什么比水更为柔弱了,而用它攻击坚硬的东西却没有什么能胜过它,是因为没有什么东西能够替换它。

弱小的能够战胜强大的,柔韧的能够胜过刚强的,这个道理天下没有谁不知道,但是却没有谁能够去实行。

所以古圣人说过:"能够承受国家所有耻辱的人,可以成为社稷的君主;能够承受天下所有灾难的人,可以成为天下人民的君王。"这正面的话听起来就好像是反话一样。

评析

这一章,老子还是以滴水穿石的道理来说明柔弱胜过刚强的道理。老子在第四十三章指出:"天下之至柔,驰骋天下之至坚。无有入无间,吾是以知无为之有益。不言之教,无为之益,天下希及之。"天下最柔若的是水,水无意无识自然而然地滴到毫无空隙的石头上,日积月累,久而久之就会使石头穿孔,这就是无为之力,就是自然的力量,无为就是自然,而这种自然无为的作用,是没有什么东西可以替代的。这个道理虽然人人都明白,可是却很少有人真正使用和实行它。

弱小的能胜过强大的，柔弱的能胜过刚强的。老子在第三十六章就论述了“柔弱胜刚强”的道理，强调不要随便用强大的武力发动战争。而这与本章的内容有什么关系呢？本章第三段的意思是，能够承受国家所有耻辱的人，可以成为社稷的君主；能够承受天下所有灾难的人，可以成为天下人民的君王。

那么什么人才可以承受这些灾难和耻辱呢？当然是有道的君子。但是承受这些，难道只能是默默承受而让这些耻辱和灾难继续存在吗？当然不是了。承受这些首先要有博大的胸怀、足够的勇气；重要的是要有消除和解除这些耻辱和灾难的决心、勇气和方法；就要明白无为而为的道理，要懂得“柔弱胜刚强”的道理和方法。因为柔弱所以才会遭到耻辱和灾难，所以就要由弱到强地逐渐累积解除这些问题的实力，逐渐累积到足以有实力解除这些灾难时，而一举解除这些耻辱和灾难，拯救民众于水深火热之中，得到人民的拥护，才能成为社稷的主人，才能成为人民的君王。这其中的道理就如《道德经》第五十九章所言：“莫知其极，可以有国；有国之母，可以长久。是谓深根固柢，长生久视之道。”因为有道德又有极大的聪明才智为人民解除灾难耻辱，能爱护保护人民，有深厚的德行，所以得到人民的追随拥护，得到了民心，才可以成为人民的君王，所以这是问题的关键所在。比如，商汤以七十里之国，从遭受葛伯的耻辱到征伐葛伯，经过十二年的征伐，而逐渐累积仁德，累积国土，累积人民的信任，而一举伐夏桀成功，建立了商朝。

所以说能够自觉地为人民解除灾难，为了人民的利益能够忍辱负重，并解除灾难耻辱的人，以自己的诚信使人民的利益得到保护，就会得到人民的拥护而成为人民的君主，也就是说君子以自己的不言之教，以自己的行动使人民受到感化，而得到人民的拥护。这里老子用弱水胜过刚强的道理，在于说明君子为人民利益而作为的事情，就是要以自然无为之道而作为，这是一个长久的没有时间限制的漫长过程，不是一朝一日就能达到的事情。这也是老子对古代历史经验的总结。

又比如周文王，从其先祖开始，就一代一代坚持不懈地为人民创造各种有益的生活资源、生活条件，一点一点累积周族的仁德，而逐步使周族的力量由弱小变得强大，直到周武王时，才一举推翻了商纣王，建立了周朝。这也就如滴水穿石，不是一日一时就能达到的道理是一样的。

这里老子也是在告诫那些争王称霸者，如果不以无为之道，累积自己的仁德，是不能成为人民的君王的，即使用强大的武力称王，但若是不能以仁德治理天下，人民得不到真正的利益，得不到人民的拥护时，迟早还会失去天下的。正如《孟子·以力假仁者霸》曰：“以力假仁者霸，霸必有大国；以德行仁者王，王不待大——汤以七十里，文王以百里。以力服人者，非心服也，力不赡也；以德服人者，中心悦而诚服也，如七十子之服孔子。《诗》云：‘自西自东，自南自北，无思不服。’此之谓也。”孟子之言既说明了柔弱胜刚强的道理，又说明以仁德服人的道理。商汤和周文王都是由小国逐渐发展壮大而战胜大国、最终拥有天下的，他们之所以能以柔弱胜过强大，因为他们依靠的是施行先圣先王所创建的为人民谋利益的仁德而逐渐实现的，并不是依靠强大的武力征服天下的。而他们在此过程中各自又都遭遇了多少耻辱和灾难，比如周文王被商纣王囚禁在牢狱之中，周文王平时为了天下人民的事业，连吃饭休息时间都不能保证等，所以老子说：“受国之垢，是谓社稷主；受国不祥，是谓天下王。”

第七十九章

原文

和大怨，必有余怨；报怨以德，安①可以为善。

是以圣人执左契②，而不责③于人。有德司④契，无德司彻⑤。

天道无亲⑥，常与善人⑦。

注释

①安：于是，乃。怎么。②左契：契约的左半边。③责：索取，索求。④司：掌管。⑤彻(chè)：古代税役。⑥无亲：不偏爱某一个事物。⑦常与善人：经常将美善之德给予人类。

译文

大怨虽然能够和解，但是必然会留下余怨；如果以仁善之德来回报仇怨，怎么不可以成为最仁善最善于和解仇怨的人呢？

所以圣人总是拿着契约的左半边，而不向借债人索取。因此有德的人拿着契约等待借债人，而无德的人就如收税人一样拿着税票向人索取。

天道不偏爱某一事物而是对万物一视同仁，经常以美善给予人类，使人类得到益处。

评析

这一章，老子对圣人之德的表现做了进一步论述。天道对万物一视同仁，公正无私，而不偏私某一物，常常以仁善的美德使万物得到益处，而不向万物索取回报。所以圣人效法天之道德的表现，以美德回报仇怨，使仇怨得以解除，使人民和睦。这也是君子之德的具体表现。而以德报怨，就必须有宽广博大如天的胸怀，有了宽广无私的胸怀，就具备了天道的特征。这一章老子先将圣人对待怨仇的观点明确表述出来，然后逐步论证这个观点的正确性，以及这个观点的依据，其依据就是自然无为之道，就是天道之无私。所以圣人效法天道而制定出以契约为凭据的借贷方法，只是等待借贷人自然自觉来还贷，而不是就如收税人一样，催着借贷人还贷。而这种契约的方式，其实是以德服人的方式之一，借贷给急需之人，以解急需者的燃眉之急，这就是恩德；等待借贷人自觉自愿还贷，而不逼迫借贷人，就是仁德，那么借贷人也就会以德报德，而不会以怨报德了。

关于以德报怨，正如《论语·宪问》，或曰："以德报怨，何如?"子曰："何以报德，以直报怨，以德报德。"这里孔子虽然认为应该以正直来回报仇怨，以德回报德，但笔者认为，其实其意义还是一致的，因为只有君子正直，正直者不以怨报怨，以正直报怨，什么是正直呢？公正无私，坦率，不计私利私仇，以无为之道对待仇怨，就如没有仇怨一样，就是正直，圣人君子为天下人民谋利益，不会将与自己有仇怨的人拒之于外。所以说正直无私是君子的品德，也是天道的基本内容之一。

又如《礼记·表记》，子曰："以德报德，则民有所劝；以怨报怨，则民有所恶。""以德报怨，则宽身之仁也；以怨报德，则刑戮之民也。"孔子说："以德报德，就会使人民得到教化；以怨报德，就会使人民厌恶而不信服他。""以德报怨，就是宽宏大量满身仁德了；以怨报怨，就是用刑法杀戮人民了。"从孔子的言论中，我们就足以看到，孔子是在极力宣扬道德，推行道德。孔子的言论，其实就是对老子之言的进一步解释和具体运用。这充分说明孔子与老子在道德仁义上就没有什么本质的不同，他们的目的其实是一致的。老子在第六十三章同样论述了以德报怨的问题，无论大怨小怨，都要以德报怨。

《庄子·则阳》曰："是故丘山积卑而为高，江河合水而为大，大人合并而为公。是以自外入者，有主而不执；由中出者，有正而不距。四时殊气，天不赐，故岁成；五官殊职，君不私，故国治；文武大人不赐，故德备；万物殊理，道不私，故无名。无名故无为，无为而无不为。""是故天地者，形之大者也；阴阳者，气之大者也；道者为之公。"庄子说："山川丘陵再高也是由低到高累积而成；大江大河是由许多水流合并而成；圣人君子的智慧合并起来逐渐建立了天下为公的思想。所以说自外而入的是天下为公的思想，以天下为公为主的思想作为而不能依照自己的主张作为；由自己心中发出的，就是以天下为公的思想为正而不自以为大。四时气候不同，是由于天阳循环之无始无终，所以才能有一年一岁的变化；设置五种不同的官职执行不同的使命，就能使君主无私无虑，所以国家就能得到治理。文武大人各自依照自己的职责不辞劳苦，所以就具备了功德；万物变化的道理各不相同，所以自然变化规律不会偏私某一物，所以道无名。没有名所以称之无为，无为并不是什么也不作为，而是无为而无所不为。""所以说所谓天地，就是形状极大的象征；所谓阴阳，就是万物之气最大的象征；所以无为之道，就是公正无私的象征。"这里之所以将"公"解释为公正无私，这是因为公就是大公无私，就是公正正直，没有无私，就不会有公正，公正与无私原本是相依相从的道理。试想，一个自私的人会公正吗？当然不会了，所以，公就是公正无私。庄子之言也是在说明无为之道的基本内容就是公正无私。庄子之言虽然并不是解释如何以德报怨的，但是使我们明白了"直"的含义，"直"，就是公正公平正直，公正公平正直之人，便是公正无私之人了。

从庄子之言我们可以看出，老子以德报怨，与孔子的以直报怨，在根本意义上是一致的。老子是以仁德感化那些与自己有仇怨者，孔子是说不计较与自己有仇怨的，公私分明，不趁机打击报复那些与自己有怨仇的人，公正公平对待他们。

关于孔子的"以直报怨"，在宝鸡乡下，就有这样的俗语："你骂了我，就如风吹了；你打了我，就如驴踢了。就让我们的恩怨不计较了吧！"

第八十章

原文

小国寡民[①]，使有什伯之器[②]而不用；使民重死[③]而不远徙[④]。虽有舟舆[⑤]，无所乘[⑥]之；虽有甲兵[⑦]，无所陈[⑧]之。使民复结绳而用之。

甘其食，美其服，安其居，乐其俗。邻国相望，鸡犬之声相闻，民至老死，不相往来。

注释

①寡民：少民。寡：少。②什伯：十倍百倍。什：同十。③重死：珍重生命。④不远徙：不做毫无意义的远行。徙：迁徙。⑤舟舆：舟船车辆。⑥无所乘：不愿意乘坐。车船虽多但没有什么人去乘坐。⑦甲兵：军兵武器。⑧无所陈：没有多少军兵用来陈兵布阵，准备打仗。

译文

古代诸侯国疆域小，人民少，使人民有十倍百倍的器具而用不完；使人民珍重生命而不做无用的远行。如此船车虽多但却没有几辆几艘运行；虽然有武器装备精良的军队，但却没有多少军兵用于陈兵布阵，使人民恢复到结绳记事的淳朴状态而作为。

这样极为和谐的社会里，人民就有甘美的饮食，华美的衣服，安定的居处，快乐地适从当地的风俗习惯。与临近之国相互能看得见，就连鸡犬之声都能听得见，百姓自始至终却不相往来。

评析

这一章，老子是对古代圣人治理国家天下，天下达到大治时，其安乐和谐生活情景的描述。老子指出那时的诸侯国因为人口少，疆域小，原本就比较好治理，而在有道的君王治理下，天下实现了大治，各诸侯国都得到了治理，使天下太平安乐，使人民有很多用不完的器具，有安定的生活环境，有甘美的饮食，有华美的服装，那么人民自己就会非常珍视自己的生命，知道珍惜安乐的生活，而不愿意做那些无用无益的事情。

但是，要使所治理的国家达到这种和谐美好的状态，就必须以自然无为之道治理国家，这也是老子对他所处时代那些争霸称王的诸侯的期望。假如一个诸侯国的君主，连一个国土小、人口少的国家都治理不好，那么他还有什么资格争王称霸呢？作为一个诸侯国的君主，就应该将自己的精力用在治理自己的国家之上，使自己的国家富足，人民生活安乐，这是一个君主的基本责任。

其实这也是老子对上古时代二皇五帝、三王治理国家天下之时所达到的和谐美好社会的赞美和向往。

正如《庄子·胠箧》曰："子独不知至德之世乎？昔者容成氏、大庭氏、伯皇氏、中央氏、栗陆氏、骊畜氏、轩辕氏、赫胥氏、尊卢氏、祝融氏、伏羲氏、神农氏，当是时也，民结绳而用之，甘其食，美其服，乐其俗，安其居，邻国相望，鸡犬之音相闻，民至老死而不相往来。若此之时，则至治已。"庄子所言的"至德之世"，是指古代那些有大德于天下人民的大治时代的社会治理状况的描述，也是对老子之论的具体解释。从庄子之言，我们就能了解老子这一章的具体的深刻含义了，老子是在怀念先圣已经实现了的大治时代的美好社会，老子也非常向往先圣先王先祖使天下国家达到大治的社会，老子所言的都是大治时代的社会现象。这与第七十四章和第七十五章所论的"民不畏死"的意义截然相反，那两章所论述的是，当人民的生命生活得不到保障时，人民随时随地都有死亡的可能，所以人民就不会畏惧死亡，而人民不畏惧死亡的原因，是因为执政者不能为人民谋利益，只知道逼迫人民从事不愿意从事的事情，那就是为了争霸者的利益而打仗，战争是无情的，在战场上，人民随时都有可能死亡；而且由于战乱，人民的衣食无保障，随时都有可能冻饿而死，或者被那些将人民生命当做儿戏的人杀死，所以人民就不怕死。而这一章描述了人民之所以珍惜生命，热爱生活，是因为人民终于得到了他们梦寐以求的安乐生活。所以他们就会珍惜自己的生命，从而出现一系列人民珍惜生命的热爱生活的社会现象。

这里我们不能认为老子是期望使历史倒退，期望使人民不使用新式的器具，使人民重新回到那种结绳记事的原始生活，也不能认为老子希望社会回到小国寡民的社会状态。老子首先表达了对先圣先王治理国家天下所达到的美好社会的憧憬之情，所以老子期望的是当时的国家社会能得到大治，而不是期望历史倒退，也不是老子期望小国寡民的社会结构。其实小国寡民的大治时代，永远只是老子心中的安乐园，老子一生所经历的是社会动乱，没有经历过安乐社会的安乐生活，只有对先祖已经实现了的大治社会给予高度赞美、向往和追述记载而已。

第八十一章

原文

信言[①]不美，美言[②]不信。

善者[③]不辩[④]，辩者不善。

知者[⑤]不博[⑥]，博者不知。

圣人不积[⑦]，既[⑧]以为人[⑨]己愈有[⑩]，既以与人[⑪]己愈多[⑫]。

天之道，利而不害；人之道，为而不争。

注释

①信言：真实可信之言。②美言：美丽动听的语言。③善者：美好的事物。④辩：辩论，诡辩。⑤知者：懂得无为之道的人。⑥博：求取，换取，求得。⑦积：堆积，积蓄。⑧既：本来。⑨以为人：因为是人民大众的。⑩己愈有：自己怎么能拥有更多。愈：更，更多。⑪既以与人：既然是给予人民大众的。⑫己愈多：自己怎么能积聚更多。

译文

真实可信的话不一定文辞华美，美丽动听的语言不一定真实可信。

仁善的人不一定善于辩解，善于辩解者不一定是仁善者。

明白无为之道的人不为自己求取私利，为自己求取私利的人不明白无为之道的道理。

圣人不为自己积蓄货物，因为天下货物本来就是属于人民大众的，自己怎么能够拥有更多，既然是给予人民大众的，自己怎么能够积聚更多。

天的道理，是以有利于万物而不伤害万物为常德；做人的道理，就是以无为之道为人民谋利益而不与人民争功夺利。

评析

这一章，老子对道德的实质做了最后的综述。老子首先用对比的形式，告诉我们一些基本道理：真实可信的话，不一定是文辞华美的语言，因为真实，就是事物本来的真实状况，不用华丽的辞藻就能表示出来;而美丽动听的语言不一定真实可信。仁善的人,不一定是善于辩解的人,善于诡辩的人,不一定是仁善的人,因为仁善者施行仁善,他不需要辩解和显扬自己,而善于辩解和诡辩者,不一定是施行仁善者。明白无为之道者,不为自己谋求私利,而为自己谋求私利者,不明白无为之道的道理,所以就会以谋私利为己任。

天之道,就是自然无为之道,就是自然而然地使万物得到光明温暖,得到益处,得到生长化育,直到壮大、衰亡;圣人之道,就是为人民谋利益而不与人民争功夺利。其实老子这几句话的含义,与第七十七章的含义是一致的,"天之道,损有余而补不足。人之道,则不然,损不足以奉有余。"

道德的内涵原本就朴实无华,自然自觉真诚地施行仁善之德,不为自己谋求私利,为人民谋取利益,使人民真正得到利益,而不与人民争功,不向人民索取回报,保护人民而不伤害人民。这也是老子论述道德的目的。所以老子指出:"圣人不积,既以为人已愈有,既以与人已愈多。"老子这几句话可以说是对道德意义的最后总结,也可以说是我们做人的至理名言,使我们每个人应该深思熟虑的问题。

《庄子·天道》曰:"天道运而无所积,故万物成;帝道运而无所积,故天下归;圣道运而无所积,故海内服。明于天,通于圣,六通四辟于帝王之德,其自为也,昧然无不静者矣。圣人之静也,非曰静也善,故静也;万物无足以挠心者,故静也。水静则明烛须眉,平中准,大匠取法焉。水静犹明,而况精神!圣人之心静乎!天地之鉴也,万物之镜也。夫虚静恬淡寂寞无为者,天地之本,而道德之至,故帝王圣人休焉。休则虚,虚则实,实则伦矣。虚则静,静则动,动则得矣。静则无为,无为也则任事者责矣。"庄子说:"天道运行变化而没有为自己累积什么,所以成就了万物的化生;帝王顺应天道治理天下而不是为了给自己累积财货,所以天下人民就会归服于有道的帝王;有道的君王运用圣王所创建的无为之道治理天下而不为自己累积财货,所以四海之内的人民都归服有道的君王。明白天道的道理,通晓圣王治理天下的道理,而且还要通达天下圣王治理天下的各种法度及美德,这是需要自己努力修为才能做到的,而修养圣王之道和天道者没有不以清静而思而感悟者。所说的圣人之静,并不是说单纯的安静就好。圣人之静,是达到了无论什么事物都不能扰乱他的心,心性静谧才是静。水静止时就如明烛照亮四方一样能照见人的须眉,平静中止而准确,就如大木匠用尺矩校准一样。水静犹能明晰,何况人的精神呢?圣人之心是否清静,圣人之心是否平静,就是天地之道的影子,就是万物变化的镜子。所以具有虚无清静恬淡寂寞无为之道的人,就是天地自然无为之道平和而达到了高深道德的人,所以帝王之德美善啊!美善就会虚无清静,清静虚无就是诚实、诚信。诚信就能使一切事物有条理次序了啊!虚无就会清静,清静就会有感悟,有感悟就会得道。清静就会无为,无为就会对自己所任的职事负起责任。"庄子在这里所言的既是对老子关于"圣人不积,既以为人已愈有,既以与人已愈多"的解释,也是在阐述圣人君子明王是如何做到"不积",如何做到"天之道,利而不害;人之道,为而不争"。如何做到这些呢?那就是以清静恬淡虚无的自然无为之道来修治自己的心性,感悟无为之道的精妙之处,只有做到清静虚无恬淡的自然无为之道,才能不积,才能为人民的利益奋斗终生而不与人民争夺名利。也就是说,庄子为我们明确指出了如何施行老子无为之道的方法。

参考书目

1.《道德经》,张光裕编译,北京燕山出版社 2000 年版。

2.《道德经诠释》,文选德注译,湖南人民出版社 2003 年版。

3. 司马迁:《史记》,哈尔滨出版社 2003 年版。

4. 冯梦龙:《东周列国志》,时代文艺出版社 2002 年版。

5. 左丘明:《春秋左氏传》,吴兆基编译,京华出版社 2001 年版。

6.《论语》,刘平译评,吉林文史出版社 2001 年版。

7.《大学中庸》,韩维志译评,吉林文史出版社 2001 年版。

8.《尚书》,徐奇堂译注,广州出版社 2001 年版。

9.《曲礼·礼运》,邓柳胜、叶国译注,广州出版社 2001 年版。

10.《礼记》,钱玄、钱兴奇等注译,岳麓书社 2002 年版。

11.《诗经译注》,周振甫译注,中华书局 2002 年版。

12.《孟子》,陕西旅游出版社 2003 年版。

13.《吕氏春秋》,任明、昌明译注,山西古籍出版社 1999 年版。

14.《毛泽东选集》(第一卷,第二卷,第三卷),人民出版社 1966 年版。

15. 白乐天主编:《中国通史》,光明日报出版社 2002 年版。

后　记

《道德经新解》的初稿完成于 2005 年 11 月，后因忙于《周易与人体生命方程式解秘》和《周易新解》两书的修改与出版工作而暂停。之后，在孙燕和孙兰的帮助下，终于在 2007 年 3 月初完成终稿，并于 2011 年 10 月再次修订。

本书的新解，虽然结合了笔者所著的《周易新解》的研究内容，依据《周易》有关文辞对“道德”之含义的解释，对老子的《道德经》做了全面解译。但是我们毕竟不是老子，对其所做的解释也只能是皮毛而已，但是笔者愿抛砖引玉，以自己的粗浅理解，与广大读者共同交流与探讨。当然读者还可以参考笔者已经出版的《周易与人体生命方程式解秘》、《周易新解》、《诗经新解》等书，结合起来理解。

限于笔者水平，书中难免还有不足之处乃至错漏之处，希望广大读者批评指正！笔者很愿意与广大读者交流探讨，以使我们的解译更贴近《道德经》的真正内涵。

刘文秀

2012 年 8 月